글로벌 경쟁시대의

한국경제

(새로운 정책패러다임의 모색)

김성민

도서출판 해남

책을 내면서

세계화 시대의 시작을 알리는 1989년 11월 베를린장벽이 무너지던 순간 필자는 영국 맨체스터 경영대학원에서 연수를 받고 있었다. 그 당시 많은 유럽의 경제전문가들은 유럽 경제가 활력을 찾기 위해서는 개혁이 절실하지만, 절박함을 느끼지 못해 개혁에 소극적이어서 서서히 죽어 가는 유럽 경제가 마치 냄비 속의 미지근한 물이 서서히 가열되면서 그 안에 있던 개구리가 죽어 가는 것과 같다는 비유를 하고 있었다.

1997년 12월 외환위기를 맞을 당시 필자는 공개시장조작을 담당하고 있었다. 많은 금융기관들이 도산하여 지급결제 시스템이 중단되는 상황에서 수많은 밤을 꼬박 새우면서 필자는 우리 경제가 끓는 냄비 속에 던져진 개구리와 같지만 전면적인 개혁추진을 통해서 냄비에서 뛰쳐나와 장기적으로 경제의 체질이 더욱 강해질 수 있다고 믿었다.

그로부터 10년이 지났다. 그 동안 필자는 워싱턴에서 3년간 근무하면서 미국 경제의 역동성과 우리나라에서는 이미 유행이 지나가 버린 지 오래된 세계화의 진전이 엄청난 속도로 가속화되고 있다는 점을 실감할 수 있었다. 그 후 대구에서 근무하면서 많은 업체들을 방문하는 과정에서 제조업의 자동화가 엄청난 속도로 진전되어 일자리 창출이 얼마나 어려운 것인지를 깨달을 수 있었다.

그러나 지난 10년을 돌이켜 보면 외환위기 직후의 개혁에 대한 열의가 시간이 지나면서 이미 식어 버린 지 오래되었으며, 급부상하는 중국과 인도 경제 등에 주눅이 들어 목표를 상실하고 배회하고 있다는 생각이 들었다. 어떤 면에서 우리 경제는 서서히 가열되는 냄비 속 물에 담긴 채 죽어 가는지 모르는 개구리의 신세가 되어 있지 않은가라는 의구심을 떨칠 수가 없었다.

이런 상황에서 경제정책의 일부를 담당하는 중앙은행의 직원으로서 글로벌 경쟁시대에 우리 경제의 활력을 찾으려면 어떻게 해야 할 것인지 여러 가지 고민을 하지 않을 수 없었다. 그러던 차에 2007년 초 세종연구소에서 연수를 받게 된 것이 이러한 고민을 보다 체계적으로 생각해 볼 수 있는 계기가 되었다.

글로벌 경쟁시대에 우리 경제의 활력을 찾기 위해서는 지금까지 제조업 중심의 수출주도형 경제성장을 근간으로 하는 경제정책 패러다임을 고용창출을 최종목표로 삼아 민간부문이 주도적인 역할을 하는 가운데 제조업과 서비스업, 수출산업과 내수산업 그리고 대기업과 중소기업이 균형적으로 발전하여야 한다. 그리고 민간경제주체의 경쟁력과 자생력을 높일 수 있도록 경쟁을 제한하는 각종 제도적 경직성을 제거하고 교육의 질을 높이는 형태로 바꿔야 한다. 이를 위해 기업하기 좋은 환경을 만드는 것과 지식기반 서비스업을 육성하는 것을 실행목표로 설정하여야 한다.

이러한 두 가지의 실행목표를 달성하기 위한 정책수단과 대안들을 모색해 보았다. 물론 이 책에서 제시되는 정책수단과 대안들은 우리 모두가 어느 정도 공감하고 있는 것들이어서 새롭다고 볼 수는 없다. 그러나 이 책에서는 글로벌 경쟁시대에 이러한 정책수단과 대안들이 왜 필요하고 서로 어떻게 연결되는지를 설명하는 데 충실하려고 노력하였다.

그러나 막상 본격적으로 연구에 들어가면서 필자가 알고 있던 거시경제와 금융분야는 정책대안을 마련하는 데 일부에 불과하다는 점을 느끼게 되었다. 특히, 거시경제정책의 분야는 글로벌 경쟁시대에서는 그 역할이 수동적일 수밖에 없고 조세제도, 규제, 노동시장 등 미시경제학 분야와 교육 등이 보다 중요한 역할을 한다는 점을 깨닫게 되었다.

필자 나름대로는 전공이 아닌 분야에 대해 공부를 하면서 정책대안을 마련하고자 노력하였지만 그 분야의 전문가들 입장에서는 수많은 문제점을 지적할 수 있을 것이다. 부디 통화정책과 금융을 전공한 사람이 설익은 대안을 마련하였다고 너그럽게 보아 주고 서슴없이 비판해 주기를 기대해 본다.

마지막으로 이 책에서 제시되고 있는 견해는 필자 자신의 견해이지 한국은행의 공식적인 견해가 아니라는 점을 밝혀 둔다.

2008년 3월

김 성 민

차 례

표 차례

그림 차례

1

누구를 위하여 종은 울리나?

1990년대 중반 이후 속도가 빨라지던 세계화(globalization)는 2001년 미국에서 발생한 9.11테러사태 이후 테러와의 전쟁을 수행하는 과정에서 출입국에 대한 통제강화 등으로 표면적으로는 주춤하는 모습을 보였다. 그러나 실질적으로 세계화는 엄청난 속도로 전 세계에 확산되고 있다.

『렉서스와 올리브나무』의 저자인 프리드먼(Thomas Friedman)은 세계화가 진전된 계기로 1989년 베를린장벽의 붕괴를 들고 있다.[1] 사실 1989년 11월 베를린장벽이 무너지는 사건이 발생하였을 당시 많은 사람들이 서독과 동독이 통일되면 올림픽경기에서 금메달을 거의 독식하는 것이 아닌지, 또는 통일독일이 새로운 강국으로 부상하여 국제정치·경제 질서를 변화시키지 않을 것인지 등 이 사건의 의미를 독일에만 집중하여 좁게 해석하였다. 그러나 그 당시의 우려와는 달리 통일독일이 올림픽경기에서 금메달을 모두 독식하여 우승을 하였거나 독일이 국제정치나 국제경제 질서를 변화시키는 요인이 되지는 않았다. 그 대신 독일은 통일이 된 지 거의 20년이 가까워졌지만 아직까지 통일의 후유증에 시달리고 있는 상황이다.

그러나 1989년 베를린장벽의 붕괴는 독일이라는 하나의 국가영역으로 한정되기보다는 세계의 정치·경제질서를 근본적으로 바꾼 역사상의 중대한 사건이 되었다. 베를린장벽의 붕괴를 계기로 구소련 및 동구권 등 공산권 국가들은 계획경제체제에서 시장경제체제로 전환되면서 세계경제의 질서는 이원화된 체제에서 시장경제체제로 일원화되었다. 또한 정치적으로 미국이 주축인 서방 국가들과 소련이 주축인 공산국가들 간의 냉전체제가 사라지는 계기가 되었다.

이들 구소련 및 동구권 국가가 계획경제체제를 포기하고 시장경제체제를 채택하면서 이들 국가는 대부분 수출을 통해서 경제발전을

[1] Thomas L. Friedman(1999).

추구하는 수출주도형 경제발전전략을 채택하게 되었다. 이에 따라 노동집약적 상품으로부터 자본 및 기술집약적인 상품까지 전 세계의 상품시장이 하나의 시장으로 급속히 통합되고 있다. 또한 이렇게 통합화된 상품시장에서 국가 또는 기업 간의 경쟁이 치열해지고 있다. 특히, 이러한 치열한 경쟁에 직면한 기업들은 다국적기업들을 중심으로 생산공정의 일부를 임금이 저렴한 다른 국가들에 위탁하는 이른바 아웃소싱(outsourcing)을 활용하면서 판매망은 물론 생산망까지를 세계 전체로 확대하는 글로벌 시스템을 구축하는 방식이 보편화되고 있는 추세이다.

이와 함께 1980년대 말부터 인터넷 등 정보통신기술이 획기적으로 발달되면서 다양한 형태로 상거래에 활용되었다. 이러한 정보통신기술의 발달은 국가들 간의 상거래에 수반되는 거래비용을 획기적으로 낮춤으로써 시장을 범세계적으로 통합시키는 주된 요인으로 작용하였다. 특히, 정보통신기술의 발달에 따른 통신비용의 절감은 고객서비스센터(call center)를 시작으로 다양한 서비스업까지를 임금이 저렴한 국가들로부터 조달하는 오프쇼링(offshoring)[2]도 급속히 확산되는 결과를 초래하게 되었다. 또한 정보통신기술의 발전은 금융거래에 수반되는 정보검색 송금 등 금융거래비용을 크게 절감시키는 동시에 개별 국가들의 대내 및 대외 금융과 자본에 대한 규제의 유효성을 저하시키면서 금융·자본시장의 범세계적인 통합을 촉진시키고 있다.

이러한 상품과 서비스 그리고 자본시장의 범세계적 통합이 가속화되면서 기존 관념으로는 국가들 간에 이동이 거의 불가능하다고 여겨졌던 노동시장까지도 급속히 통합되고 있다. 즉, 선진국 노동자들

[2] offshoring이라는 용어는 원래는 offshore outsourcing이라는 말을 줄인 것으로서 생산공정의 일부를 외국에서 조달하는 것을 의미하였는데, 최근 들어 고객서비스센터와 같이 서비스부문의 생산공정을 해외에서 조달하는 것으로 의미가 바뀌게 되었다. 이에 대한 보다 자세한 내용은 Thomas L. Friedman(2006), p. 137 참조.

은 개발도상국 노동자들이 생산한 제품이 세계시장에서 판매되면서 간접적으로 경쟁하게 되었을 뿐 아니라, 정보통신기술을 활용한 아웃소싱과 오프쇼링의 활용으로 서비스업까지 세계 각국의 노동자들이 직접적으로 경쟁하게 되었다. 예를 들면, 선진국에 있던 고객지원센터를 인도나 필리핀 등 임금이 낮은 국가로 이전하면서 이러한 업종에 종사하는 선진국 노동자들과 저임금국가 노동자들은 직접적으로 경쟁하게 되었다.

이러한 범세계적인 경제통합화가 장기적으로는 세계의 모든 국가경제에 도움을 주겠지만, 단기적으로는 선진국이나 우리나라와 같은 선발 개발도상국의 일자리 창출 부진, 저숙련 노동자의 고용불안 등을 야기하는 등 부작용을 발생시킬 가능성이 크다. 상품과 서비스시장, 생산요소시장 그리고 생산공정까지도 범세계적으로 급속히 하나의 시장으로 통합되면서, 모든 국가의 정부·기업·가계 등 경제주체들은 범세계적으로 치열한 경쟁에 직면하게 되었다. 특히, 범세계적인 경쟁의 심화에 직면한 기업들은 생존을 위한 비용절감을 위해서 노동력을 기계로 대체하는 등 자동화를 지속적으로 추진하고 있다. 이와 함께 이들은 임금이 저렴한 다른 국가들에서 생산공정을 조달하게 되었다. 이러한 현상이 발생하면 기업들이 소속하고 있는 국가에서 일자리를 창출하는 등 국가경제에 대한 기여도가 점진적으로 줄어드는 동시에 선진국의 저숙련 단순직 노동자들이 종사하고 있는 업종의 공장이 임금이 싼 개발도상국으로 이전될 가능성이 커지면서 고용의 안정성이 현저히 낮아진다. 이러한 세계화의 단기적인 부작용에 직면한 일부 국가들은 세계화의 진전을 저지하기 위해서 무역제재와 같은 인위적인 정책수단을 동원하지만, 이러한 정책수단으로 세계화의 대세를 역류시키기는 불가능한 것으로 보인다.

따라서 글로벌 경쟁시대에 각국 정부의 경제정책 과제는, 이와 같은 단기적인 부작용을 극소화시키는 한편 장기적인 이득을 극대화시킬 수 있는 방법을 찾아 내는 것이다. 이러한 맥락에서 주요국의 정부들은 규제완화·조세감면 등을 통하여 보다 기업하기가 좋은 환경을 마련하여 자국기업들이 외국으로 이전하는 것을 방지하는 한편 외국의 기업들을 자국으로 적극 유치하여 보다 많은 일자리가 창출될 수 있도록 국가들 간에 치열한 경쟁을 벌이고 있다. 이와 함께 주요 선진국들은 세계화 시대에 장기적으로 자국민들의 고용안정성을 높일 수 있는 유일한 방법이 교육의 질적인 개선을 통해 자국민들의 경쟁력을 지속적으로 강화해 나가는 것이라고 생각하여 교육개혁을 적극적으로 추진하고 있다.

한편, 후발 개발도상국들의 경우 이른바 BRICs(Brazil, Russia, India, China)라고 지칭되는 브라질·러시아·인도·중국 등이 세계화에 동참하면서 이들 경제가 엄청난 속도로 성장하고 있다. 이들 국가가 급성장하게 된 배경을 살펴보면, 러시아나 브라질의 경우 각종 천연자원이 풍부하며 중국과 인도는 양질의 저렴한 노동력이 풍부하다는 점을 들 수 있다. 또한 이들 국가는 인구가 많아 잠재적으로 막대한 내수시장이 형성될 수 있으므로 성장잠재력이 매우 큰 것으로 평가되고 있다. 현재와 같은 추세가 지속된다면 2000년대 중반에는 이들 국가의 경제규모가 미국·일본·독일 등 주요 선진국들을 합한 것보다 더 커질 수 있다는 전망도 나오고 있다. 예를 들어, 골드만삭스(Goldman Sachs)는 BRICs의 경제규모가 2005년 기준으로 미국·일본·독일·영국·프랑스·이탈리아 등 주요 선진국을 합한 규모의 15%에 불과하지만 2025년에는 50%까지, 그리고 2050년에는 주요 선진국의 경제규모까지 도달할 수 있을 것이라고 전망하고 있다.

이러한 점들을 반영하여 우리나라 경제를 둘러싼 대내외 환경이 크게 바뀌고 있다. 먼저 대외적으로 세계화가 급속히 진전되는 가운데 중국·인도 등 후발 개발도상국 경제가 급부상하면서 세계시장에서 우리나라의 수출품과 경합되는 후발 개발도상국 제품의 비중이 점차 늘어나고 있다. 이러한 여건변화에 대응하기 위해 우리나라의 주력수출기업들이 미국과 동유럽 같은 판매망 등에 인접한 국가들이나 중국과 인도 등과 같은 저임금국가들로 공장을 이전하고 있어 국내에서의 일자리 창출과 시설투자가 부진한 상황이다.

한편, 대내적으로 우리나라는 출산율 저하, 기대수명 연장 등으로 인구고령화가 급속히 진전되는 가운데 1997년 외환위기 이후 수출이 호조를 보이고 있음에도 국내기업부문의 시설투자가 상당히 둔화되는 등 국내수요의 부진이 지속되고 있다. 우리나라의 수출은 미달러화의 약세 등을 반영하여 원화의 강세가 지속되는 상황에서도 2003년 이후 2007년까지 5년 연속 연평균 10% 이상 성장하고 있으나 기업의 시설투자는 부진한 상황이 지속되고 있다. 이는 인구고령화의 급속한 진전과 함께 앞으로 우리나라 경제의 잠재성장률이 급속하게 저하될 것이라는 비관적인 견해를 제기하는 사람들의 논리적 근거가 되고 있다. 특히, 외환위기 이후 우리나라 경제는 경기순환주기가 짧아지고 있는 가운데 과거 경기확장기에 발생하였던 '수출증가→국내의 설비투자 및 건설투자 증가→고용증대→민간소비 증가'라는 선순환구조가 사라지고 수출부문과 내수부문 간의 연관관계가 약화되는 현상이 발생하게 되었다.

그러나 이와 같이 수출부문과 내수 특히 소비 간의 연관관계가 약화되는 현상은 비단 우리나라에만 국한된 현상이 아니다. 최근 수출이 호조를 보이는 독일과 일본 등에서도 같은 현상이 발생되고 있다. 한국은행이 독일과 일본을 대상으로 분석한 자료[3]에 따르면, 이러한 현상이 발생한 원인으로 수출기업 중심의 공장 해외이전 등 기업의 구조조정, 내수 및 서비스부문의 저생산성, 노동시장의 경직성, 재정적자폭 축소를 위한 공공부문의 구조조정노력 등이 지적되고 있다.

---

[3] 임호열 · 고용수 · 박진호 · 김진홍(2007).

독일의 경우 노동시장의 경직성으로 인해 공장의 해외이전 증가가 새로운 일자리 창출과 경제 내에서 부문 간의 고용조정을 저해하여 내수부진을 초래하였다. 반면 일본의 경우 1990년대 후반 이후 비정규직 고용관련 규제의 완화와 기업부문의 연봉제와 성과급 도입, 비정규직 고용확대 등을 통하여 노동시장의 신축성을 높였으나, 그 과정에서 단기적으로 기업의 인건비 상승 억제와 비정규직 확대로 인한 고용의 안정성 저하 등으로 임금상승률이 낮아지면서 소비가 둔화되었다. 공공부문의 구조조정과 관련하여, 독일의 경우 통일비용, 인구고령화, 성장둔화 등으로 인해 확대된 재정적자 축소를 위해 저소득층에 대한 가계보조금 등 사회복지지출 축소, 공공부문의 임금억제 등 세출삭감을 추진함으로써 소비둔화를 초래하였다. 한편, 일본의 경우에는 이른바 '잃어버린 10년(Lost Decade)'을 지내는 과정에서 경기부양을 위해 공공투자사업의 확장 등으로 늘어난 재정적자를 줄이려고 중앙정부 조직축소, 지방자치단체 통·폐합, 공기업 민영화 등을 추진하면서 소비가 둔화되는 결과가 초래되었다. 따라서 수출부문과 내수 간의 연관성 약화현상이 발생하고 있는 것은 세계화의 진전에 따른 영향도 일부 반영하고 있다고 볼 수 있다.

이와 같은 대내외 여건의 변화에 따라 우리 경제도 세계화의 단기적인 부작용의 영향을 받고 있는 것으로 보인다. 즉, 우리 경제는 중국 등 저임금 후발 개발도상국들의 추격을 받고 있어 비용절감을 위해서 주력산업인 제조업의 자동화가 급속히 진전되고 있다. 이는 일자리 창출의 부진 등으로 경제의 활력을 잃게 하는 요인이 되고 있다. 이와 함께 인구의 고령화 진전, 통일비용의 발생가능성 증대 등으로 재정부담이 늘어날 가능성이 커지고 있다. 따라서 재정적자 보전을 위한 국채발행 증대로 인한 구축효과(crowding-out effects)[4] 때문에

[4] 정부가 재정적자를 보전하기 위해서 국채발행이 늘어나면서 장기금리를 상승시킴에 따라 민간의 투자를 위축시키게 되는 효과를 말한다.

민간투자의 위축까지 우려되는 상황이다.

한편, 세계화의 진전은 이제 겨우 시작단계에 불과할 뿐이며, 앞으로도 수십 년에 걸쳐서 가속화될 수밖에 없는 돌이킬 수 없는 대세라고 보아야 한다. 세계화는 우리나라뿐만 아니라 모든 국가에게 중대한 위협인 동시에 기회이다. 그러나 세계화의 냉혹한 현실은 국가들 간의 경쟁심화를 전제로 한 적자생존을 의미하는 것이기 때문에 모든 국가에게 기회를 자동적으로 보장하여 동일한 혜택을 주는 것은 아니다. 즉, 적절한 기술과 제도개혁으로 여건변화에 민첩하게 대응하는 국가들에게는 기회가 될 수 있지만 대응이 느리고 낡은 기술과 제도적 경직성을 계속 유지하고 있는 국가들에게는 위협이 될 수 있다는 것이다.

이러한 관점에서 세계화는 모든 국가를 축복하기 위해서 울리는 종이 아니라 이러한 상황변화에 민첩하게 대응하는 국가들만을 축복하기 위해서 울리는 종이다. 경제정책 당국과 국민 모두가 공감대를 형성하여 세계화의 진전에 따른 여건변화에 효율적으로 대응할 수 있는 유연한 경제구조를 창출하기 위해서 경제·사회개혁을 신속하게 추진한다면 세계화는 장기적으로 우리 경제를 질적으로 한층 더 발전시킬 수 있는 계기가 될 수 있다. 특히, 인구의 고령화가 급속히 진전되는 가운데 국내기업부문의 시설투자가 둔화되고 일자리 창출이 부진함에 따라 경제의 활력을 잃어 가고 있는 우리나라 입장에서는 세계화를 잘 활용할 수 있다면 경제의 활력을 되찾게 할 수 있는 절호의 기회를 제공해 준다고 볼 수 있다. 그러나 이러한 기회를 최대한 활용하기 위해서는 제조업 중심의 수출주도형 경제성장을 추구하는 기존 경제정책 패러다임을 근본적으로 수정할 필요성이 크다고 생각된다.

따라서 이 책에서는 세계화 시대에 부응한 우리나라 경제정책의 패러다임을 모색해 보고자 한다. 이를 위해서 먼저 세계화의 경제적 시사점을 논의한 후 세계화의 진전에 따른 주요 선진국의 대응사례를 미국과 유럽 국가들을 중심으로 살펴본다. 다음으로 글로벌 경쟁시대에서의 우리나라 경제정책의 최종목표는 양질의 일자리를 지속적으로 창출하는 데 있으며, 이를 달성하기 위해서 기업하기 좋은 환경의 조성과 지식기반 서비스업 육성이라는 두 가지 실행목표를 달성하는 것이 필요하다는 점을 강조한다. 이어서 두 가지 실행목표를 달성하기 위한 정책수단으로 거시경제의 안정성 유지, 세수기반 확충을 통한 법인세 인하, 대폭적인 규제개혁과 법에 의한 지배 강화, 노동시장의 신축성 제고, 금융시장의 선진화와 금융시스템 안정, 고급인력 양성을 위한 교육제도의 획기적인 개혁 등이 필요하다는 점 등을 비롯한 세부적인 정책대안에 대해서 자세히 설명한다.

2

세계화란 무엇이며 어느 정도 진전되고 있나?

1. 세계화란 무엇인가?
2. 세계화는 경제적으로 무엇을 의미하나?
3. 세계화는 어느 정도까지 진전되고 있나?

1. 세계화란 무엇인가?

역사적으로 세계화(globalization)라는 용어가 사용된 것은 1944년부터이다. 그러나 이 용어가 경제분야에서 관심을 끌게 된 것은 1983년 하버드 경영대학원(Harvard Business School)의 레빗(Theodore Levitt) 교수가 발표한 논문[1]이 계기가 되었다. 세계화란 "경제 · 사회 · 기술 · 문화 · 정치 등 모든 분야에서 범세계적 연결성(global connectivity), 통합화(integration) 및 상호의존성(interdependence)이 증가하는 현상"[2]이라고 정의할 수 있다. 이것은 결과적으로 각국의 경제 · 사회 · 기술 · 문화 · 정치 등의 분야에서 국경이 실질적으로 의미가 없어진다는 것을 의미한다.

그러나 현재 진행되고 있는 세계화는 역사상 최초로 발생한 현상이 아니라는 것이 대부분 학자들의 주장이다. 첫 번째 세계화는 19세기부터 유럽 국가들의 식민지 확대 등을 통해 진행되다가 제1차 세계대전 발발 이후 쇠퇴되기 시작한 시기의 과정이라는 것이 지배적인 학설이다. 이때는 유럽의 강대국들과 그들의 식민지 국가들 그리고 미국 간에 무역과 해외투자가 대폭 늘어나는 현상을 중심으로 전개되었다. 그러나 첫 번째 세계화 과정은 제1차 세계대전 발발과 함께 쇠퇴하다가 1920년대 말부터 1930년대 초에 발생한 금본위제도의 폐지로 붕괴되고 말았다.

미국 뉴욕 타임즈(*New York Times*)의 칼럼니스트인 프리드먼(Thomas Friedman)은 현재 진행되고 있는 세계화는 제2차 세계대전 이후부터 1989년 베를린장벽이 무너지기 이전까지 세계 정치와 경제를 지

---

[1] 레빗 교수는 *Harvard Business Review*에 실린 "Globalization of Markets"이라는 논문에서 세계화라는 용어를 사용하였다.

[2] 인터넷 사전인 wikipedia.org의 Globalization 참조.

배하였던 냉전체제(Cold War System)가 붕괴하면서 이를 대체하는 새로운 정치·경제체제라고 정의하고 있다. 1999년 발간된 그의 저서 『렉서스와 올리브나무』에서는 세계화와 냉전체제의 주요 차이점을 다음과 같이 서술하고 있다. 먼저 냉전체제 때는 모든 국가가 미국을 중심으로 하는 자본주의 경제진영과 구소련을 중심으로 하는 계획경제진영으로 양분되어 서로 대립하면서 주로 핫라인(hotline)을 통해 의사소통을 하고 있었다. 반면 세계화 시대에는 전 세계가 통합되는 가운데 인터넷과 웹을 통해 의사소통을 하면서 모든 국가들이 경쟁하고 있다는 것이다. 또한 냉전체제에서는 두 개의 초강대국인 미국과 구소련의 힘의 균형관계가 중시되었다. 그러나 세계화 시대에서는 초강대국인 미국과 나머지 국가들, 국내시장과 세계시장 그리고 개인과 국가의 힘의 균형관계가 중요하게 되었다고 한다.

한편, 경제체제적 측면에서 냉전체제 경제는 마르크스(Karl Marx)와 케인즈(John Maynard Keynes)의 이론을 기반으로 계획경제, 정부의 개입과 규제 등의 특징을 가지는 반면 세계화 시대의 경제는 슘페터(Joseph Schumpeter)의 '창조적 파괴(Creative Destruction)'를 바탕으로 하는 자유시장 중심의 자본주의 체제라는 것이다. 또한 냉전체제에서의 과학기술은 아인슈타인(Albert Einstein)의 상대성 원리를 토대로 핵무기 개발과 제2차 산업혁명으로 특징지어지는 반면, 세계화 시대의 과학기술은 미국 인텔(Intel)사의 공동설립자인 무어(Gordon Moor)가 주장한 매 18~24개월마다 새로 개발되는 반도체의 메모리(memory) 용량이 2배로 증가한다는 무어의 법칙(Moor's Law)을 기반으로 컴퓨터화, 디지털화, 인터넷, 광섬유 케이블기술을 이용한 초고속 전산망, 위성통신 그리고 초소량화 기술(miniaturization) 등으로 특징지어진다는 것이다.

이러한 특징을 가진 세계화의 진전은 물론 계획경제를 추구하였던 공산권 국가들의 자본주의 경제체제로의 전환이 직접적인 계기가 된 것으로 볼 수 있으나 전반적인 기술의 발전, 특히 인터넷 등 정보

표 2-1 냉전체제와 세계화의 특징 비교

냉전체제	세 계 화
분열(Division)	통합(Integration)
대립(Confrontation)	경쟁(Competition)
힘의 균형관계: 미국과 소련 두 강대국 (Balance between Two Super Powers: USA versus USSR)	힘의 균형관계: ① 미국과 다른 국가, ② 국내와 세계시장, ③ 개인과 국가 (Balance between: ① USA and Other Countries, ② National and Global market and ③ Individual and Nation)
핫라인(Hotline)	인터넷 웹(Internet Web)
계획, 개입과 규제 (Planning, Intervention and Regulation)	자유시장 자본주의 (Free Market Capitalism)
마르크스와 케인즈 (Karl Marx and J. M. Keynes)	슘페터의 '창조적 파괴' (J. Schumpeter's 'Creative Destruction')
아인슈타인의(Einstein's) 상대성 원리 ($E=MC^2$)	무어의 법칙(Moor's Law)
핵무기와 제2차 산업혁명 (Nuclear Weapons and the Second Industrial Revolution)	컴퓨터화, 디지털화, 초소량화 기술, 위성통신, 광섬유 케이블기술, 인터넷 (Computerization, Digitalization, Miniaturization, Satellite Communication, Fiber Optics and Internet)

통신기술의 발전이 세계화를 가속화시키는 데 보다 중요한 역할을 하였다고 보아야 한다. 전반적인 기술이 발달하고 국가들 간에 교역이 계속 늘어나면서 운송업에서 규모의 경제(economy of scale)가 실현되자 운송비용이 지속적으로 하락하게 되었다. 이와 함께 정보통신기술의 획기적인 발달로 통신비용이 대폭 인하된 데다가 각종 정보의 접근이 매우 쉬워지면서 정치·경제·사회·문화 등 모든 분야에서 국가들 간의 교류가 증대된 것도 범세계적으로 시장이 통합되는 데 크게

기여하게 되었다. OECD[3]에 따르면 지난 50년 동안 항공운임은 실질 기준으로 1/4수준으로 하락하였으며, 2005년 미달러화 기준으로 뉴욕과 런던 사이에 3분 동안 통화하는 전화요금은 1950년에는 80달러이었으나 2007년에는 0.23달러로 하락하였다고 한다.

렉서스시대에서 평평한 세계로

이러한 세계화의 진전은 2001년 9월 11일 미국 본토에 대한 테러가 발생한 이후 표면적으로는 주춤하는 것처럼 보였지만 실질적으로는 그 속도가 빨라지는 것으로 나타나고 있다. 실제로 9.11테러사태 발생 이후에 미국 등 주요 선진국들이 테러의 재발을 방지하는 과정에서 출입국자들과 출입하는 항공기 및 선박에 대한 검문과 검색이 강화되는 한편, 국가들 간 수출입 물량과 불법자금의 이동에 대한 감시가 강화됨에 따라 국가들 간 상거래비용의 상승을 초래할 수 있다는 우려가 제기되기도 하였다. 프리드먼은 새로운 저서인 『세계는 평평하다』에서 9.11테러 발생 이후 이른바 '올리브나무(Olive Tree)'로 상징되는 냉전시대의 대립국면으로 다시 돌아가는 것이 아닌지 등을 주로 관심을 갖고 이 분야만 집중적으로 취재하는 동안 세계는 각종 정보통신기술이 보다 빠른 속도로 발전되고 '렉서스(Lexus)'로 상징되는 세계화가 보다 광범위하게 이루어지면서 전 세계의 모든 국가·기업·개인들이 하나의 장소에서 동등한 조건으로 경쟁하고 있는 한 단계 더 진보된 형태의 세계화라고 볼 수 있는 평평한 세계(flat world)가 되고 있다고 주장하고 있다. 그는 평평한 세계를 전 세계 모든 경제주체의 경쟁여건이 동일해진 세계로 보고 있다. 즉, 세계 어느 곳에 있든지 지리적인 제약여건에 구애받지 않고 해당 기업이나 개인이 세계시장에서 동일한 조건으로 경쟁할 수 있는 세상을 의미한다고 볼

[3] OECD(2007) 참조.

수 있다.

프리드먼은 이와 같이 세계가 평평하게 되는 데 기여한 요소로 다음과 같은 10가지 요소를 들고 있다. 그는 베를린장벽의 붕괴에 따른 계획경제의 몰락과 비슷한 시기에 일어난 윈도우즈3.0의 확산, 월드 와이드 웹(World Wide Web)과 넷스케이프(Netscape)사의 상장, 워크플로(work flow) 소프트웨어의 등장, 소프트웨어의 공동개발이 가능해진 업로딩(uploading) 기술의 개발, 아웃소싱(outsourcing), 오프쇼링(off-shoring), 공급망관리(supply chain management)기법, 인소싱(insourcing), 구글(Google) 등과 같은 웹 검색엔진회사의 출현, 그리고 이 아홉 가지 요소들을 더 빠르고 강력하게 확산시키는 사진·음악·서류 등 모든 자료를 디지털화시켜 무선을 통해 초고속으로 쉽게 보내고 받아볼 수 있게 하는 총체적인 기술 등을 열거[4]하고 있다. 워크플로 소프트웨어는 컴퓨터기종과 소프트웨어가 다르더라도 인터넷을 통하여 각종 파일이 순조롭게 이동할 수 있게 하여 작업하는 공정이 회사 내의 다른 부서 또는 다른 회사로 신속히 이동하게 하여 생산성을 향상시키는 소프트웨어를 말한다. 업로딩은 통신망을 통해 어떤 컴퓨터의 기억장치에서 비교적 큰 사용용량을 갖고 있는 다른 컴퓨터의 기억장치로 프로그램이나 파일을 전송하는 동작을 지칭한다. 공급망관리기법은 기업 간 또는 기업 내부에서 제품이나 부품의 생산자로부터 사용자에 이르는 공급체인을 여러 가지 공학기법을 활용해서 불필요한 시간과 비용을 절감하려는 관리기법인데, 이 기법은 제품계획·원재료 구매·제조·배달 등 공급망에 관련된 구성요소를 유기적으로 통합하고, 그 결과로 생성된 가치를 고객에게 전달하는 것이다. 인소싱은 배달회사가 제조회사를 대행하여 원자재 조달, 재고관리, 애프터서비스 등의 서비스 제공을 통해서 효율성을 증대시키는 것을 말한다. 예를

[4] 보다 자세한 내용은 Thomas L. Friedman(2006), pp. 50~100 참조.

들면, 배달회사인 UPS사가 UPS의 배달 중심지에서 도시바사를 대신하여 노트북 컴퓨터의 수리를 해 줌으로써 도시바 본사까지 고장난 컴퓨터를 배달한 뒤 수리하여 다시 배달 중심지로 반송되는 데 소요되는 비용과 시간을 절약하는 방식이 인소싱의 전형적인 형태라고 볼 수 있다. 이러한 요소들은 전 세계의 모든 경제주체들이 지리적인 제약요건에 구애받지 않고 동등한 여건에서 경쟁할 수 있는 기반을 마련하는 데 기여하였다고 볼 수 있다.

그러나 최근 들어 도하라운드(Doha Development Agenda: DDA) 협상의 지연으로 상징되는 미국과 유럽 등 선진국들의 보호무역주의로의 선회 조짐, 국제통화기금(IMF)과 세계은행(World Bank) 연차총회 개최시마다 발생되는 반세계화 시위 등 세계화를 반대하는 여론이 확산되는 것으로 보이고 있다. 그러나 세계화는 다시 돌이킬 수 없는 대세로 오히려 가속화될 것으로 보인다. 이는 현재 진행되는 세계화가 단순히 국가들 간의 교역확대 등 양적인 형태뿐 아니라 경제활동에서 개별 국가의 영향력은 축소되는 반면 민간기업과 시장의 영향력이 증가하는 등 질적인 변화까지 일어나고 있기 때문이라고 생각된다.

2. 세계화는 경제적으로 무엇을 의미하나?

경제적 의미에서의 세계화는 인간의 혁신과 기술진보의 결과로 국적이 다른 사람들 사이에서 발생되는 경제행위가 증가하는 하나의 역사적 과정이라고 볼 수 있다. 즉, 세계화는 전 세계의 경제가 교역과 자본의 흐름을 중심으로 통합되고 국가들 간에 노동과 기술이 빈번하게 이동하는 과정이다. 이러한 세계화로 인해서 국가들 간의 교역의 종류와 양이 증대되는 한편, 자본이동이 빈번하게 늘어나고 기술이 광범위하고 신속하게 전파됨에 따라 국가들 간에 경제의 상호의

존성이 높아지게 된다. 또한 세계화는 한 국가의 경제적 잠재력이 더 이상 정치적이나 지리적인 울타리의 제약을 받지 않게 한다. 세계화가 가속화되면 궁극적으로 모든 시장이 통합되면서 제품의 가격, 동일 업종의 임금, 금리 등 금융비용이 1물1가의 원칙이 적용되어 동일하게 점진적으로 수렴될 것으로 보인다.

경제적으로 세계화는 상품·서비스·생산요소시장의 범세계적 통합, 범세계적인 자산가격 움직임의 동조화 현상과 경제위기 국가들 간에 전염가능성 증대, 경쟁심화에 직면한 기업의 구조조정노력 강화, 세계경제 전체의 효율성 증대와 성장 촉진, 국가들 간에 기업과 고급두뇌 유치경쟁의 심화, 선진국 등을 중심으로 소득의 양극화 현상 발생, 기업실적과 그 기업이 소속하고 있는 국가의 경제 간의 연관성 약화, 글로벌 스탠더드(global standard)로의 이행 불가피 등을 의미한다고 볼 수 있다.

2.1. 상품·서비스·생산요소시장의 통합

세계화가 진전되면 국가들 간의 교역량이 증가함에 따라 특정 국가의 지출에서 외국에서 생산한 제품들이 차지하는 비중이 점차 늘어나고, 특정 국가에서 생산한 제품에서 외국에 수출되는 비중이 상승한다. 이에 따라 모든 경제주체들은 소비 등 지출을 할 때 자국에서 생산한 제품들과 외국에서 수입한 제품들의 가격과 질을 비교하여 의사결정을 하게 된다. 또한 생산자 입장에서도 자국수요자뿐만 아니라 외국수요자의 기호까지도 감안하여 제품을 생산하게 된다. 이와 같이 소비자 입장에서 자국제품들과 외국제품들, 그리고 생산자의 입장에서 자국소비자들과 외국소비자들 간의 대체관계가 증대되면서 개별 국가의 시장들이 서로 대체관계가 높아져 시장이 하나로 통합된다.

종전에는 교역이 상품을 중심으로 이루어짐에 따라 상품시장을 중심으로 범세계적인 시장통합화가 이루어졌다. 그러나 최근 들어서는 각국 서비스시장의 개방과 새로운 정보통신기술의 발달 등으로 서비스시장에서도 통합화가 진전되고 있다. 특히, 상품시장이 통합되면서 상거래와 관련된 법률·회계분야를 중심으로 글로벌 스탠더드가 정착되는 한편, 금융·자본시장이 통합되면서 법률·회계 그리고 금융서비스를 중심으로 서비스시장도 범세계적인 통합화가 급속도로 진전되고 있다.

세계화가 진전되면서 국가들 간의 자본이동이 크게 늘어남에 따라 생산요소의 하나인 자본이 거래되는 시장도 범세계적으로 통합되고 있다. 자본시장의 통합화는 초기 단계에는 차관도입과 외국금융기관의 자국 내 유치 등을 통해 이루어진다. 그 다음 단계에는 외국인 직접투자(foreign direct investment: FDI)를 통해서 이루어지는 것이 일반적이다. 자본시장 통합의 본격적인 단계는 자국의 주식·채권 등 자본시장에 대한 외국인의 포트폴리오투자가 허용되는 한편, 자국민들의 외국자본시장에 대한 포트폴리오투자가 허용됨에 따라 자국과 외국 자본시장의 대체성이 높아지면서 자본시장이 통합되는 형태로 볼 수 있다.

자본시장의 통합과 함께 또 하나의 생산요소인 노동이 거래되는 시장도 통합된다. 노동시장이 제품의 수출입을 통해서 간접적으로 통합되기 시작한 것은 오래전부터라고 볼 수 있다. 예를 들어, 미국의 자동차산업 노동자들과 한국의 자동차산업 노동자들은 세계시장에서의 자동차 판매경쟁을 통해서 간접적으로 대체성이 높아지기 때문에 자동차산업의 노동시장은 간접적으로 통합되고 있다. 이 경우 한국에서 생산한 자동차의 세계시장 점유율이 높아지고 미국에서 생산한 자동차의 시장점유율이 낮아진다면 전 세계의 자동차산업에 종사하는 노동력시장에서 한국 노동자에 대한 수요는 높아지고 미국 노동자에 대한 수요는 낮아진다는 것을 의미한다. 따라서 교역이 가능한 모든 상품이나 서비스를 생산하는 노동자들이 참여하는 노동시장은 노동자들이 생산한 제품의 교역을 통해서 간접적으로 범세계적인 통합화가 이루어졌다고 볼 수 있다.

이와 함께 정보통신기술이 획기적으로 발달하면서 과거에는 도저히 교역이 이루어지기 어렵다고 생각되었던 서비스분야까지도 교역이 가능해짐에 따라 이 분야의 고임금국가 노동자들도 저임금국가 노동자들과 직접적으로 경합하게 되었다. 이러한 예로는 정보통신기술의 발달로 통신비용이 크게 하락함에 따라 미국의 대기업 등을 중심으로 고객서비스센터를 영어구사능력은 가지고 있으나 인건비가 미국보다 훨씬 저렴한 인도나 필리핀 기업에 외주를 준다든지, 미국의 회계법인들이 매년 4월 초 소득신고를 마감할 때마다 폭주하는 업무를 인터넷을 통해 인도의 회계사들에게 위탁하는 것 등 여러 가지를 들 수 있으며, 그 종류도 시간이 경과할수록 계속 늘어나고 있는 상황이다. 이 경우 고객서비스센터에 종사하는 미국의 노동자와 인도·필리핀의 노동자, 그리고 미국과 인도의 회계사들은 직접적인 경쟁관계를 가지고 있다고 볼 수 있다.

한편, 계획경제를 시행하였던 구공산권 국가들이 시장경제로 전환한 이후 세계 전체의 노동공급은 크게 늘어나게 되었다. IMF[5]에 따르면 중국·인도·구공산권 국가들이 경제를 개방한 1980년 이후 세계 전체의 노동공급은 4배로 증가한 것으로 추정하고 있다. 그러나 이들 국가로부터 공급된 새로운 노동자들 대부분의 교육수준은 고등학교 졸업 이하인 것으로 나타나 세계 전체적으로 고숙련 노동력보다 저숙련 노동력의 공급이 상대적으로 크게 늘어났음을 알 수 있다.

---

5 Florence Jaumotte and Irina Tytell(2007), Chapter 5.

2.2. 범세계적인 자산가격의 동조화와 경제위기의 전염

세계화의 진전에 따라 금융·자본시장이 범세계적으로 통합되면 모든 국가들의 자산가격 변동이 유사하게 움직이는 현상이 발생한다. 금융·자본시장이 범세계적으로 통합되면 국가들 간에 막대한 자금이 수익률의 변동에 따라 빠른 속도로 이동되면서 국가들 사이에 금융 및 실물자산의 대체성(substitutability)이 높아진다. 이와 같이 국가들 간에 자산의 대체성이 높아지면 자산가격의 움직임도 범세계적으로 비슷한 형태로 움직이는 현상이 발생한다.

이와 함께 상품시장과 서비스시장이 통합화되어 국가들 간에 자본이동이 늘어나고 정보통신기술의 발달로 각국의 정보가 빠른 속도로 다른 국가에 전파되면, 한 국가에서 경제위기가 발생하였을 때 다른 국가로 경제위기가 전염될 가능성이 커진다. 이론적으로 국가들 간에 경제위기가 전염(contagion)되는 경로로는 실물연결고리(real links), 금융연결고리(financial links), 투자자들의 군집행태(herding behavior)와 같은 자본시장의 불완전성에 따른 연결고리(capital market imperfections links) 등을 들 수 있다.[6]

실물연결고리를 통한 경제위기의 전염은 같은 제품을 제3시장에 수출하는 국가들과 같이 실물경제면에서 밀접한 연관관계를 가진 국가들 사이에서 경제위기가 전염되는 경로를 지칭한다. 예를 들면, 한 국가에서 경제위기가 발생하여 특정 제품의 가격이 폭락함에 따라 해당 제품을 생산하는 다른 국가들이 경제위기를 겪게 되는 경우이다. 일반적으로 실물연결고리에 의한 경제위기의 전염은 교역이나 외국인 직접투자로 실물경제면에서 연관성이 높은 국가들 사이에 많이 발생하게 된다.

[6] 보다 자세한 내용은 Sergio L. Schmukler(2003) 참조.

영국의 파운드화 위기와 조지 소로스

예를 들면, 1992년 9월에 발생한 영국의 파운드화 위기(Exchange Rate Mechanism Crisis: ERM Crisis)가 영국과 밀접한 교역관계를 가진 아일랜드의 수출경쟁력을 급속히 악화시켜 경제를 어렵게 만든 것이 가장 대표적이다. 헤지펀드(hedge funds)의 원조라고 할 수 있는 소로스(George Soros)를 일약 세계적인 스타로 만드는 계기가 되었던 영국의 파운드화 위기는, 유럽의 통화통일을 앞두고 채택한 ERM제도의 유지와 영국의 당시 경제상황이 모순되어 있다는 점을 간파한 소로스가 이끄는 퀀텀펀드(Quantum Funds)가 투기적 공격(speculative attack)을 감행하여 영국이 ERM에서 탈퇴하게 되는 큰 사건이었다.

그 당시 영국은 환율이 유럽 주요국 환율의 바스켓이라고 할 수 있는 ECU(European Currency Unit)를 기준으로 일정 범위 내에서 변동하는 ERM제도에 가입하고 있었는데, 심한 경기불황에 시달리고 있었다. 반면 독일은 1990년 통일 이후 방대하게 풀린 유동성을 거두어들이는 과정에서 고금리정책을 수행함에 따라 독일마르크화와 ECU의 가치를 높이는 결과를 초래하였다. 극심한 경기불황을 극복하기 위해 금리인하가 필요하였던 영국은 파운드화의 환율을 ERM이 허용한 범위 내에서 움직이는 것을 수호하기는 거의 불가능한 상황이었다. 이러한 모순되는 상황을 정확하게 간파한 소로스는 영국파운드화로 차입하여 독일마르크화를 사는 투기적 공격으로 1주일 만에 10억 달러의 이익을 거두는 등 엄청난 이익을 본 반면, 영국은 며칠 만에 ERM에서 탈퇴를 선언하고 파운드화를 큰 폭으로 절하하게 되었다. 영국파운드화가 대폭 절하됨에 따라 영국에 대한 수출의존도가 높았던 아일랜드는 가격경쟁력이 급격히 악화되면서 경제위기로 이어졌다.

또한 1998년에 발생한 러시아 경제위기도 실물경제 연결고리에 의해서 경제위기가 세계 전체적으로 전염될 수 있다는 것을 보여 준 사례라고 할 수 있다. 1997년 아시아 금융위기 발생으로 세계경기가 급격히 하강하면서 원유가 등 원자재의 가격이 급락하자 원유수출에 크게 의존하였던 러시아의 경상수지가 큰 폭의 적자로 반전되면서 러시아 정부가 1998년 채무불이행을 선언하게 되었다.

서브프라임 모기지 부실로 인한 유동성 위기의 전염

금융연결고리를 통한 위기의 전염은 국제투자자들이 금융자산 포트폴리오를 범세계적으로 다변화(global diversification of financial assets)하기 위해 분산투자하면서 발생하게 된다. 즉, 금융·자본시장이 개방된 국가들을 대상으로 국제적인 은행이나 기관투자가들이 국가들 간에 위기를 전파한다는 것이다. 가장 대표적인 형태로는 국제적인 은행이나 기관투자가들이 막대한 자금을 동원하여 외국자산에 투자를 하였는데, 이들 투자자산이 부실화되면서 위기가 국제적인 은행이나 기관투자가가 소재하고 있는 국가들로 전염되는 형태이다.

이러한 형태의 대표적인 사례로는 2007년 8월에 전 세계 금융시장에 파급되었던 미국의 서브프라임 모기지(subprime mortgage) 부실에 따른 유동성 위기로 볼 수 있다. 미국의 서브프라임 모기지의 부실이 가시화되면서 여기에 직접 투자하거나 헤지펀드 등에 자금을 제공한 미국 대형은행들이 막대한 손실을 볼 가능성에 대한 우려 때문에 8월 초 미국 단기금융시장에서 신용경색이 발생하였다. 미국의 단기금융시장에서 발생된 신용경색은 독일·프랑스·영국의 금융기관들도 미국의 서브프라임 모기지에 많이 투자한 것으로 알려지면서 신속하게 유럽 국가들의 단기금융시장으로 전염되어 단기금리가 급등하였다. 그러자 미국의 연준에 이어 유럽중앙은행이 대규모의 유동성을 지원하게 되고, 영국에서는 주택대출을 전담하는 은행인 노던록(Northern Rock)이 영국 역사상 140년 만에 대규모 예금인출사태까지 발생하는 등 금융불안이 빠른 속도로 전염되었다.

또 다른 형태로는 한 국가에서 위기가 발생하여 자산가격이 급락하면, 국제투자자들은 보유자산의 추가손실 발생가능성을 줄이기 위한 자산포트폴리오를 재편할 때 다른 국가에 투자한 금융자산을 대량 매각하면서 이들 국가의 자산가격을 폭락시켜 위기를 전염시키는 경우가 있다. 일반적으로 국제기관투자가들의 자산포트폴리오에는 선진국과 신흥국(emerging market economies)의 자산을 혼합하여 구성하는데, 한 신흥국에서 위기가 발생하면 신흥국 자산의 비중을 축소시키려는 경향이 있다. 이 경우 일반적으로 신흥국 시장은 유동성이 낮기 때문에 위기발생국 자산을 매각하기 어렵거나 막대한 손실을 감수해야 할 가능성이 커진다. 따라서 대부분의 국제기관투자자들은 상대적으로 시장이 발달하여 유동성이 높은 시장을 가진 신흥국 자산을 매각하여 비중을 축소함으로써 손실을 줄이는 방식을 자주 사용하게 된다. 이와는 유사하지만 다소 형태가 다른 금융연결고리로는, 파생상품 등을 이용한 국제투자자들이 한 국가의 위기발생으로 자산의 담보가치가 폭락함에 따라 유동성 확보를 위해 다른 국가들의 자산을 대량으로 매각하는 과정에서 위기가 전염되는 것을 들 수 있다.

실물연결고리와 금융연결고리가 존재하지 않는 국가들도 투자자들의 군집행태 또는 패닉(panic)현상과 같은 자본시장의 불완전성 때문에 위기가 전염될 수 있다. 이러한 연결고리는 국제자본시장에서 정보의 비대칭성(information asymmetry) 때문에 발생하게 된다. 즉, 한 국가에서 위기가 발생하면 투자자들이 정보의 비대칭성으로 인해 위기발생 국가와 직접적인 경제적 연관성이 적은 국가들에서도 위기가 발생할 수 있다고 생각하여 이들 국가의 자산을 대량으로 매각함으로써 위기가 다른 국가들로 전염된다. 이러한 군집행태나 패닉현상은 시장참여자들이 정보의 비대칭성으로 인해 일부 투자자들의 거래행태 변화가 다른 참가자들이 알지 못하는 새로운 정보를 토대로 일어나고 있다는 인식이 시장 전체로 확산되면 이들의 거래행태를 모방하면서 발생한다. 자본시장의 불완전성 연결고리에 의한 위기의 전염과정은 선진국에서도 발생가능성이 있지만, 일반적으로 자본시장이 상대적으로 발달되지 못하고 정보의 공시제도가 잘 갖추어지지 못해 정보의 불확실성이 큰 신흥국에서 발생될 가능성이 크다.

실제로 경제·금융위기가 국가들 간에 전염된 사례들을 보면, 위에서 언급한 연결고리 중에서 한 가지에 의해서 발생되었다기보다는 두 가지 이상의 연결고리가 동시에 작용하여 발생하는 경우가 많다. 이에 따라 어떤 연결고리가 상대적으로 중요한 역할을 하였는지를 판단하기는 어렵지만 분명한 사실은 모든 경제·금융위기를 전염시키는 경로가 개방경제들만을 대상으로 작동한다는 것이다.

세계화의 진전으로 국가들 간에 교역이 확대되고 경제주체들이 외국금융자산의 보유비중이 높아지면, 특정 국가 또는 국가군의 경제위기가 발생할 경우 과거보다 빠른 속도로 여타 국가들에게 전파되고 그 충격도 커질 수 있다. 세계화가 진전되면 국가들 간에 교역증대를 통해 실물의 연결관계가 강화되는 한편, 국가들 상호간에 포트폴리오 투자의 증가를 통해서 금융의 연결성도 높아진다. 이와 같이 국가들 간에 실물 및 금융부문의 연결성이 높아지면 위기가 전염되는 속도도 빨라지며, 전염된 위기가 경제에 미치는 영향도 훨씬 커진다. OECD[7]가 지금과 같은 속도로 세계화가 진전된다고 가정하고 세계경제의 거시계량모형을 이용하여 시뮬레이션(simulation)한 결과, OECD 비가입국의 금융위기 발생이 OECD 회원국 경제에 미치는 충격의 크기는 2015년의 경우 2005년에 비해서 2배 가까이 확대된다고 추정하고 있다.

---

[7] 보다 자세한 내용은 Karine Herve, Isabell Koske, and Franck Serillot(2007) 참조.

2.3. 기업의 구조조정노력 강화

생산제품의 시장이 범세계적으로 통합되면서 치열한 가격경쟁에 직면한 기업들은 원가절감을 위해 강도 높은 구조조정을 실시할 수밖에 없게 된다. 원가절감을 위한 기업부문의 구조조정방식으로는 다음과 같은 것들이 있다. 먼저 고임금국가의 기업들은 제품의 생산과정에서 자동화할 수 있는 모든 부문을 노동을 기계로 대체하여 원가절감을 추구하는 방식을 선택할 수 있다. 이러한 방식은 결과적으로 기업들이 소재하고 있는 국가에서는 일자리를 줄이는 요인이 된다.

두 번째로는 공장을 해외로 이전하는 방식이 있다. 공장을 해외로 이전하는 경우는 생산공정을 자동화로 대체하기 어렵거나 공장을 제품의 주요 판매지역이나 원자재 생산지역 인근에 건설하면 생산원가를 절감할 수 있는 기업들이 대상이 된다. 생산공정을 자동화로 대체하기 어려운 기업의 경우 저임금국가로 공장을 이전하는 방식을 선택할 수밖에 없게 되는데, 그 이유는 두 가지이다. 우선 비용 측면에서 노동을 기계로 대체하는 비용이 저임금국가들로 공장을 이전하는 비용보다 훨씬 높다는 이유이다. 다음으로는 노동조합의 영향력이 너무 커서 기업이 노동을 기계로 대체하는 것이 불가능하다는 이유이다. 이 방식 역시 기업이 소속하고 있는 국가의 고용을 줄이는 효과가 있다.

세 번째로는 생산원가를 절감하기 위해 생산공정의 일부를 외부 또는 외국기업에게 위탁하는 아웃소싱이나 오프쇼링을 활용하는 방식이다. 아웃소싱과 오프쇼링은 기업들이 영업을 하는 과정에서 해당 기업의 핵심적인 업무와는 관련이 적은 재화나 용역을 외부로부터 조달하여 생산원가의 절감을 추구한다는 점에서는 동일하지만, 아웃소싱은 국내기업이 외주의 대상이 되는 반면 오프쇼링의 경우 해외기업이 대상이 된다는 점에 그 차이가 있다.

미국의 경우 역사적으로 아웃소싱은 기업 내의 구내식당 운영 또는 사무실 청소 등 보조적인 업무로 시작되어 정보통신기술의 발달로 고객서비스센터 운영과 관련한 업무들이 미국 광통신망의 중심지(hub)이었던 네브래스카(Nebraska)주의 오마하(Omaha)에 있는 용역기업들로 집중되었다. 반면 오프쇼링은 처음에는 미국을 중심으로 일부 다국적 기업들이 고객서비스센터와 같은 일부 단순직 업무를 영어를 구사할 수 있는 저임금노동력이 풍부한 인도 등에 외주를 주면서부터 시작되었다. 그 후 2001년 초 신기술관련 주식가격의 거품이 붕괴된 후 어려움을 겪고 있었던 실리콘밸리(Silicon Valley)의 첨단기술 기업들을 중심으로 비용절감을 위해 프로그래머 등 고급기술자들을 직접 수입하기보다는 인터넷을 통해서 인도나 아일랜드 등에 거주하고 있는 기술자에게 일부 프로그램작업 같은 것을 주문하고 완성된 작업을 조달받는 것이 늘어나면서 급속히 확산되고 있는 상황이다. 따라서 아웃소싱과는 달리 해당 기업이 생산공정 일부를 해외에서 조달하는 오프쇼링의 경우 그 기업이 소재하고 있는 국가의 고용사정을 악화시키는 요인으로 작용하게 된다.

이와 같이 기업들의 구조조정노력이 강화되는 것은 기업이 소속하고 있는 국가의 경제에 여러 가지 영향을 미치게 되는데, 그 중에서 가장 중요한 것은 세 가지 방법 모두 기업의 본부가 소재하고 있는 국가의 고용사정을 악화시키는 요인으로 작용한다는 점이다. 즉, 세 가지 구조조정방식 모두 해당 기업들이 소재한 국가의 노동을 기계 또는 외국의 노동력으로 대체하는 결과를 초래하기 때문에 궁극적으로 고용을 줄이는 효과가 발생하게 된다.

2.4. 세계경제 전체의 효율성 증대와 성장 촉진

세계화가 진전됨에 따라 국가들 간에 제품 및 생산요소의 이동이 늘어나면서 다음과 같은 경로로 세계경제 전체의 자원배분의 효율성을 높임으로써 성장을 촉진시키게 된다. 첫 번째로는 국가들 간의 교역이 증대됨에 따라 국가별로 비교우위분야에 대한 전문화를 통하여 분업을 촉진시킴으로써 세계경제의 효율성을 높이게 된다. 두 번째로는 시장이 범세계적으로 통합되면서 시장의 크기가 대형화되어 생산자와 소비자 모두 규모의 경제(economy of scale)의 혜택을 누리게 된다. 세 번째로는 기업 간의 경쟁이 심화되면서 생산자들이 이윤폭(mark-up)을 축소시키는 가운데 제품의 생산·운송·유통에서 비효율적인 요소를 개선하려는 노력의 강화와 생산성 향상을 위한 투자증대와 혁신 등을 통해서 경제 전체의 효율성이 높아지고 성장을 촉진시키게 된다.

이와 함께 자본이 국가들 간에 활발하게 이동하면서 다음과 같은 형태로 세계경제의 생산성은 높아진다. 첫 번째로 금융부문의 개방으로 인한 외국인들의 증권투자와 금융기관 소유 등을 통해 금융산업에서 세계 최고 수준의 관행(global best practice)을 도입하는 한편, 외국인 주식투자 행태 등이 정보의 공시, 기업지배구조 등을 개선시키는 동기를 부여할 수 있게 된다. 이러한 금융부문의 발전은 금융시장이 자본을 가장 생산적인 분야에 효율적으로 배분하는 기능을 높임으로써 경제 전체의 생산성을 높일 수 있다.

두 번째로는 국가들 간의 교역증대, 자본 및 노동력 등 생산요소의 이동, 정보교류의 확대는 혁신적인 기술의 확산을 촉진시킴으로써 생산성을 향상시킨다는 것이다. 특히, 외국인 직접투자는 효율성을 증대시키는 기술이나 새로운 경영기법을 전파시키는 데 중추적인 기능을 담당하기 때문에 경제 전체의 생산성을 향상시키는 촉매제 역할을 할 수 있다.

세 번째로는 자본자유화는 국내기업의 해외공장 건설 등을 가능하게 함으로써 국내기업의 생산공정 전부나 일부를 가장 효율적으로 수행할 수 있는 곳에서 조달하도록 한다. 생산공정의 일부 또는 전부를 효율성이 높은 곳에서 수행함으로써 국내기업의 생산성은 향상되고 경쟁력이 강화될 수 있게 된다.

한편, 자본시장의 범세계적인 통합화는 세계 전체의 모든 투자자들에게 자산을 국가별로 분산시킬 수 있게 하여 비체계적 위험(unsystematic risk)을 효과적으로 축소할 수 있는 등 투자위험 축소기회를 제공해 주기도 한다. 주식투자자 입장에서 볼 때 개별 주식투자에 따르는 위험은 체계적 위험(systematic risk)과 비체계적 위험으로 구성되어 있다. 체계적 위험은 전반적인 경기상황, 유동성 상황 등 주식시장 전체에 영향을 주어 개별 주식의 종목에 관계없이 수익률을 변화시키면서 발생되는 위험으로 분산투자를 하더라도 축소될 수 없는 위험이다. 비체계적 위험은 새로운 기술개발, 파업, 법적 소송, 새로운 사업진출계획 등과 같이 어느 특정 기업만이 가지는 사건이나 상황의 변동 등에서 발생되는 위험이다. 투자자는 여러 개의 주식으로 포트폴리오를 구성함으로써 이와 같은 비체계적 위험을 축소시킬 수 있다. 국제투자에서는 국가별로 경기변동의 형태가 다를 수 있기 때문에 폐쇄된 자본시장에서는 체계적 위험인 개별 국가의 경기상황도 비체계적 위험으로 바뀔 수 있다. 그러므로 국가별로 분산투자를 할 경우 위험을 축소할 수 있다.

따라서 자본시장의 범세계적 통합화로 투자자들은 국제분산투자를 하면 투자위험을 추가적으로 줄일 수 있기 때문에 같은 위험수준에서 보다 높은 수익을 얻을 수 있다. 자본시장이 통합되면 개별 국가의 금융자산 수익률 간에 대체성이 높아져 상관관계가 높아지는 측면이 있는 것은 사실이다. 그러나 주식 등 금융자산 수익률의 움직임은 개별 국가 내에서보다는 여러 국가들을 포함하는 경우에 다른 형태로 변화할 가능성이 더 크다. 그러므로 국제분산투자는 국내분산투자보다 비체계적인 위험을 보다 크게 줄일 수 있다. 특히, 신흥국의 금융·자본시장이 발달되고 개방되면서 투자자들은 과거에는 활용하지 못하였던 신흥국 금융자산에 분산투자를 함으로써 투자위험을 축소할 수 있는 기회가 커지게 되었다.

2.5. 국가들 간의 기업과 고급두뇌 유치경쟁 심화

세계화의 진전은 경제성장을 이끌어 가는 핵심적인 요소인 상품, 서비스, 자본, 노동, 새로운 아이디어 등이 국가들 간에 이동할 수 있어 이들의 가치를 가장 잘 평가받을 수 있고 가장 효율적이고 신축적으로 활용될 수 있는 국가들로 이동할 가능성이 커진다. 이러한 생산의 핵심적인 요소들은 시대에 뒤떨어진 관행이나 조직을 고수하고 있어 자유롭고 창의적인 기업활동을 하는 데 제한을 가하는 관료주의적인 제약이 있거나 경제환경 변화에 대하여 신축적으로 적응할 수 있는 능력을 제한하는 제도적 경직성을 고수하고 있는 국가는 가급적 기피하려고 한다.

따라서 이러한 생산의 핵심 요소들은 이들의 활동을 제약하는 장애물이 가장 적은 장소를 끊임없이 탐색하여 언제든지 이동할 수 있기 때문에 각국 정부들은 이러한 핵심적인 요소들을 자국 내에 유치하기 위한 경쟁을 벌이게 된다. 이를 위해서 각국 정부는 생산의 핵심 요소들의 유치에 필요한 각종 인센티브를 제공하는 한편, 경제정책·규제·사회간접자본 등의 편의를 제공하여 기업하기 좋은 환경을 조성하는 데 최대한 노력하게 된다.

고급두뇌 유치전쟁

이러한 국가들 간의 경쟁과 관련해서 가장 대표적인 것이 고급두뇌의 유치경쟁이라고 볼 수 있다. 최근 들어 주요 선진국을 중심으로 이른바 '고급두뇌 유치전쟁(battle for brainpower)'이라고 지칭되는 국가들 간의 고급두뇌 유치경쟁이 심화되기 시작하였다. 여기서 고급두뇌의 정의는 시대에 따라 변할 수 있지만 가장 보편적인 정의는 복잡한 문제에 대한 해답을 찾아 새로운 대안을 찾아 낼 수 있는 창조적인 능력을 가진 사람이라고 정의할 수 있다. 이는 현대경영학의 대가라고 할 수 있는 드러커(Peter Drucker)의 '지식노동자(knowledge worker)'의 개념과도 유사하다고 볼 수 있다. '지식노동자'라는 용어는 드러커가 1959년 저술한 *Landmarks of Tomorrow*라는 저서에서 처음 사용한 용어로서, 정보에 관한 업무를 하거나 직장에서 지식을 개발 또는 사용하는 업무를 하는 사람들을 말한다.

이러한 현상이 발생하게 된 것은 세계화가 진전되면서 주요 선진국들은 저임금국가들과의 경합관계가 적은 첨단산업과 지식기반 서비스업을 발전시킬 필요성이 커졌기 때문이다. 또한 이러한 현상은 마이크로소프트(Microsoft)사를 창업한 빌 게이츠(Bill Gates), 구글(Google)사를 창업한 브린(Sergey Brin)과 페이지(Larry Page)처럼 소수의 우수한 두뇌가 창업하여 비교적 짧은 시간 내에 세계 유수의 기업으로 성장시킴으로써 해당국 경제에 큰 공헌을 하게 되었다는 사례도 반영하고 있다. 이러한 사례는 지식기반 서비스업과 첨단산업을 발전시키기 위해서는 고급두뇌의 유치가 필수적이라는 점을 보여 주고 있다.

이와 함께 다음과 같은 요인들이 가세하여 국가들 간의 고급두뇌 유치경쟁을 더욱 부추기고 있다. 첫 번째로는 주요 선진국들에서 인구고령화 현상이 심화되고 있다는 점을 들 수 있다. 2025년까지 15~64세의 연령층이 전체 인구에서 차지하는 비중은 독일이 7%, 이탈리아가 9%, 일본이 14% 감소할 전망이다. 미국의 경우 앞으로 5년간 500대 기업들의 고위경영층 절반 정도가 은퇴할 연령에 도달할 것으로 예상되나, 차세대 경영을 이끌 수 있는 많은 잠재적 경영자들은 그 동안의 구조조정과정에서 이미 도태되었기 때문에 이 자리들을 메울 수 있는 인재들을 국내에서 찾는 것은 쉽지 않을 것이라는 전망도 나오고 있다.

두 번째로는 선진국들의 주요 기업의 자산에서 차지하는 재능집약적 무형자산의 비중이 지속적으로 상승하고 있다는 점을 들 수 있다. 예를 들어, 미국의 경우 S&P 500 지수에 포함된 500대 기업의 총자산에서 무형자산이 차지하는 비중은 1980년의 20%에서 2003년에는 약 70% 정도로 상승하였다. 기업의 총자산에서 차지하는 지적재산권 등 무형자산의 비중이 높아졌다는 사실은 이러한 업종에 대한 진입장벽이 낮아졌다고 볼 수 있다. 이는 새로운 아이디어를 가진 고급두뇌의 입장에서는 기업을 창업하기가 수월해졌다는 것을 의미한다. 또한 이는 고급두뇌를 가진 사람을 유치하는 것이 국가경제의 입장에서는 거액의 자본을 유치하는 것과 마찬가지의 효과를 거둘 수 있다는 점을 의미하기도 한다.

세 번째로는 첨단기술과 새로운 지식의 활용이 세계 전체의 모든 업종으로 파급되면서 고급두뇌에 대한 수요가 첨단기술과 지식기반관련 제조업뿐 아니라 여타 업종에까지 늘어나고 있다는 점을 들 수 있다. 세계 전체적으로 볼 때 회계·법률·경영자문업 등 제조업을 포함한 모든 산업을 지원하는 사업서비스(business services)를 제공하는 기업의 수입이 1990년에는 3,900억 달러 정도이었으나 2000년에는 9,110억 달러로 증가하였다. 앞으로도 세계 전체적으로 산업구조가 고도화되면서 이러한 추세는 더욱 가속화될 수 있기 때문에 이러한 업종에 종사할 수 있는 인력의 확보는 비단 지식기반 서비스업뿐만 아니라 제조업 등 다른 산업을 발달시키는 데 필수적이다.

이러한 점 등을 반영하여 주요 선진국들은 고급두뇌의 국내유치를 위해서 자국 내의 대학교 및 대학원에 유학을 하고 있는 학생들을 고급두뇌 유치대상으로 활용하고 있다. 또한 각국 정부들은 우수한 인력이 소득세 부담이 늘어나서 해외로 이전하는 것을 방지하기 위해서 개인소득세를 인하하는 등 고급두뇌에 대한 세제상의 혜택을 강화하고 있다. 이와 함께 영국은 고숙련 노동자에 대한 고용허가를 크게 늘렸으며, 상대적으로 폐쇄적인 태도를 보이던 프랑스조차도 과학자 비자제도를 도입한 바 있다. 미국은 자국 내의 대학원에서 기초과학이나 공학을 전공하는 외국유학생에 대해 영주권을 주는 제도의 도입을 검토중인 것으로 알려지고 있다.

세금인하 경쟁

국가들 간의 경쟁에서 재미있는 현상 중 하나는 각국 정부가 기업과 우수한 두뇌를 유치하기 위해 세금인하를 정책수단으로 이용하면서 국가들 간에 세금경쟁(tax competition)이 벌어지고 있다는 점이다. 세계화의 진전으로 이동이 가능해진 외국의 기업이나 개인들을 자국으로 유치하여 생산·소비 등을 유도할 수 있다면 외국의 경제주체들에 대해서도 세금을 거둘 수 있을 것이다. 이는 한 국가의 잠재적 세수기반(potential tax base)이 더 이상 그 국가의 영토 내에 국한되지 않게 되었다는 것을 의미한다.

그러나 이와 관련하여 흥미로운 사실은 세율인하로 외국의 기업과 개인을 유치하여 세수를 증대시킨다는 다소 모순적인 측면이 있다는 점이다. 예를 들어, 최근 들어 주요국에서는 고가의 사치품에 대한 높은 세율을 낮추고 외국관광객에 대하여 면세혜택을 늘리고 있는데, 이는 자국민들이 고가의 사치품을 외국에서 구매하는 것을 방지하는 한편 외국의 소비자들이 자국에서 많이 소비하게 하는 유인을 제공하기 위한 것이다. 물론 세금인하 경쟁의 주목적은 외국기업이나 개인을 유치하여 일자리를 창출하는 등 국가경제를 발전시킨다는 점이다. 그러나 부수적인 목적은 세금인하를 통해 수동적인 의미에서 자국의 기업이나 개인이 외국으로 이전함으로써 세수기반이 줄어드는 것을 방지하는 동시에, 능동적인 의미에서 외국의 기업이나 개인을 국내로 유치하여 세수기반을 넓히겠다는 측면도 있다고 볼 수 있다.

이러한 국가들 간의 세금경쟁이 과연 바람직한 것인가에 대해서 현재 찬성하는 측과 반대하는 측이 팽팽히 대립[8]하고 있는 상황이다. 국가들 간의 세금경쟁을 바람직하다고 보는 측의 근거는 다음과 같다. 첫 번째로 이러한 경쟁이 금융자본, 고숙련 노동력과 같은 이동성이 높은 세원들에 대한 세율을 낮추어 세금이 자본이나 노동력의 효율적인 배분을 왜곡시킬 여지를 줄임으로써 경제의 효율성을 높일 수 있다는 것이다. 두 번째로는 세금인하 경쟁으로 세수가 축소되면서 비효율적인 재정지출을 줄일 수 있다는 점이다. 세 번째로는 세금경쟁이 세계 전체의 저축을 가장 생산성이 높은 곳으로 배분될 수 있도록 한다는 것이다. 네 번째로는 세수가 줄어듦에 따라 정책결정자들이 국가의 역할을 다시 한 번 생각해 볼 수 있게 하고 정부의 역할을 보다 필수적인 분야에 집중하게 하여 효율성을 높일 수 있다는 점이다. 마지막으로 세금경쟁은 세수구조를 이동이 불가능한 세원에 대한 의존도를 높이게 된다. 이와 같이 이동이 불가능한 세원에 대한 과세 강화는 이론적으로 국가경제에 유용하게 사용될 수 있는 고급노동력·자본 등과 같은 자원에 대하여 세금을 부과함에 따라 국가경제 발전에 긴요한 자원이 해외로 유출되는 문제를 방지할 수 있으므로 경제를 덜 왜곡시킨다.

반면 국가들 간의 세금인하 경쟁을 반대하는 논거는 다음과 같다. 첫 번째로 세금경쟁이 재정적자와 정부부채를 늘림으로써 거시경제의 안정성을 저해할 수 있다는 점이다. 두 번째로 세수의 축소로 정부가 재정지출을 줄일 수밖에 없게 되었을 때 정부가 비효율적인 지출보다는 오히려 효율적인 지출을 축소할 가능성이 크다는 점이다. 이는 일반적으로 비효율적인 재정지출에 대한 정치적 지지기반이 상대적으로 강하기 때문이다. 세 번째로는 세금경쟁으로 재정적자가 발생하는 것을 방지하기 위해서 정부가 바람직하지 않는 새로운 세금을

[8] Vito Tanzi(2002).

도입하면서 세수구조를 질적으로 저하시킬 수 있으며, 재정지출로 해결할 문제를 새로운 규제도입을 통해 해결하게 되어 경제를 왜곡시킬 가능성이 크다는 점이다. 네 번째로는 세금부담을 이동이 가능한 세원의 부담을 줄이는 대신 이동이 불가능한 세원의 부담을 높이는 것은 조세제도의 공평성을 훼손시킬 가능성이 크다는 점이다. 마지막으로 세금경쟁은 조세행정과 성실한 납세에 대한 감시를 더욱 어렵게 하고, 한 나라 조세제도의 예측가능성이 저하되면서 안정적인 투자환경을 저해할 수 있다.

양측의 주장의 근거는 모두 일리가 있다고 생각된다. 국가 간의 세금경쟁이 바람직한지에 대해서는 다른 의견이 있지만, 한 가지 분명한 사실은 세계화의 진전으로 국가들 간에 경쟁이 심화되면서 이러한 세금인하 경쟁이 지속되는 현상을 억제하기가 거의 불가능하다는 점이다.

2.6. 소득의 양극화 현상 발생

앞서 언급한 것처럼 세계화가 진전됨에 따라 먼저 제품시장이 통합되면서 제품가격이 동일한 수준으로 수렴하게 된다. 그리고 생산요소인 노동력 제공에 대한 보상인 임금까지도 동일한 수준으로 수렴하는데, 이 경우 임금수준이 높은 선진국 노동자들의 실질임금은 하락할 가능성이 커진다. 반면 저임금국가들 노동자의 경우에는 임금을 상승시키는 결과를 초래하므로 바람직한 현상이라고 볼 수 있다.

세계화의 진전이 전반적인 소득을 향상시킨다는 점은 분명하지만, 실질임금과 고용사정에 미치는 영향은 모든 노동자들에 대해 대칭적으로 나타나지는 않게 된다. 국가들 간의 교역이 늘어나면 교역재를 생산하는 부문에 종사하는 저숙련 노동자의 수요와 임금에 영향을 주면서 숙련도가 높은 노동자에게 영향이 점진적으로 파급되는 등 영향의 크기가 숙련도에 따라 비대칭적으로 나타난다.

미국의 경우에서 볼 수 있듯이, 세계화로 인한 미국 노동자들의 저임금국가 노동자들과의 경합관계는 초기에는 섬유·의류분야와 같이 노동집약적인 단순기술분야를 시작으로 자동차산업 등과 같은 제조업 전반으로 확산되었다. 그 다음 단계에서는 단순회계업무 처리, 프로그래밍 등 서비스산업으로 확산되고 있다. 이러한 분야들에서는 고임금국가 기업들이 저임금국가 기업들과의 경쟁에서 도태되면서 폐업을 하거나 생산기지를 임금이 싼 국가로 이전할 수밖에 없어 고임금국가들에서의 이러한 저숙련 노동에 대한 수요는 감소한다. 이에 따라 고임금국가 저숙련 노동자의 임금은 하락할 수밖에 없으며, 이들의 고용안정성도 저하되는 결과가 초래된다. 반면 저임금국가 노동자들의 임금은 이러한 노동에 대한 수요가 늘어나면서 상승하게 된다.

반면 첨단기술의 개발, 투자금융업무 등과 같은 고숙련 업종에 종사하는 노동자들의 경우에는 저임금국가 노동자들과의 경합가능성이 거의 없다. 그러나 저임금국가들까지 이들이 종사하는 업종의 수요가 늘어남에 따라 이들이 제공하는 노동의 수요가 지속적으로 증가한다. 이와 같은 고숙련 노동에 대한 수요가 늘어나면서 고숙련 노동자들의 임금은 지속적으로 상승하고 이들의 고용안정성은 높아진다.

이와 같이 세계화가 진전되면서 선진국 저숙련 노동자들은 개발도상국 노동자들과의 경쟁관계가 높아지면서 임금이 하락하는 반면, 선진국의 고숙련 노동자들은 이들의 노동수요가 늘어나면서 임금이 상승하여 소득격차가 벌어지는 등 소득의 양극화가 발생한다. 많은 전문가들은 노동자의 교육의 질과 수준격차가 이러한 소득의 양극화를 결정하는 가장 중요한 요인으로는 작용한다고 주장하고 있다. 예를 들면, 그린스펀(Alan Greenspan) 전 미국 연준 의장은 미국의 노동시장에서 고숙련 노동자의 실질임금은 가파르게 상승하고 있는 반면 저숙련 노동자의 실질임금은 정체되어 있거나 매우 완만히 상승하고 있는 현상은, 미국의 교육시스템이 고숙련 노동자를 미국 경제가 필요한 양만큼 공급해 주지 못하고 저숙련 노동자를 수요량 이상으로 과잉공급해 주고 있기 때문에 발생한다고 주장하였다. 그는 미국 학생들의 수학과 과학 실력이 4학년 학생의 경우에는 국제적인 평균수준보다 높으나 고등학교 졸업반 학생인 12학년 학생들의 경우에는 국제적인 평균수준보다 월등히 낮아진다는 1995년에 발표된 연구결과를 제시하면서, 이는 미국의 경우 고숙련 노동자의 공급이 저숙련 노동자의 공급에 비해서 적다는 점을 간접적으로 보여 주고 있는 증거라고 지적하였다.

그러나 세계화의 진전이 소득의 양극화를 초래하는 요인으로 작용할 것이라는 주장에 대해서 반대하는 이론들도 있다. 이 이론에 따르면 세계화가 진전되는 초기 단계에서는 고소득층과 저소득층 사이의 소득격차가 단기적으로 확대되어 소득의 양극화 현상이 발생하겠지만, 세계화가 성숙단계에 이르면 고소득층과 저소득층 사이의 소득격차는 오히려 축소될 것으로 보고 있다. 이러한 이론은 산업화의 초기 단계에서는 소득분배의 불평등도가 높아지겠지만, 산업화가 완성단계에 이르면 소득의 불평등 정도가 축소된다는 노벨경제학상 수상자인 쿠즈네츠(Simon Kuznets) 교수의 경제발전이론을 원용한 것이다.

실제로 IMF[9]가 1985년부터 2005년까지의 20년 동안의 시계열자료를 이용하여 분석한 결과에 따르면, 지난 20년 동안 대부분의 국가들과 국가군의 경우 소득분배 불평등 정도가 심화된 것으로 나타났다. IMF는 소득분배 불평등 정도를 측정할 때 가장 많이 사용하고 있는 지니계수(Gini coefficient)[10]를 이용하였는데, 분석결과에 따르면

[9] Subir Lall, Florence Jaumotte, Chris Papageorgiou, and Petia Topalova(2007).

[10] 지니계수는 소득분배나 부의 분배의 불평등을 측정하는 데 가장 많이 사용되는 통계적 산포도를 나타내는 통계치인데 그 숫자는 1과 0 사이이다. 지니계수는 Uniform 분포선 아래의 면적을 로렌츠곡선(Lorenz curve)과 Uniform 분포선 사이의 면적으로 나눈 수치로 정의되는데, 0에 가까운 지니계수는 소득분배가 평등하

한국·싱가포르까지 포함된 선진국가군, 인도·중국 등 아시아의 개발도상국가군, 동구권의 신흥국가군, 남미 국가군 등 거의 대부분의 국가군에서 소득분배의 불평등도가 높아진 반면, 사하라 이남(sub-Sahara)의 아프리카 국가군과 구소련에 소속되었던 독립국가군의 경우에는 소득분배의 불평등도가 낮아진 것으로 나타났다.

IMF는 대부분의 국가군에서 지니계수가 상승하게 된 요인을 금융의 세계화(financial globalization)와 교역의 세계화(trade globalization)의 영향을 구분하여 분석하였는데, 세계화의 진전보다는 정보통신기술 등 기술의 발전이 1980년대 초반 이후 소득분배의 불평등을 확대시키는 데 가장 중요한 요인으로 작용하였던 것으로 나타났다. 금융의 세계화는 소득분배의 불평등 정도를 확대시키는 요인으로 작용하였지만 그 영향이 상대적으로 미미한 것으로 분석되었다. 외국인 직접투자의 증가는 외국인 직접투자를 하는 선진국들에게는 상대적으로 숙련도가 낮은 인력의 수요를 줄이면서 이들의 임금상승을 억제시킨 반면, 외국인 직접투자를 유치한 개발도상국에게는 상대적으로 숙련도가 높은 인력에 대한 수요를 늘리면서 이들의 임금을 상승시키는 요인으로 작용하였다. 이에 따라 선진국은 물론 개발도상국에서도 소득분배의 불평등을 확대시키는 요인으로 작용하였던 것으로 나타났다. 또한 금융의 심화(financial deepening)는 금융제도의 발전에 대한 수혜가 빈곤층보다는 상대적으로 부유한 계층에게 돌아가 부유층이 금융이용 확대를 통해 소득을 증가시킬 수 있게 되면서 소득분배의 불평등을 오히려 확대시킨 것으로 분석되었다.

그러나 일반적인 예상과는 달리 교역의 세계화는 소득분배의 불평등을 확대하기보다는 오히려 축소시킨 것으로 나타났다. 이는 교역

다는 것을 의미하고, 1에 근접한 계수는 불평등하다는 것을 나타내 준다. 극단적으로 0은 모든 사람의 소득이 같다는 것을, 그리고 1은 한 사람이 모든 소득을 가지고 있고 나머지 모든 사람들은 아무런 소득이 없다는 것을 의미한다.

의 세계화가 개발도상국의 농산품, 원자재, 노동집약적인 제조업 제품의 수출을 증대시킴으로써 이들 국가의 소득불평등을 축소시키는 요인으로 작용하였기 때문인 것으로 IMF는 분석하고 있다. 국가군별로 볼 때, 교역의 세계화는 선진국의 경우에 소득불평등을 확대시키는 요인으로 작용한 반면, 개발도상국의 경우에는 소득불평등을 줄이는 요인으로 작용한 것으로 나타났다.

결론적으로 IMF는 세계 전체로 볼 때 세계화의 진전이 소득분배의 불평등 정도를 확대시키는 데 별 다른 영향을 미치지 못하였다고 평가하였다. 이는 세계화의 진전 정도를 나타내 주는 두 가지 변수인 교역세계화와 금융세계화가 소득분배에 주는 영향이 서로 반대 방향으로 작용하면서 서로의 영향을 상쇄함으로써 전체적인 세계화의 영향이 줄어들었기 때문이라고 IMF는 지적하고 있다.

한편, 소득분배와 관련해서 최근 들어 관심을 끌고 있는 현상 중의 하나는 주요 선진국의 국민소득에서 차지하는 노동에 대한 보상비중이 지속적으로 하락하는 반면 자본에 대한 보상비중은 상승하고 있다는 사실이다. 이에 대한 요인으로 물론 세계화를 들 수도 있지만, 이들 국가에서 기술진보로 인하여 노동이 자본으로 대체되고 있는 현상을 반영할 가능성도 있다.

이와 관련해서 IMF는 주요 선진국 18개국을 미국·영국·캐나다·호주 등을 포함하는 앵글로색슨 국가들, 프랑스·독일·이탈리아·스페인 등 대규모 유럽 국가들, 벨기에·네덜란드 등 유럽 9개국을 포함하는 소규모 유럽 국가들, 일본 등 4개의 국가군으로 구분하여 이들의 국민소득에서 차지하는 노동에 대한 보상비중에 대해 세계화의 진전과 기술진보가 미친 영향을 실증적으로 분석[11]하였다. 18개국 전체적으로 볼 때, 국민소득에서 차지하는 노동에 대한 보상비중이 줄어

[11] 보다 자세한 내용은 Florence Jaumotte and Irina Tytell(2007), Chapter 5 참조.

든 것은 세계화의 진전보다는 기술진보의 영향이 큰 것으로 나타났으나 국가군별로는 그 영향이 다른 것으로 분석되었다. 기술진보의 영향이 유럽 국가들과 일본의 경우에 상대적으로 더 큰 것으로 나타난 반면, 앵글로색슨 국가들의 경우는 작은 것으로 나타났다. 특히, 미국의 경우는 기술진보가 오히려 노동에 대한 보상비중을 상승시킨 것으로 나타났다. 이는 기술진보 초기 단계에는 기술진보가 노동에 대한 보상을 축소시킬 수 있으나, 시간이 경과하면서 노동자들이 새로운 기술에 익숙해짐에 따라 노동의 생산성 향상을 통해 노동에 대한 보상을 증가시킬 수 있기 때문인 것으로 IMF는 해석하고 있다.

또한 이 연구결과에 따르면 노동시장의 신축성이 높은 국가들은 노동시장이 경직적인 국가들에 비하여 국민소득에서 차지하는 노동에 대한 보상비중이 하락하는 속도가 완만한 것으로 나타났다. 한편, 노동시장에 대한 세계화의 영향은 앵글로색슨 국가군과 소규모 유럽 국가군에서 더욱 확연하게 나타난 것으로 분석되고 있다. 결론적으로 IMF는 세계화가 이들 국가의 소득 전체에서 임금이 차지하는 비중을 낮춘 것은 사실이지만, 산출물 증가와 생산성 향상을 통하여 소득 전체의 크기를 확대하였으며 상품과 서비스의 가격을 낮추고 질은 높이는 등 긍정적인 효과가 크다는 점을 강조하고 있다.

2.7. 기업실적과 기업이 위치한 국가의 경제와의 연관관계 약화

생산제품시장의 범세계적 통합화에 따라 격심한 경쟁에 직면한 기업들이 공장을 해외로 이전하든가 생산공정의 일부를 오프쇼링을 통해서 조달하는 등 구조조정을 진행하면 해당 기업이 그 기업이 소속하고 있는 국가경제에 미치는 영향은 축소될 수밖에 없다. 이러한 기업들의 경우 해당 기업의 제품판매가 호조를 보이는 등 실적이 좋아지더라도 반드시 해당 기업이 소속하고 있는 국가의 설비투자가 늘어나고 고용이 창출되는 등 국가경제의 호전으로 이어지지 않을 수도 있다. 예를 들어, 해당 기업의 실적이 특정 지역에서의 판매가 늘어남에 따라 호전되었지만 그 국가에 공급하는 제품을 생산하는 공장이 해당 기업이 소속한 국가가 아닌 다른 국가에 소재하고 있다면 해당 기업의 실적호전이 그 기업이 소속한 국가의 경제에 미치는 효과는 미미하게 된다.

다른 한편으로 자본시장이 범세계적으로 통합화됨에 따라 국내기업에 대한 외국인 투자자들의 주식보유 비중이 늘어날수록 해당 기업의 실적호전으로 주식가격이 상승하더라도 자산가격의 상승으로 인한 자산효과(wealth effects)에 의해 해당 기업이 소속한 국가의 소비를 증가시키는 정도도 축소된다. 예를 들어, 특정 기업의 주식가격 상승으로 그 기업이 소속하고 있는 국가의 소비를 증가시키는 효과는 외국인 주식보유 비중이 50%인 경우에는 외국인 주식보유가 전무하였을 경우에 비해서 절반 정도로 줄어들 수밖에 없게 된다.

이와 같이 세계화의 진전은 다국적기업 등과 같이 해외공장이 많고 외국인들의 주식보유 비중이 큰 기업이 많이 생기게 된다. 이에 따라 기업의 실적과 그 기업이 소속하고 있는 국가의 경제실적과의 연관성이 약해진다.

2.8. 글로벌 스탠더드로의 이행 불가피

세계화의 진전으로 상품·서비스·자본·노동 등의 시장이 범세계적으로 통합되면서 모든 분야에서 표준은 글로벌 스탠더드로 이행되는 것이 불가피하게 된다. 글로벌 스탠더드는 세계의 어느 시장에서든지 기준으로 통용되고 있는 규범이라고 정의할 수 있다. 이러한 글로벌 스탠더드에는 국제표준화기구(International Organization for Standardization)의 인증 등과 같이 국제적인 권위를 인정받고 있는 표준화 기관의 승인에 의해 규정된 공식적 표준(De Jure Standard)과 경쟁을 통해서 시장의 대세를 장악하여 국제적인 표준으로 인정을 받고 있는 사실상의 표준(De Facto Standard)이 포함될 수 있다. 또한 글로벌 스탠더드는 좁은 의미로는 첨단산업의 기술분야에서 전 세계의 표준으로 정해진 것을 의미하고 있으나, 넓은 의미로 볼 때에는 금융, 회계, 법률, 제도적 관행, 정부의 규제까지를 포함한 경제 전반에 걸쳐 세계적으로 표준으로 평가받고 있는 것까지 포함될 수 있다.

어떤 것이 글로벌 스탠더드가 될 수 있는지에 대해서는 객관적인 기준이 없기 때문에 채택과정에서 강자의 논리에 따라 결정될 가능성이 매우 크다고 볼 수 있다. 모든 국가는 각자 자국의 기준과 규격을 글로벌 스탠더드로 만들어 자국기업들에게 유리하게 하려는 경향이 크기 때문에, 글로벌 스탠더드의 결정은 해당 제품이나 기술의 전 세계시장을 이끌어 가는 기업이나 국가의 표준이 결정될 가능성이 높아질 수밖에 없다. 따라서 글로벌 스탠더드는 시대에 따라 변할 수 있는데, 현재의 글로벌 스탠더드는 대부분 미국의 표준이 채택되고 있다고 볼 수 있다. 예를 들면, 미국의 회계표준인 "U.S. Generally Accepted Accounting Principles"와 자본시장의 공시기준인 "The Disclosure Requirements of the U.S. Securities and Exchange Commission"이 1997년 아시아 경제위기 이후에 신흥국을 중심으로 글로벌 스탠더드로 자리를 잡게 된 것 등을 들 수 있다.

세계화가 진전되면 이러한 글로벌 스탠더드는 기업지배구조까지를 포함한 기업의 상거래와 관련된 모든 분야뿐 아니라 모든 시장의 관행 그리고 정부의 규제까지도 적용받을 수밖에 없게 된다. 이는 글로벌 스탠더드로 제대로 이행되지 못한 국가는 외국기업, 자본 등을 유치하기가 어렵게 될 뿐만 아니라 해당국 기업들이 생산한 제품을 세계시장에서 판매하는 것이 번잡하게 되는 등 궁극적으로 국가들 간의 치열한 경쟁에서 도태될 수밖에 없게 되기 때문이다.

한편, 앞으로 글로벌 스탠더드의 포괄범위는 경제와 기술분야뿐만 아니라 환경·인권분야에까지 확대될 가능성이 크다. 환경보존에 대한 논의가 점차 활발해지면서 환경을 파괴하거나 오염시키는 기업활동을 제재하기 위한 여러 가지의 글로벌 스탠더드가 가까운 장래에 만들어져 통용될 것으로 보인다. 또한 인권과 관련하여 기업활동과 관련되는 사항 중에서 가장 대표적인 것은 '노동자 착취공장 반대 운동(Anti-Sweatshop Movement)' 등과 같은 근로환경(working conditions)의 개선에 관한 사항과 아동노동(child labor) 금지에 관한 사항을 들 수 있다. 근로환경의 개선과 아동노동 금지에 관한 사항은 의류공장 등을 중심으로 노동착취를 하는 공장에서 생산된 제품이나 아동노동을 이용하여 생산된 제품에 대해 소비자들이 조직적으로 불매운동을 벌이는 것으로 시작되었다. 이에 따라 나이키(Nike), 갭(Gap) 등이 판매에 타격을 입게 되면서 많은 다국적기업들이 행동강령(Code of Conduct)에 노동자를 착취하거나 아동노동을 사용하는 공장에서 생산된 제품을 판매하지 않는 것을 명시하고 있다. 이러한 소비자들의 움직임에 대응하여 이들 기업은 자체 생산망은 물론 이들에게 제품을 납품하는 개발도상국 기업에 대해서도 이러한 행동강령을 준수할 것을 요구하고 있는 상황이어서 이러한 사항은 현재에도 거의 글로벌 스탠더드에 준하는 규범으로 자리를 잡고 있다.

3. 세계화는 어느 정도까지 진전되고 있나?

이제 세계화가 현재 어느 정도까지 진전되고 있는지에 대해서 알아볼 필요가 있다. 세계화가 얼마만큼 진전되고 있는가를 한 가지의 지표를 통해서 파악하기는 어렵지만 일반적으로 교역의 세계화와 금

융의 세계화 정도를 나타내 주는 지표가 주로 사용되고 있다.[12]

교역의 세계화 정도는 국가들 간의 교역이 얼마나 늘어났는지를 보는 것인데, 그 지표로서 세계교역의 증가추이나 세계 전체의 국내총생산(Gross Domestic Product: GDP)에서 차지하는 세계 전체의 교역액의 비율을 많이 사용하고 있다. IMF[13]에 따르면, 1980년에서 2005년까지 25년 동안 세계교역은 1980년 가격기준으로 5배가 늘어났으며, 세계 전체의 국내총생산에서 차지하는 세계 전체의 교역액의 비중은 36%에서 55%로 증가하였다. 특히, 국내총생산에서 차지하는 교역의 비중은 선진국보다는 개발도상국들이 상대적으로 가파르게 상승한 것으로 나타났다. 또한 OECD[14]에 따르면 세계 전체의 수출이 세계 전체의 국내총생산에서 차지하는 비율을 보면 1980년에서 1994년까지는 매년 0.5% 포인트 미만으로 높아져 왔으나 1995년부터 2005년까지는 매년 1% 포인트 정도씩 높아지고 있다. 이는 교역의 세계화가 1995년 이후에 가속화되고 있음을 시사해 준다고 볼 수 있다.

한편, 범세계적으로 금융시장이 어느 정도 통합화되고 있는지는 국가들이 보유하고 있는 해외자산과 부채의 합계가 국내총생산에서 차지하는 비중이 어떻게 변화하는지를 통해서 파악하고 있다. OECD[15]에 따르면 OECD 회원국의 국내총생산에서 차지하는 해외자산과 해외부채 잔액의 비율이 1980년대 초반에 비해서 2005년에는 5배 가까이 증가한 것으로 나타났다. 특히, 그 비율은 1995년부터 2005년까지 130% 이상 증가하였다. 그러나 OECD 회원국이 아닌 국가들의 국내총생산에서 차지하는 해외자산과 해외부채 잔액의 비율은 매우 완만

12 예를 들면, Karine Herve, Isabell Koske, and Franck Serillot(2007), Subir Lall, Florence Jaumotte, Chris Papageorgiou, and Petia Topalova(2007) 등이 이러한 방식을 사용하였다.

13 Subir Lall, Florence Jaumotte, Chris Papageorgiou, and Petia Topalova(2007).

14 Karine Herve, Isabell Koske, and Franck Serillot(2007) 참조.

15 Karine Herve, Isabell Koske, and Franck Serillot(2007) 참조.

하게 증가하여 모든 국가 간에 발생한 자산과 부채거래 잔액 전체에서 OECD 회원국이 보유하고 있는 해외자산과 해외부채가 80%에 이르고 있는 것으로 나타났다. OECD 회원국들이 보유한 자산 중에서 해외증권투자의 비중이 가장 높아 1/3 정도를 차지하고 있으며, 그 다음으로는 해외직접투자와 기타 해외투자 순으로 나타났다. 1990년 이후 모든 신흥국들에 대한 외국인 직접투자가 괄목할 만한 성장을 하였는데, 모든 신흥국들의 해외부채에서 차지하는 외국인 직접투자의 비중은 1990년의 17%에서 2004년에는 38%로 상승하였다.

이러한 기준으로 볼 때 동구권과 구소련에 속하였던 국가들이 계획경제에서 시장경제체제로 전환하여 본격적으로 경제개발에 착수하였던 1990년대 중반 이후에 교역면에서의 세계화가 빠른 속도로 진전되고 있음을 알 수 있다. 그러나 금융면에서의 세계화는 아직까지 OECD 회원국 등을 중심으로 한 선진국들 사이에서 진전되고 있음을 알 수 있다. 이는 가까운 미래에 금융면에서의 세계화가 신흥국 등 OECD 회원국이 아닌 국가들 사이에서도 본격적으로 진전될 가능성이 커지고 있다는 점을 시사해 준다고 볼 수도 있다.

3

주요 선진국은 어떻게 대응하고 있나?

1. 미국은 어떻게 대응하고 있나?

1.1. 세계화 시대에 미국 경제는 왜 강한가?

미국의 경우 오랜 기간 동안 경쟁을 기반으로 한 자유시장경제(free-market economy) 또는 자유시장자본주의(free-market capitalism)를 추구함에 따라 규제가 적어 경제구조가 유연하기 때문에 세계화에 비교적 잘 대응할 수 있었다. 물론 세계화의 진전에 따른 일시적인 고통을 줄이기 위해 정부의 시장개입을 옹호하거나 보호무역주의를 선호하는 여론이 정치권과 노동계를 중심으로 간헐적으로 나타난 경우는 있었지만 미국 경제의 기저에는 시장경제와 자유무역이 국민의 후생을 증진시킬 수 있다는 견해가 지배적으로 작용하여 왔다.

세계화 시대에 미국 경제의 가장 큰 장점은 경제적 유연성(economic flexibility)을 가지고 개방성(openness)을 추구하고 있다는 점이다. 이러한 경제적 유연성의 기반은 미국 경제가 경쟁과 시장을 중시한다는 점이라고 볼 수 있다. 미국 경제에서 경제적 유연성의 중요성을 강조하고 있는 대표적인 사람은 그린스펀 전 미국 연준 의장인데, 그는 2004년에 행한 연설[1]에서 경제적 유연성이라는 것은 경제적 충격에 신속히 대응할 수 있어 여러 가지 경제의 하방위험으로부터 발생하는 충격을 잘 흡수할 수 있는 능력을 의미한다고 주장하였다. 그는 이러한 경제적 유연성을 확보하기 위해서는 어떤 구체적인 정책이 필요한 것이 아니라 시장경제가 원활히 작동하면 된다는 견해를 표명하였다. 그는 같은 주제로 2005년에 행한 연설[2]에서 경제적 유연성은 정책담당자들의 제도적 경직성을 제거하고 경쟁을 촉진시킨 노력 등을 반영하여 이루어진 노동자와 기업의 경제적 역동성(economic dyna-

---

[1] Alan Greenspan(2004).
[2] Alan Greenspan(2005).

mism)의 산물이라고 주장하였다.

경제적 유연성이라는 측면에서 미국 경제는 다음과 같은 제도적 장점을 가지고 있다. 첫 번째로는 세계 최고수준의 연구를 수행하고 있는 대학들의 네트워크(network)를 가지고 있다는 점을 들 수 있다. 이러한 대학들의 네트워크는 각자 치열한 경쟁을 벌이면서도 서로의 연구결과를 공유하면서 새로운 순수이론을 개발하고 이를 응용기술로 발전시켜 미국 기업들의 상품화에 크게 공헌하고 있다.

두 번째로는 새로운 아이디어들을 제품화시킬 수 있는 자금을 풍부하게 공급해 주는 가장 효율적인 금융·자본시장을 가지고 있다는 점을 들 수 있다. 특히, 새로운 아이디어를 가진 사람들이 손쉽게 자본을 구해 회사를 창업할 수 있는 미국의 벤처캐피털산업의 발달은 미국 경제의 큰 장점이 되고 있다. 이와 함께 소액주주의 권익보호 등 자본시장에 대한 건전한 규제도 개인들의 자금이 주식시장으로 꾸준히 유입될 수 있는 환경을 조성해 주는 역할을 하고 있다.

세 번째로는 새로운 아이디어의 생성을 촉진해 줄 수 있는 미국의 지적재산권(intellectual property right) 보호제도를 들 수 있다. 지적재산권에 대한 보호가 취약한 경우 새로운 아이디어를 개발하려는 인센티브가 약해지기 마련이다. 따라서 새로운 아이디어가 끊임없이 생성되게 하기 위해서는 철저한 지적재산권 보호가 필수적이다.

네 번째로는 노동시장의 신축성을 들을 수 있다. 미국의 경우 기업이 노동자를 해고하거나 채용하는 데 아무런 법적 제약이 없기 때문에 미국의 노동법은 세계 전체에서 볼 때 노동시장의 신축성을 가장 잘 지원해 주는 법이라고 할 수 있다. 이러한 노동시장의 신축성 확보는 노동력이 가장 필요로 하는 부문으로 배분되게 함으로써 경제 전체의 효율성을 높이는 데 필수적이다.

미국 경제의 또 다른 장점은 개방성을 들 수 있는데, 미국 경제는 무역을 통해서 국민들의 후생을 증진시킬 수 있다는 믿음을 바탕으로 자유무역을 추구하고 있다는 점이다. 이는 이민자들이 미국을 건설하였고, 건국 이후에도 세계 각국으로부터 이민자들이 계속 미국으로 유입되고 있기 때문에 인종이나 문화가 다양하다는 점을 반영하고 있다고 볼 수 있다.

1.2. 오프쇼링의 확산과 대응

아무리 경제구조가 유연하고 개방적인 경제라고 하더라도 미국에서 세계화에 대한 거부감이 전혀 없었던 것은 아니다. 이와 관련하여 최근 가장 논란이 되었던 것은 오프쇼링(offshoring)의 확산에 관한 미국의 대응을 들 수 있다. 1990년대 중반 이후부터 제조업을 중심으로 많은 일자리들이 중국 등 해외로 이전되는 가운데 최근 서비스업종의 일자리까지 오프쇼링을 통해서 인도 등 저임금국가들로 이전되고 있다. 미국 워싱턴(Washington, DC)에 소재한 EPI(Economic Policy Institute)의 스콧(Robert Scott)은 1994년 이후 10년 동안 미국으로부터 외국으로 영구적으로 이전된 일자리는 주로 제조업을 중심으로 300만 개 정도에 이른다고 추정하였다.

이러한 오프쇼링의 확산은 저소득층뿐만 아니라 중산층의 소득을 감소시키고 고용사정의 안정성을 저해하는 요인으로 작용할 수 있다고 하여 2004년 미국 대통령선거를 계기로 정치쟁점으로 등장하게 되었다. 특히, 과거에는 해외로 이전된 일자리가 주로 블루칼라 노동자(blue-collar worker)와 관련된 제조업 중심의 저숙련 일자리들이 주종을 이루었으나, 최근 들어서는 오프쇼링이 확산되면서 컴퓨터 프로그래밍, 재무분석과 연구개발 등 보다 숙련도가 높고 전문성이 강한 서비스산업의 화이트칼라 일자리(white-collar job)까지 해외이전이 확산되고 있다. 이러한 점이 오프쇼링이 정치쟁점으로 부각되는 요인으로 작용하였다. 이와 함께 미국 경제가 2001년 초 기술주 거품붕괴 등으로 발생하였던 경기하강으로부터 회복되는 과정에서 고소득층의 고용사정은 매우 빠른 속도로 호전되고 있는 반면 저소득층의 경우에는 별로 개선되지 않는 이른바 고용사정의 양극화 현상이 나타나고 있어 민주당을 중심으로 대응책을 강구해야 한다고 주장하기도 하였다. 이 사례는 미국이 세계화의 진전에 따라 발생되는 문제에 대해서 어떻게 대응하는지를 가장 잘 보여 준다고 하겠다.

왜 오프쇼링이 확산되고 있나?

오프쇼링의 확산에 대한 대응책을 마련하기 위해서는 먼저 오프쇼링이 서비스산업을 포함한 모든 산업으로 급격히 확산되고 있는 이유에 대해서 살펴볼 필요가 있다. 많은 전문가들은 기업들의 수익이 계속 호조를 보이는 상황에서도 오프쇼링을 늘리는 등 경영합리화를 통해 지속적으로 비용을 감축시키고자 하는 점을 매우 이례적이라고 생각하였는데, 이러한 현상은 다음과 같은 점들을 반영하고 있다는 의견이 제기되었다. 첫 번째로는 많은 기업들 특히 제조업에 종사하는 기업들의 경우 범세계적인 가격경쟁 심화에 직면하고 있다는 점을 지적하고 있다. 두 번째로는 저물가현상이 지속되면서 생산제품에 대한 기업의 가격결정력(pricing power)이 현저히 약화되고 있다는 점을 들고 있다. 마지막으로 많은 미국 기업들이 퇴직자들에게 의료보험과 연금을 지급하기 위해 막대한 재원을 지출하고 있는 이른바 '퇴직자에게서 이어받은 비용(legacy cost)'을 대폭 줄이지 않는 한 범세계적인 경쟁에서 살아남기 어렵다는 인식이 확산되고 있다는 점을 지적하고 있다. 예를 들어, 미국의 가장 큰 자동차회사인 GM의 경우 퇴직자들에 대해 연금 및 의료보험을 지급하는 데 드는 '퇴직자에게서 이어받은 비용'은 생산차량 1대당 1,455달러인 데 비해, 미국에 생산공장을 가진 일본계 자동차회사들은 근로자들의 연령층이 젊기 때문에 100달러에서 200달러 정도에 불과한 것으로 추정되고 있다.

오프쇼링의 미국 고용사정에 대한 영향

두 번째 단계로서는 오프쇼링이 미국 경제에 미치는 영향에 대한 평가가 필요하다. 그 동안 오프쇼링의 확산이 서비스산업의 고용사정 등 미국 경제에 미친 영향에 대해서는 오프쇼링의 개념이 아직까지 명확히 정립되어 있지 않고 있다는 점과 이를 파악하는 통계자료의 수집체계가 잘 갖추어져 있지 않았다는 점 등으로 정확히 파악되기 어렵다는 한계가 있었다. 예를 들면, 일반적으로 오프쇼링은 어떤 기업이나 조직이 자체 또는 국내의 다른 기업 등으로부터 재화나 용역을 조달하던 것을 외국으로부터 조달하는 것을 의미하지만, 미국 기업이 국내의 일자리를 그대로 유지하고 신규 사업을 외국에 지사를 설립하여 추진하는 것까지를 오프쇼링으로 간주할 것인가에 대해서는 다른 의견이 있을 수도 있다. 이러한 문제점이 있음에도 불구하고 오프쇼링이 정치쟁점화되면서 미국 의회는 하원 소속 조사기관인 U.S. General Accountability Office(GAO)에 이에 대한 연구를 요청하였다.

GAO가 2004년 9월 발표한 연구결과[3]에서는 통계자료의 미비 등으로 오프쇼링의 전반적인 영향을 파악할 수 없다는 점을 인정하면서 2003년 미국 노동부의 대량정리해고 조사(Mass Layoff Survey)를 이용하여 추산하였다. 대량정리해고 조사는 미국 노동부가 종업원수 50명 이상의 기업에서 5주 동안 50명 이상의 정리해고자가 발생한 기업들을 대상으로 한 설문조사이기 때문에 미국 경제 내에서 발생한 모든 정리해고자를 포괄하지는 않고 있다는 한계는 있다. GAO가 추산한 결과에 따르면, 오프쇼링으로 인해 해고된 노동자수는 1만 3,000명으로 동 조사대상 기업들의 총정리해고자수 150만 명의 0.9%에 불과하며 오프쇼링과 관련된 해고자들의 상당수가 제조업과 관련된 업종이 차지하고 있는 것으로 나타났다.

---

[3] U.S. General Accountability Office(2005).

한편, 민간연구소들의 연구결과도 오프쇼링이 아직까지는 미국의 고용사정에 큰 영향을 주지는 못하는 것으로 나타났다. 골드만삭스는 미국에서 2001년에서 2003년까지 3년간 오프쇼링으로 인해 해고된 근로자수는 약 50만 명 정도로 추정하였는데, 이는 미국 총고용자수 1억 3,700만 명의 0.37%에 불과하고 연간으로는 평균 17만 명 정도로서 연평균 해고자수 1,500만 명의 1.1% 정도라고 추정하고 있다. 또한 미국 워싱턴에 소재하고 있는 국제경제연구소(Institute of International Economics)의 커크가드(Jacob Kirkegaard)가 오프쇼링으로 인해 고용에 대한 불안감이 커질 수 있는 서비스업종들을 중심으로 분석한 연구결과[4]에서도 2000년에서 2002년까지 화이트칼라들이 해고된 원인으로 세계화의 진전에 따른 오프쇼링보다는 미국의 경기하강과 미국 제조업의 경쟁력 약화가 더욱 큰 영향을 미친 것으로 분석하고 이러한 서비스업종의 일자리 감소는 오프쇼링이 아니더라도 어차피 자동화로 대체될 수밖에 없었을 것이라는 점을 강조하였다.

왜 오프쇼링에 대해 부정적인 시각이 확산되고 있나?

이와 같이 오프쇼링으로 인한 일자리 감소가 그다지 크지 않은데도 불구하고 미국의 일반국민들과 정치권에서 오프쇼링에 대한 부정적인 시각이 확산되었다. 이는 다음과 같은 점들 때문인 것으로 보인다. 첫 번째로는 오프쇼링이 저숙련 일자리에서 고숙련 일자리로 급속하게 확산되고 있어 직업안정성에 대한 우려가 저소득층으로부터 중산층 및 고소득층으로 신속히 파급되고 있다는 점을 들 수 있다. 프린스턴대학의 크루거(Alan Kreuger) 교수는 오프쇼링에 따라 소멸되는 일자리수가 과거에 비해 늘어나고 있지는 않지만 대체되는 일자리의 종류가 고소득층의 고숙련 일자리로 확산되고 있다는 점 때문에

---

[4] Jacob F. Kirkegaard(2004).

오프쇼링의 확산이 정치적으로 쟁점사항이 되었다고 주장하고 있다. 이와 관련하여 캘리포니아 버클리대학의 바단(Ashok Bardhan)과 크롤(Cynthia Kroll)의 연구결과에 따르면 재무분석가, 의료관련 기술자, 전산 프로그래머 등을 포함한 미국 서비스업 종사자 등을 중심으로 총고용자수의 10% 정도인 1,400만 명의 근로자들이 오프쇼링을 그들의 직업안정성을 위협하는 중요한 요인으로 인식하고 있는 것으로 나타났다.

두 번째로는 항상 해외기업들과의 경쟁에 직면하고 있다고 인식되고 있는 제조업과는 달리 서비스업은 해외기업이나 노동자 등과의 경쟁에서 격리될 수 있다는 인식이 전통적으로 강한 데다가 미국의 경우 경제에서 서비스산업의 비중이 매우 높다는 점을 들 수 있다. 미국의 국민소득통계에 따르면 서비스산업이 민간부문에서 생산하는 국내총생산의 80%에 육박하고 있는 것으로 나타나고 있다.

세 번째로는 오프쇼링이 점진적으로 숙련도가 높은 일자리로 확산되는 경우 미국 자체 내에서 고숙련 근로자들을 육성시키기 어려우므로 장기적으로 고숙련 일자리까지도 해외근로자에게 잠식될 가능성이 크다는 점을 들고 있다. 현재 기업들이 오프쇼링을 활용하기 시작한 숙련도가 상대적으로 높은 일자리들은 대학을 막 졸업한 신규 근로자가 장기적으로 보다 숙련된 근로자로 성장해 가는 과정에서 반드시 거쳐야 하는 일자리가 많다. 이러한 일자리에 대해서도 오프쇼링을 활용하면 보다 숙련도가 높은 업무를 할 수 있는 노동력을 미국 자체 내에서 양성하기가 어렵게 된다. 이는 궁극적으로 이러한 일자리도 오프쇼링에 의존할 수밖에 없을 것이라고 우려할 수 있다.

오프쇼링의 경제적 효과에 대한 전문가들의 견해

이와 같은 일반국민들과 정치권의 오프쇼링에 대한 부정적인 시각에도 불구하고 대부분의 경제전문가들은 이와 같은 오프쇼링의 확산이 단기적으로는 고통스러울 수 있으나 장기적으로는 미국 기업들의 생산성을 향상시키고 경쟁력을 높임으로써 미국 경제에 도움이 된다고 주장하고 있다. 2004년 대통령선거 과정에서 오프쇼링이 미국 경제에 미치는 영향에 대한 논쟁을 불러일으켰던 맨큐(Gregory Mankiw) 전 대통령 경제자문위원회(Council of Economic Advisors: CEA) 의장은 이러한 오프쇼링은 비교우위에 입각한 시장원리가 작동한 결과이기 때문에 장기적으로 미국 경제에 도움이 될 수 있다고 주장하였다. 그는 2004년 2월 『대통령 경제보고서(*Economic Report of the President*)』와 관련한 미국 의회에서의 증언을 통해서 상품이든지 서비스이든지에 관계없이 국내에서 생산하는 비용보다 외국에서 생산하는 비용이 저렴하다면 그 제품을 수입하는 것이 경제에 유리하다고 주장하였다. 그는 미국 환자의 X-ray를 인터넷으로 인도로 전송하여 인도의 방사선 전문의가 분석하고 진단한 후 그 결과를 다시 인터넷으로 미국으로 보내는 과정을 예로 들어 미국 의료(health care)산업의 생산성이 획기적으로 증대될 수 있다고 설명하였다.

그러나 맨큐 전 의장의 이러한 주장은 노동계의 반발 등 대통령 선거 과정에서 큰 파문을 일으켰으며, 일부 경제전문가들도 그의 주장에 반대하는 의견을 제시하였다. 예를 들면, 레이건(Ronald Reagan) 행정부에서 재무차관보를 지낸 로버츠(Paul Craig Roberts)는 리카도(David Ricardo)의 비교우위(comparative advantage) 원리에 입각한 교역이론이 성립되기 위해서는 노동·자본 등 생산요소와 기술이 외국으로 이전되지 않아야 한다는 전제조건이 충족되어야 하나 오프쇼링은 기술 및 자본이 저임금국가들로 이전되는 것을 전제로 하여 값싼 노동력으로 인한 절대우위(absolute advantage)를 토대로 노동재정거래(labor arbitrage)가 작동한 결과라고 주장하였다. 따라서 그는 오프쇼링으로 인해 일자리가 감소된 국가들이 장기적으로도 결국 손해를 볼 수밖에 없다는 의견을 제시하였다.

워싱턴 소재 국제경제연구소의 만(Catherine Mann)[5] 박사는 PC제조업과 마찬가지로 서비스업의 경우에도 오프쇼링이 제품가격 하락을 통해 신기술을 급속히 전파시키는 등 장기적으로 경제에 이득을 가져올 수 있다는 측면을 간과해서는 안 될 것이라는 점을 강조하였다. 만 박사는 지난 1990년대 초반 이후에 발생하였던 PC가격 하락폭의 10~30%가 PC제조를 중국 등으로부터 오프쇼링한 것 때문이었다고 주장하였다. 만 박사의 연구결과에 따르면 PC가격의 하락에 따른 생산성 향상으로 1995년부터 2002년까지 미국 국내총생산이 2,300억 달러 증가한 것으로 추정하고, 이는 같은 기간 동안 국내총생산 성장률을 연평균 0.3% 포인트 높이는 요인으로 작용한 것으로 분석되었다. 또한 만 박사는 최근 들어 기업의 소프트웨어에 대한 지출증가율이 하드웨어에 대한 지출증가율의 두 배가 된다는 점을 감안한다면 오프쇼링에 따른 소프트웨어 가격의 하락으로 인한 생산성 향상은 하드웨어 가격의 하락으로 인한 생산성 향상보다 더 클 수 있을 것으로 전망하였다. 만 박사는 하드웨어 가격의 하락에 의한 생산성 향상과 소프트웨어 가격의 하락에 의한 생산성 향상을 각각 신기술에 의한 1차 효과와 2차 효과라고 정의하고, 1차 효과는 주로 제조업을 중심으로 나타났으며 2차 효과는 제조업 이외에 건설업 및 서비스업종에도 파급될 수 있다는 의견을 제시하였다.

또한 콜럼비아대학의 바그와티(Jagdish Bagwati) 교수는 오프쇼링의 활용은 미국 기업의 경쟁력과 수익을 높여 궁극적으로 미국 국민들에게 돌아갈 소득을 증대시킬 수 있기 때문에 경제에 이득이 된다고 주장하고 있다. 그의 주장은 비용면에서 보다 저렴한 투입물을 생산에 이용하지 않는 기업은 장기적으로 생존경쟁에서 도태될 수밖에 없다는 점을 반영하고 있다. 그는 단순한 서비스업무를 오프쇼링하는 것

[5] Catherine L. Mann(2003).

은 저숙련 노동집약적인 제조업 제품을 수입하는 것과 아무런 차이가 없는데도 불구하고 오프쇼링에 대해서만 거부감이 큰 것은 논리적으로 이해하기 어렵다는 의견을 제시하기도 하였다.

다만 대부분의 경제전문가들은 오프쇼링의 확산은 저소득층의 일자리를 잠식하지만 고소득층의 새로운 일자리 창출을 촉진시켜 소득분배의 불균형을 심화시킬 수 있다는 점에 대해서는 공감하고 있다. 클린턴(Bill Clinton) 행정부에서 노동부 장관을 역임한 라이시(Robert Reich) 교수는 이론적으로 볼 때 한 경제가 오프쇼링을 통해서 재화나 서비스를 보다 저렴한 비용으로 조달할 수 있다면 이득이 되지만, 실제로 이로 인해 해고된 노동자가 늘어나고 고용의 안정성이 저해되는 부작용을 수반한다는 점을 간과해서는 안 될 것이라고 주장하였다.

이와 함께 많은 전문가들은 오프쇼링으로 인해 단기적으로 미국의 소득분배상 불균형이 커질 가능성이 있다는 점은 인정하지만 중장기적으로 새로운 고소득 일자리 창출이 늘어나면서 전반적인 소득수준이 높아질 것으로 보고 있다. 브루킹스연구소(Brookings Institution)의 브레이나드(Lael Brainard)와 리티안(Robert Litian)은 1980년대 중반 미국 경제가 급속히 개방된 이후 1985년에서 2003년까지 19년 동안 일자리가 3,000만 개 늘어났고, 가계소득의 중위수(median)도 20% 정도 늘어났다는 점 등을 제시하면서 오프쇼링이 미국 중산층의 소득을 감소시키는 요인으로 작용하지는 않을 것이라는 의견을 표명하였다.

많은 경제전문가들은 오프쇼링으로 대체되는 저임금을 지급하는 단순업무들은 오프쇼링이 없었더라도 어차피 자동화로 대체될 가능성이 크다는 점을 강조하고 있다. 따라서 이들은 순수하게 오프쇼링이 미국의 고용사정에 미치는 영향은 앞으로도 매우 작을 것으로 보고 있다. 또한 이들은 오프쇼링이 고숙련 업무까지 확산되는 경우 일시적으로 고용사정에 악영향을 초래할 수 있으나 장기적으로는 이러한 업무들이 해외로 이전되면서 신기술을 효과적으로 활용하는 방법을 연구하는 등 보다 차원이 높은 고임금의 일자리가 창출되는 계기가 될 수 있어 고용에 미치는 영향은 크지 않을 것으로 보고 있다. 워싱턴 소재 국제경제연구소의 커크가드의 연구결과에 따르면, 실제로 1999년부터 2002년까지 7만 명의 전산 프로그래머들이 일자리를 잃은 반면 같은 기간 동안 이들보다 소득이 높은 전산 소프트웨어 기술과 관련된 일자리는 11만 5,000개가 늘어난 것으로 나타났다. 또한 ETS(Educational Testing Service)의 카니발(Anthony Carnevale)과 도체스터(Donna Dorchester)의 연구결과에 따르면 미국의 경우 고숙련 노동자가 2010년까지 530만 명, 2020년까지는 1,400만 명이 부족한 것으로 전망하고 있다. 이와 함께 오프쇼링의 미래와 관련하여 가장 많이 인용되고 있는 컨설팅업체인 포리스터 리서치(Forrester Research)사의 연구결과에 따르면 앞으로 5년에서 10년 사이에 300만~500만 개의 일자리가 오프쇼링으로 인해 해외로 이전될 것으로 전망하고 있다. 이는 월평균 1만 8,000개 정도의 일자리가 오프쇼링으로 인해 사라지는 것을 의미한다. 그러나 이 정도의 일자리 감소는 신축적이고 역동적인 미국 노동시장에서 통상 월평균 15만 개의 일자리가 새로 늘어난다는 점을 감안한다면 미국 경제가 충분히 흡수할 수 있는 충격이라고 이 보고서는 주장하고 있다.

반면 일부에서는 오프쇼링이 급속도로 고숙련·고소득 일자리까지 확산되는 것이 불가피하며, 이는 미국의 고용사정을 계속 악화시키는 요인으로 작용하게 된다고 주장하고 있다. 이들은 업무를 처리하는 모든 세부과정이 정형화되어 직무기술서(job description)에 상세히 기록될 수 있는 일자리는 모두 오프쇼링의 대상이 될 수 있다는 점을 강조하고 있다. 인텔(Intel)사의 CEO인 배럿(Craig Barret)은 미국의 노동자들은 그들과 기술 및 능력면에서 동일한 수준을 보유한 중국·인도·러시아 등 3,000만 명의 노동자들과 경쟁에 직면해 있다는 점을 강조하고 있다. 그는 앞으로 범세계적인 노동시장의 통합이 정보통신기술의 발달과 함께 더욱 가속화되면서 미국의 고용사정을 악화시키는 요인으로 작용할 수 있다고 주장하였다.

오프쇼링에 대한 미국 정부의 대응

이와 같은 경제전문가들의 활발한 토론을 배경으로, 미국의 정책당국도 오프쇼링이 장기적으로 미국 경제에 도움이 될 수는 있겠지만 단기적으로는 저숙련 노동자의 고용사정을 악화시키고 소득의 양극화 현상을 초래하는 등 부작용이 있다는 점은 인정하고 있다. 특히, 앞에서 언급한 미국 의회 소속 GAO의 연구에서도 오프쇼링이 단기적으로는 부작용이 있다는 점에 대해 동의하고 있다. GAO의 보고서는 오프쇼링에 따른 일자리 감소와 같은 부정적인 효과는 단기적으로 가시화되어 나타나지만, 이로 인한 가격인하 및 생산성 증대에 따른 소득증대와 경제 내의 다른 부문에서 발생되는 고용창출과 같은 긍정적인 효과는 중장기적으로 서서히 나타난다고 주장하고 있다.

미국의 정책당국은 오프쇼링이 고숙련 일자리까지 빠른 속도로 확산되는 것을 방지하기 위해 퇴직노동자에 대한 의료보험 및 기업연금 등의 개선을 통한 이른바 '퇴직자에게서 이어받은 비용'문제의 해결, 장래 노동자의 경쟁력을 높일 수 있는 획기적인 공교육의 질적 수준 향상과 노동자에 대한 재교육 강화, 연구개발 지원확대 등이 필요하다고 보고 있다. 그러나 현재 미국의 재정적자 사정을 감안할 때 이러한 대책을 한꺼번에 적극적으로 시행해 나가기가 현실적으로 어렵다는 점과, 이러한 대책들이 그 동안 추진해 오던 정책기조와 일치하므로 별다른 대책을 강구하지는 않았다.

한편, 의회에서는 민주당을 중심으로 이러한 현상이 확산되는 것을 방지하기 위해서 오프쇼링을 하지 않는 기업에 대해 세금혜택을 늘리고 오프쇼링에 대한 규제를 강화하는 등 보호무역 성향의 입법조치들을 마련해야 한다는 논의가 활발하게 이루어지기도 하였다. 실제로 이와 관련하여 2004년 3월 상원에서 연방정부 등 정부가 수주하는 계약에서 오프쇼링을 하는 기업들을 제외시키는 법안을 통과시키기도 하였다.

그러나 대부분의 경제전문가들이 이러한 보호무역 성향의 조치들이 의도하는 효과를 거두지 못하고 오프쇼링으로 인해 이익을 보고 있는 교역상대국의 무역제재조치를 유발함으로써 오히려 미국 경제에 불이익을 초래할 가능성이 크다는 점 등을 들어 반대함에 따라 의회측에서의 추가적인 입법조치는 좌절되고 말았다. 특히, 그린스펀 전 미국 연준 의장은 2004년 3월 하원 교육·노동위원회 증언에서 화이트칼라 일자리의 해외이전을 억제시키려는 보호무역 성향의 정책은 그 효과가 거의 없을 뿐 아니라 교역상대국의 무역보복조치를 불러일으켜 경제 전체적으로는 고용을 감소시키는 등 부작용이 크다며 보호주의적인 무역제재 사용에 반대하였다. 그는 보다 근본적인 해결방식은 교육시스템을 개선시키려는 노력을 강화하는 것 등을 통해서 미국 노동자들의 기술수준을 전반적으로 향상시키는 것이라고 주장하였다.

경쟁력위원회의 정책제안

이와 관련하여 미국의 재계·학계·노동계 지도자들이 모여 미국의 지역·국가 및 세계에서의 경쟁력에 대해서 토론하고 정책방향을 이끌어 가는 민간단체인 '경쟁력위원회(Council of Competitiveness)'가 15개월 동안 400명 이상의 학계, 기업, 업종별 협회 대표, 정부기관의 지도자와 경제전문가들이 연구한 결과를 종합하여 2004년 12월에 발표한 보고서인 『미국의 혁신: 도전과 변화의 세계에서의 번영(*Innovate America: Thriving in a World of Challenge and Change*)』의 결론을 참고할 필요가 있다. 이 보고서에서는 미국이 지난 50년 동안 혁신으로 인한 생산성 증대에 의해서 경제성장의 절반 정도를 이룩하였다는 점을 강조하였다. 따라서 미국이 직면하고 있는 도전과 기회에 대해서도 미국의 경제·사회발전의 원동력이었던 혁신을 최대한 활용해서 대응해야 한다고 주장하면서 다음과 같은 세 가지 분야에 대한 정책대안을 제시하고 있다.

첫 번째는 교육과 직업훈련에 관한 것으로 차세대에 혁신을 주도할 인재들을 양성하기 위해서는 과학·공학·수학의 교육을 개선하고 과학과 공학분야에서 탁월한 능력을 가진 외국인들을 미국 내에 유치할 수 있도록 이민제도를 개편해야 한다는 것이다. 이를 위해 먼저 학생들이 선택권을 가지고 대학 간 이동이 가능한 포괄적인 대학원 특별연구장학금제도를 신설하여 차세대에 혁신을 주도할 인재를 양성해야 한다고 주장하였다. 또한 과학·공학·수학의 교육의 질을 높이는 한편, 학계·업계 그리고 정부 사이의 유대관계와 협조를 강화해 나가야 한다는 것이다. 이와 함께 노동자들이 새로운 지식과 기술습득을 위해 지출하는 경비에 대해서 세제상의 혜택을 부여하고 노동자들의 의료보험과 연금이 직장이동에 따라 자동적으로 이동될 수 있도록 해야 된다는 것이다. 마지막으로 세계 각국으로부터 과학과 공학분야에서 탁월한 능력을 가진 인재들을 영입할 수 있도록 이민제도를 개혁해야 한다는 것이다.

두 번째는 투자분야에 관한 것으로 연방정부기관의 연구개발 예산의 일부를 혁신촉진기금(Innovation Acceleration Grants)으로 배정하도록 하는 한편 장기적인 가치를 창조하는 민간부문에 대한 보상과 동기가 부여될 수 있도록 법률제도를 개선해야 한다는 것이다. 먼저 획기적인 혁신을 촉진하기 위해서 연방정부기관의 연구개발 예산 중 3%를 참신하지만 위험도가 크고 탐구적인 연구에 투자하는 이른바 혁신촉진기금에 배정하도록 하고, 앞으로 5년 이내에 미국 전역에 10개의 혁신센터(Innovation Hot Spots)를 설립할 것을 제안하고 있다. 또한 미국의 법정분쟁에 들어가는 소송관련 비용을 국내총생산의 2%에서 1%로 줄여야 한다고 주장하였다. 이와 함께 기업들의 무형자산(intangible assets)에 대한 자발적인 공시를 촉진하고 민간부문의 장기적인 가치 창조에 대해서 금전적인 보상과 동기를 부여할 수 있도록 어떤 법이나 규제의 당사자가 규제와 관련된 행위를 선의(good faith)로 행하였을 경우 책임을 면제해 주거나 줄여 주는 면책규정(Safe Harbor Provision)[6]을 도입할 것과 새로운 창업을 활성화할 수 있는 종자자본(seed capital)을 증액할 것을 권고하고 있다. 이러한 면책규정은 무형자산의 경우 현재와 미래의 가치를 정확하게 산정하는 것이 거의 불가능하므로, 이를 발표할 경우 향후 이러한 문제에 대해서 책임을 묻는 소송 등에 노출될 수 있다. 이 경우 면책규정을 적용하면 이러한 무형자산의 가치를 선의로 공표할 경우 책임을 면제해 줄 수 있다. 즉, 장기적인 가치창출에 대한 보상을 주기 위해서는 불확실성이 높은 현재 또는 미래의 무형자산 가치를 공개하는 것이 필요한데, 이러한 공개가 선의를 전제하였다면 공개된 해당 무형자산의 가치가 틀리더라도 책임을 면제해 줌으로써 공개를 장려하겠다는 것이다.

세 번째로는 하부구조에 관한 것인데, 혁신에 대한 성과분석을 강화하고 특허제도를 개선할 것을 권고하고 있다. 먼저 혁신의 성과를 계측할 수 있는 방법을 개발하고, 이러한 방법을 이용하여 반 년 단위로 전국의 혁신성적표를 공개할 것을 제안하고 있다. 또한 특허의 모든 단계를 질적으로 향상시키고 특허에 관한 데이터베이스를 수록된 모든 특허권의 기본적인 아이디어 검색이 가능한 형태로 변경하는 등 특허제도를 개선해야 한다고 주장하였다.

자유무역 반대자를 어떻게 회유해야 하나?

한편, 최근 들어 세계화가 진전되면서 일시적으로나마 일자리를 잃는 사람들이 늘어나고 저숙련 노동자들의 생활여건이 악화되면서

[6] 법률제정자들은 합법적이거나 용서할 수 있는 법률이나 규제에 대한 위반을 보호해 주기 위해서 면책규정을 법에 포함시키고 있다.

미국 내에서 자유무역에 대해 회의적으로 생각하는 사람들의 비중이 늘고 있다. 최근 2007년 퓨 리서치 센터(Pew Research Center)에서 수행한 여론조사에 따르면, 자유무역이 미국 경제에 유용하다고 생각하는 사람들의 비중이 2002년 78%에서 2007년에는 59%로 줄어들어 조사대상 47개국 중에서 가장 낮은 것으로 나타났다. 또한 월스트리트 저널(*Wall Street Journal*)에서 공화당원들을 대상으로 한 여론조사에서도 자유무역에 대해서 회의적으로 생각하는 당원의 비중이 59%로 자유무역을 지지하는 당원의 비중 32%보다 월등히 높게 나타났다.

이러한 자유무역에 대한 회의론 증가에 대응하여 중도적인 성향을 가진 학자들은 회의론자들을 설득시킬 수 있는 위한 방법을 찾기 위해서 노력하고 있다.[7] 예일대학의 셰브(Kenneth Scheve)와 다트머스대학의 슬로터(Matthew Slaughter)는 교역에 대해서 회의적인 사람들이 늘어나고 있는 근본원인은 많은 미국 국민들의 생활수준이 정체되어 있기 때문이라고 주장하고 있다. 이들은 실제로 기술발전이 미국 국민들의 생활수준을 정체시키는 주요인이 될 가능성은 크지만 일반국민들은 세계화의 진전을 주요인으로 생각하는 경향이 강하다고 주장하였다. 이들은 이러한 여론을 무마하기 위해서는 중산층 이하 국민들의 소득세율을 인하하는 대신 고소득층의 세율을 인상하는 방안을 제안하였다.

해고의 고통을 줄일 수 있는 다른 방법은 직장변경에 따라 건강보험이 자동적으로 이동될 수 있도록 하며, 현재 시행중인 무역조정보조금(Trade Adjustment Assistance)제도를 개선하는 방안이다. 미국의 무역조정보조금제도는 1962년에 도입되었는데, 무역으로 인한 해외기업과의 경쟁으로 일자리를 잃은 사람들에게 추가로 실업수당과 직업훈련을 제공하는 제도이다. 총지원금액이 연간 10억 달러 미만인데다

[7] *The Economist*(2007i).

교역과 관련하여 일자리를 잃은 사람에게만 추가적인 혜택을 주고 기술혁신 때문에 일자리를 잃은 사람에게는 추가적인 혜택을 주지 않기 때문에 일반사람들의 불만이 큰 것으로 지적되고 있다. 따라서 이러한 문제점을 개선하기 위해서는 교역과 추가지원 간의 인위적인 연결관계를 없애는 한편 총지원금액을 대폭 늘릴 필요가 있다는 주장도 제기되고 있다.

또 다른 방법으로는 미국의 실업보험을 일시적인 해고자들을 지원하는 것에서 장기적으로 소득이 감소된 사람들을 지원하는 것으로 변경하는 방안이다. 시카고대학의 라론드(Robert LaLonde)는 기술진보나 세계화 같은 구조변화가 발생하면 가장 손해를 보는 계층은 한 회사에 오랜 기간 동안 고용되었던 중년층의 노동자라고 주장하였다. 그는 한 회사에 20년 다니다가 해고된 노동자의 경우 새로운 일자리를 찾게 되더라도 급여가 줄어드는 정도가 한 회사에 1년 미만 다니다가 해고된 노동자에 비해서 30% 포인트 높은 것으로 추정하였다. 그는 이러한 중년층 노동자들을 도와 주는 방식으로 직업훈련과 급여보험(wage insurance)이 있는데, 이러한 중년의 노동자가 직업훈련을 통해서 이전의 소득으로 회복하기는 거의 불가능하다고 주장하였다. 따라서 그는 저임금 일자리로 직업을 바꾸게 된 사람들에게 이전 소득과의 차액의 일정 비율을 지급해 주는 급여보험이 보다 효과적이라고 주장하고 있다.

2. 유럽 국가들은 어떻게 대응하고 있나?[8]

2.1. 세계화의 진전과 유럽 경제의 성과

과거 25년간 유럽은 세계화의 진전에 대응하여 경제적 성과를 개선시키기 위한 여러 가지 노력을 해왔다. 유럽연합(European Union: EU)은 1980년대 중반 유럽 경제의 새로운 역동성을 부여하고 새로운 경제환경에 적응할 수 있는 것을 지원하기 위해 '단일시장 프로그램(Single Market Programme)'을 수립하였다. 또한 유럽연합은 1984년 '연구·기술개발을 위한 기본 계획(Framework Programme for Research and Technological Development)'을 통해 세계화의 진전과 기술변화에 대응할 수 있는 연구개발활동의 중요한 후원자 역할도 수행하였다. 이와 함께 유럽통화동맹(European Monetary Union)은 세계화의 도전에 직면하여 유럽 거시경제의 안정성을 도모하는 한편, 단일통화를 통해서 단일시장의 완성을 촉진하기 위한 것이었다.

그러나 이러한 중요한 제도개혁은 유럽 경제의 역동성을 높이는 데 실패한 것으로 평가되고 있다. 실제로 당초의 의도와는 반대로 유럽 경제의 성과는 지속적으로 악화되었다. 유럽연합의 연평균 잠재성장률은 지난 25년 동안 1% 포인트 감소하여 현재 2%에 불과한 것으로 추정되고 있다. 이러한 잠재성장률 수준은 미국의 3.5% 수준이나 세계 전체의 4% 이상에 비하면 크게 낮은 수준이다.

경제적 성과의 부진이유는 무엇인가?

이와 같이 유럽의 경제적 성과가 부진하였던 이유 중의 하나는 분명히 이러한 제도적 개혁의 속도와 강도가 세계화의 진전과 기술발달에 비해서 훨씬 느리고 약했기 때문이라고 볼 수도 있다. 즉, 단일시장의 완성이 너무 느리게 진전되고 있으며, 유럽의 과거지향적 성향을 반영하여 유럽연합의 예산배정에서도 농업에는 너무 많이 배정되었던 반면 연구개발에는 너무 적게 배분되고 있었기 때문이었다고 볼 수 있다. 또한 유럽통화동맹에 따른 재정건전화를 위한 재정규율

---

[8] 본 절은 Andre Sapir(2006)의 내용을 중심으로 다른 자료들을 참고하여 작성하였다.

도 회원국 정부 재정의 질을 당초에 의도하였던 성장과 안정을 도모할 수 있는 정도로 향상시키지 못한 점도 경제성과 부진의 이유가 될 수 있다.

그러나 유럽 경제의 성과가 부진하였던 보다 근본적인 이유는 유럽연합 차원에서의 개혁들이 개별 회원국 차원에서 필요한 개혁들을 동시에 이끌어 내는 데 실패하였기 때문이라고 생각된다. 즉, 개별 회원국들이 시대에 뒤떨어진 노동시장과 사회정책을 유지함에 따라 유럽연합 차원에서 시행한 단일시장, 연구개발에 대한 재정지출, 통화동맹 등의 개혁조치가 세계화의 진전과 기술발달에 따른 도전에 충분히 대응하기 어렵게 만들었다는 점을 반영하고 있다.

회원국 차원에서 노동시장과 사회정책이 제대로 작동되지 않고 있다는 점은 세계화의 진전과 유럽 단일시장의 완성에 위협이 되는 동시에 유럽통화동맹의 유지를 위태롭게 할 수도 있다. 만일 회원국 시장이 유연하지 못하여 기업·경제활동분야 또는 지역 간에 필요한 자원이 원활하게 이동되지 않는다면, 모든 유럽 국가는 세계화와 기술진보 등 구조변화로 인해 고통을 받을 수밖에 없게 된다. 특히, 통화동맹에 가입한 회원국들의 경우 유럽중앙은행의 통화정책을 공유하고 있어 환율을 유연한 정책수단으로 사용할 수 없기 때문에 시장통합화를 통해 경제구조의 유연성을 높이는 것이 더욱 긴요한 과제라고 생각된다.

한편, 적절한 시장메커니즘이 제대로 작동하지 않으면 회원국들이 임기응변적으로 재정정책을 남용할 가능성이 크다. 즉, 유럽통화동맹 회원국들의 재정건전화를 위해 각 회원국의 재정적자 비율 및 정부부채 비율을 각각 국내총생산의 3% 및 60% 이내로 준수하도록 규정하고 있는 '안정 및 성장협약(Stability and Growth Pact)'상의 재정규율을 위반하게 되며, 더 나아가서는 지탱하기 어려운 재정상태에 도달할 수도 있다. 반면 안정 및 성장협약을 지키기 위해서 재정지출을 긴축하는 경우에는 통화동맹 자체에 대한 일반국민들의 불만을 증대시킴으로써 통화동맹의 유지 자체를 위협할 수도 있다.

따라서 현재 유럽의 정책당국자들은 비교적 단순하지만 합의를 이끌어 내기 어려운 두 가지 방안 중 하나를 선택해야 하는 현실에 직면하고 있다. 먼저 각국의 노동시장과 사회정책을 개혁하여 유럽 단일시장의 역동성을 높이며, 연구개발자금 지원을 통해 기술혁신을 촉진하고 통화동맹의 유연성을 높여 세계화를 기회로 활용할 수 있는 방안이 있다. 반면 각국의 노동시장과 사회정책들을 개혁하지 않아 세계화의 진전이 유럽 경제의 주된 위협요인이 되는 동시에 유럽 단일시장의 완성과 통화통합의 유지를 어렵게 하는 방안이 있다.

2.2. 유럽 사회경제모델의 4개 유형과 성과

사피어(Andre Sapir)는 유럽 각국 복지제도를 비교하기 위해서 유럽연합 15개국을 노르딕(Nordic) 모델, 앵글로색슨(Anglo-Saxon) 모델, 대륙(Continental) 모델 그리고 지중해(Mediterranean) 모델 등으로 구분하여 상대적인 성과를 분석하였다.

먼저 노르딕 모델에는 덴마크·핀란드·스웨덴 및 네덜란드가 포함되어 있는데, 가장 높은 수준의 사회보장 지출과 보편적 복지를 제공하는 특징을 가지고 있다. 또한 정부가 고용확대를 위해 적극적으로 재정지출을 통해 노동시장에 자주 개입하는 가운데 노조의 영향력이 크며 임금격차가 매우 작다는 특성도 있다.

영국과 아일랜드를 포함하는 앵글로색슨 모델은 저소득층에 대한 생활보호기능의 역할을 수행하는 데 있어 현금보조금·실업급여 등 최종사회부조(social assistance of the last resort)의 비중이 높다는 특징을 가지고 있다. 현금보조금은 노동가능 인구를 대상으로 하고 실업자에게 구직활동을 전제로 실업급여를 지급하여 노동과 복지혜택을 연계시킴으로써 고용을 촉진하는 데 정책의 중점을 두고 있다. 노동시장의 측면에서는 노조의 영향력이 약한 가운데 임금격차가 크고 저임금노동자가 상대적으로 많다.

오스트리아·벨기에·프랑스·독일·룩셈부르크가 포함된 대륙 모델은 사회복지제도가 보험방식의 실업급여와 고령연금에 대부분 의존한다는 특징을 가지고 있다. 노조가입률이 지속적으로 하락하고 있음에도 불구하고 단체협상의 적용범위를 확대한 규제 등으로 인해 노조는 여전히 강한 영향력을 행사하고 있다는 특징도 있다.

마지막으로 그리스·이탈리아·포르투갈·스페인을 포함하고 있는 지중해 모델은 사회보장 지출에서 고령연금 지급이 중심이 되고 있으며, 가입자별 수령자격과 수령액에서 큰 차이를 허용하고 있다는 특징이 있다. 사회복지제도는 고용보호와 노동연령 일부의 노동시장 참여를 면제하는 조기퇴직이 중요한 역할을 하고 있다. 적어도 표면적으로는 임금은 단체협약으로 결정되며 임금상승은 크게 억제되고 있다는 특징도 있다.

이와 관련하여 보에리(T. Boeri)는 2002년 하버드대학에서 개최된 세미나에서 소득불평등과 빈곤의 감소, 보험으로 보장될 수 없는 노동시장의 위험에 대한 보호, 노동시장 참여에 대한 보상 등 세 가지 측면에서 네 가지 모델들의 성과를 비교한 논문[9]을 발표하였다. 먼저 소득불평등과 빈곤의 감소 측면에서 세금 및 이전지출을 통한 재분배로 불평등을 줄인 정도는 노르딕 모델이 42%, 대륙 모델과 앵글로색슨 모델이 각각 39%, 지중해 모델이 35% 등의 순서로 나타났다. 그러나 세금과 이전지출을 조정한 후의 가처분소득이 가처분소득의 중위수(median)에 해당하는 금액의 60% 미만인 인구 비중으로 정의하고 있는 빈곤율의 경우 노르딕 모델이 12%, 대륙 모델이 12%보다 약간

[9] T. Boeri(2002).

높은 수준, 앵글로색슨 모델은 20%보다 약간 낮은 수준, 지중해 모델은 20%인 것으로 나타났다.

보험으로 보장할 수 없는 노동시장의 위험(uninsurable labor market risk)은 취업자들을 해고로부터 보호해 주는 고용보호법(employment protection legislation)이나 실업급여(unemployment benefits) 등을 통해 보호될 수 있다. 고용보호법은 현재의 취업자를 보호할 수는 있지만 국가의 재정적인 부담이 없는 반면, 실업급여는 기존 취업자의 세금으로 재원을 마련하여 인구 전체에 실업급여를 제공하게 된다. 따라서 노동시장의 내부자(insider)라고 할 수 있는 고용이 안정된 정규직 취업자들은 실업급여보다 고용보호를 선호하게 되지만, 노동시장의 외부자(outsider)라고 볼 수 있는 취업예정자나 실업자는 고용보호보다 실업급여를 선호하게 된다. 고용보호법과 실업급여는 목적이 비슷하지만 상호간에 분명한 상충관계가 있다. 실업보험체계가 관대할 경우 고용을 보호할 유인이 적어지는 반면, 고용보호가 강력할 경우 실업보험이 관대하게 제공될 필요성은 줄어드는데, 이런 상충관계는 〈그림 3-1〉에서 분명하게 나타나고 있다.

보험으로 보장할 수 없는 노동시장의 위험 측면에서 네 가지 모델들은 서로 매우 다른 성과를 보이고 있다. 지중해 모델은 고용보호가 매우 강하고 실업급여 비율이 낮은 반면, 노르딕 모델은 실업급여 비율은 높지만 고용보호가 상당히 약한 편이다. 대륙 모델은 실업급여 비율은 높고 고용보호의 강도가 노르딕 모델에 비해 강한 반면, 앵글로색슨 모델은 고용보호의 강도는 다른 모델들에 비해서 가장 약하지만 실업급여 비율은 대륙 및 노르딕 모델과 유사하다. 같은 앵글로색슨 모델인 미국과 영국은 모두 고용보호가 약하지만, 미국 모델은 실업급여 비율도 매우 낮은 반면 유럽식 앵글로색슨 모델은 훨씬 많은 보험을 제공한다는 면에서는 유럽식 앵글로색슨 모델은 미국식과 큰 차이가 있다. 미국과 유럽 국가들을 비교하면 미국식 모델은

그림 3-1 고용보험 강도와 실업급여 수령자 비율

단위: %

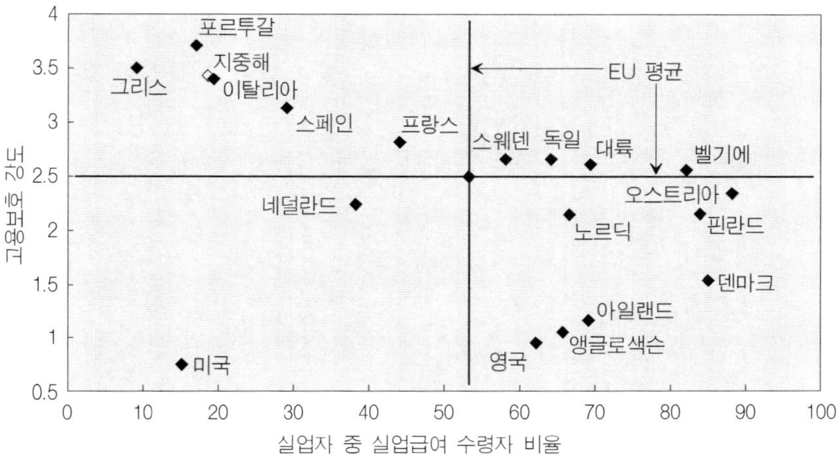

노동시장 위험에 대해 보험을 거의 제공하지 않는 반면, 유럽식 모델은 노동시장의 위험에 보험을 많이 제공한다는 특징이 있다.

노동시장 참여에 대한 보상 측면에서 4개 모델은 매우 다른 성과를 보이고 있다. 15~64세까지 노동가능 인구에 대한 취업인구의 비율인 고용률의 경우 2004년 기준으로 72%인 노르딕 모델과 69%인 앵글로색슨 모델이 63%인 대륙 모델과 62%인 지중해 모델에 비해 크게 높은 수준이다. 이러한 차이는 대부분 특정 연령대에 집중되고 있다. 55~64세까지 연령층의 고용률이 56%인 노르딕 모델과 53%인 앵글로색슨 모델이 34%인 대륙 모델과 40%인 지중해 모델에 비해 월등히 높다. 반면 15~24세까지 청소년층의 실업률도 13%인 노르딕 모델과 10%인 앵글로색슨 모델이 17%인 대륙 모델과 22%인 지중해 모델에 비해 크게 낮은 수준을 보이고 있다. 이러한 분석결과는 고용보호가 강할수록 청소년층의 실업률이 높아진다는 점을 시사해 주고 있다.

이상의 4개 모델에 대한 비교는 효율성과 평등성이라는 두 가지 기준으로 분석해 볼 수도 있는데, 어떤 모델이 상대적으로 높은 고용률을 보이는 경우가 보다 효율적이며 어떤 모델이 빈곤율을 낮게 유지하는 경우가 보다 평등하다고 평가할 수 있다. 고용률의 경우 노르딕 모델과 앵글로색슨 모델에 포함된 모든 국가들이 유럽연합 15개국 평균치보다 높은 수준을 보인 반면, 오스트리아를 제외한 대부분의 대륙국가들과 포르투갈을 제외한 지중해 국가들은 유럽연합 15개국 평균치보다 낮은 수준을 보이고 있다. 따라서 효율성 면에서는 노르딕 모델과 앵글로색슨 모델에 포함된 국가들이 대륙 모델이나 지중해 모델에 포함된 국가들보다 우월하다고 평가할 수 있다.

〈그림 3-2〉는 네 가지 모델의 빈곤탈출 확률과 고용률 간의 관계를 나타낸 것이다. 여기에 따르면 노르딕 모델과 앵글로색슨 모델

그림 3-2 유럽 사회모델의 고용률과 빈곤탈출 확률

단위: %

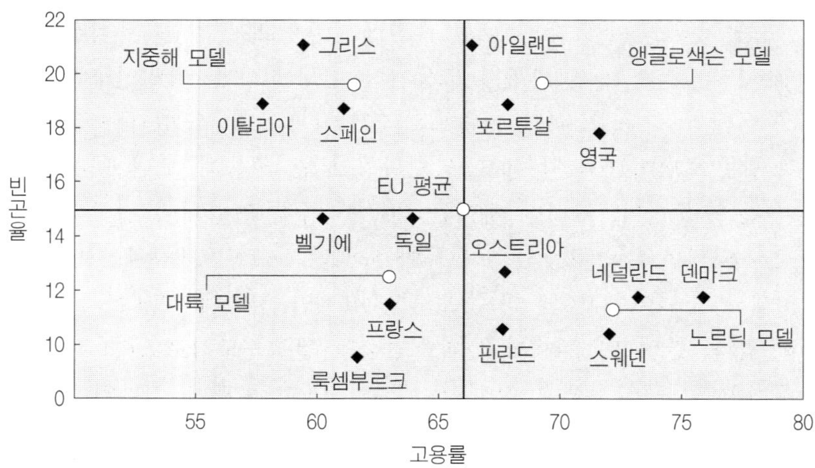

에 속한 모든 국가들은 15개 국가의 평균치를 상회하고 있지만 대륙 모델과 지중해 모델의 국가들은 평균치를 하회하고 있음을 알 수 있다.

〈그림 3-1〉과 〈그림 3-2〉를 비교하면 각 사회 모델에 의해서 결정되는 고용률과 급변하는 노동시장으로부터 노동자들을 보호하기 위한 정책수단들 사이의 연관성이 명확하게 나타나고 있음을 알 수 있다. 고용보호가 강할수록 고용률이 낮아지는 반면 관대한 실업수당은 고용률에 대해 부차적인 역할(secondary role)을 하는 데 그치고 있다는 사실을 알 수 있다. 이는 고용보호법을 통해 해고를 억제하는 것이 고용증대를 저해하는 요인으로 작용하는 것은 분명하지만 실업보험을 통해 노동자들을 보호하는 것은 잠재적으로 고용에 도움이 될 수 있다는 점을 시사해 준다고 볼 수 있다.

빈곤율의 경우 노르딕 모델과 대륙 모델에 포함된 모든 국가들이 15개 국가들의 평균을 하회하고 있다. 반면 앵글로색슨 모델과 지중해 모델에 포함된 모든 국가들은 15개 국가의 평균보다 높은 것으로 나타났다. 지중해 모델에 속한 국가들을 제외한 대부분의 국가가 상당히 높은 수준의 세금과 이전지출을 통해서 재분배정책을 수행하고 있다는 점에서 볼 때 재분배정책이 빈곤율의 격차를 확대시키는 원인이라고 보기는 어렵다. 오히려 개인별 인적자본의 분포차이가 빈곤율 격차를 확대시킨다고 보는 것이 보다 설득력이 있다. 25~64세까지의 인구 중에서 고등학교 졸업 이상 인구의 비중은 노르딕 모델이 75%, 대륙 모델이 67%, 앵글로색슨 모델이 60%, 지중해 모델이 39%로서 그 순위가 빈곤율의 순위와 정확히 일치하고 있음을 알 수 있다. 고등학교 졸업 이상의 학력을 가진 인구가 낮을수록 빈곤층의 비중이 높아지기 때문에 재분배정책은 단지 부차적인 역할을 하는 데 그치고 있다는 사실을 알 수 있다.

〈그림 3-3〉은 효율성과 평등을 기준으로 4개 국가군의 모델들을 분류한 것이다. 여기에서 보면, 효율성과 평등 간의 상충관계 측면에

그림 3-3 4개 모델의 평등과 효율

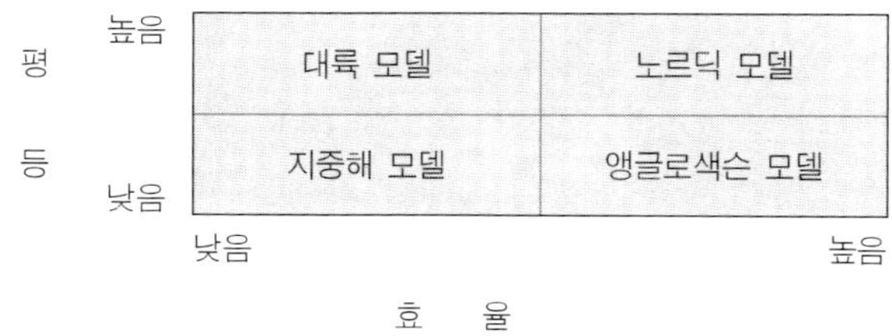

서 볼 때 노르딕 모델과 지중해 모델에 포함된 국가들에서는 이러한 상충관계가 나타나지 않고 있다. 즉, 노르딕 모델은 효율성과 평등을 동시에 달성한 반면, 지중해 모델은 효율성과 평등을 모두 보장하지 못하고 있음을 알 수 있다. 한편, 앵글로색슨 국가들은 효율성은 높지만 불평등한 사회모델을 가지고 있는 반면, 대륙국가들은 훨씬 더 평등하지만 효율성이 낮은 사회모델을 보유하고 있어 앵글로색슨 모델과 대륙 모델의 국가들은 효율성과 평등 간의 상충관계를 가지고 있음을 알 수 있다.

〈그림 3-3〉에서 제기될 수 있는 또 다른 의문은 각 사회모델이 얼마나 지속될 수 있는가에 관한 것이다. 비효율적인 사회모델은 세계화의 진전, 기술진보 그리고 인구구조의 변화 등에 따라 재정수지가 악화되는 문제에 봉착하였을 때 이러한 사회모델이 계속 유지되기는 불가능한 것으로 보인다.

비효율적인 대륙 모델과 지중해 모델이 유지되기 어렵다는 점을 나타내 주는 여러 가지 징후들이 나타나고 있다 첫 번째로는 국내총생산 대비 공공부채의 비율이 대륙 모델에 속한 국가들이 73%, 지중해 모델에 포함된 국가들이 81%로 매우 높은 반면, 앵글로색슨 모델에 포함된 국가들은 36%, 노르딕 모델에 속한 국가들은 49%로 낮은 수준이라는 점을 들 수 있다. 두 번째로는 비효율적인 모델의 구성원들이 세계화의 진전을 부정적으로 인식하는 경향이 크다는 점을 들 수 있다. 예를 들면, 유로바로미터(Eurobarometer)의 여론조사에 따르면 세계화의 진전을 고용에 대한 위협으로 인식하는 비율은 대륙 모델이 52%, 지중해 모델이 45%이어서, 앵글로색슨 모델의 36%와 노르딕 모델의 37%보다 훨씬 높은 수준을 보이고 있다.

반면 평등도가 상대적으로 낮지만 효율성이 높은 앵글로색슨 모델과 같은 사회적 모델들은 별다른 문제 없이 지속될 수 있는 것으로 보인다. 이는 사회적 모델의 평등도를 개선하는 과제는 효율성을 높이는 과제보다 국민적인 합의를 도출하기가 빨라 정치적으로 훨씬 쉬운 선택이기 때문이다.

이러한 관점에서 보면 노르딕 모델과 앵글로색슨 모델은 지속될 수 있는 반면 대륙 및 지중해 모델은 지속되는 것이 불가능하다. 따라서 대륙 및 지중해 모델은 근로의욕을 저하시키는 동기의 제거 등을 통해 효율성을 높이는 방향으로 개혁할 필요가 있다. 그러나 이런 개혁을 실행할 때 반드시 평등도를 높여 주는 조치를 동시에 시행할 필요까지는 없는 것으로 보인다. 즉, 대륙 모델이 점진적으로 노르딕 모델과 비슷해지는 것은 쉬울 수 있으며, 지중해 모델이 점점 더 앵글로색슨 모델과 비슷한 형태로 바뀌는 것도 가능하다.

결론적으로 유럽의 노동시장과 사회정책은 강력한 개혁이 절실히 필요하다. 특히, 이러한 개혁은 대륙 모델과 지중해 모델에 속한 국가들에 집중되어야 하는데, 이는 다음과 같은 두 가지 이유 때문이다. 첫 번째로 이들 모델에 속한 대부분 국가들의 경우 복지제도가 매우 비효율적이라는 점이다. 이들 국가의 복지제도가 강력한 고용보호법에 의존함에 따라 과거의 일자리와 고용관행이 더 이상 유지되기 어려운 급격한 변화시기에는 이러한 변화에 적응하기 어렵게 하고 있다는 점이다. 또한 고령노동자들은 관대한 조기은퇴 규정을 이용해 노동시장을 계속 이탈하는 가운데 노동시장의 내부자들로 주축을 이루고 있는 이들 국가에서 중간의 위치에 있는 유권자(median voters)들이 점차 늘어나고 있는 실업의 부담을 노동시장의 외부자라고 볼 수 있는 청년층과 이민자들에게 떠넘겨 왔다. 그러나 이들 국가에서 중간위치 유권자에 속해 있는 노동자들도 더 이상 세계화의 거센 압력으로부터 보호될 수 없으며, 인구의 고령화와 고용률의 하락이 지속됨에 따라 앞으로 이들의 연금혜택이 완전히 보장될 수 없을 것이라는 인식이 확산되고 있다. 두 번째로는 대륙 모델과 지중해 모델에 속하고 있는 9개국 국내총생산의 총규모는 25개국을 포함하는 넓은 의미의 유럽연합 지역의 국내총생산 총규모의 2/3, 12개국만을 포함하는 좁은 의미의 유로 지역의 90%를 차지하고 있으므로, 이들 국가의 경제적·사회적 건전성은 유럽연합 및 유로 지역 전체가 제대로 기능하기 위한 중요한 요건이 되기 때문이다.

2.3. 앞으로의 정책과제

세계화의 진전은 유럽 국가들에게 기회인 동시에 위협이 될 수 있다. 적절한 기술과 기능을 신속하게 채택하여 대응할 수 있는 국가들에게는 기회를 제공하지만, 대응이 느리고 낡은 기술과 기능을 계속 유지하고 있는 국가들에게는 위협이 될 수밖에 없다. 또한 정책당국자들은 기회와 관련해서 발생되는 이익들은 새로운 투자가 완성되는 단계에서 실현될 수 있기 때문에 상당한 기간이 지난 후에 나타나는 반면, 위협과 관련된 비용들은 이미 투자된 것으로부터 발생하기 때문에 이미 부담하고 있다는 점을 주목해야 한다. 따라서 세계화의 진전에 적응하는 데 필수적인 경제·사회적 개혁을 늦추는 것은 세계화의 진전에 따라 새로운 기회에서 얻어질 수 있는 이익실현을 지연시키는 결과를 초래하는 반면, 기존 투자에 따른 비용이 계속 발생되고 있기 때문에 바람직한 선택이라고 볼 수는 없다.

따라서 경제정책 결정자의 과제는 가능한 한 신속하게 경제·사회개혁을 실시하는 것이며, 그 목표는 세계화의 진전과 기술진보에 따른 기회를 최대한 이용하고 위협에 효율적으로 대응할 수 있는 유연한 경제구조를 창출하는 것이다. 유럽 경제를 개혁하기 위해서는 유럽연합과 회원국 차원에서의 개혁이 동시에 진행되어야 한다. 참고로 유럽연합 국가들은 미시경제적 측면에서의 노동시장에 대한 규제는 각 회원국 차원에서 결정하는 반면, 상품과 자본시장의 규제는 유럽연합이 결정하고 있다. 한편, 거시경제적 측면에서 재정정책은 각 회원국들이 결정하고 있지만 통화정책은 유럽중앙은행이 결정하는 등 역할을 분담하고 있다.

먼저 유럽연합 전체 차원에서 현 단계 최선의 전략은 유럽연합 출범 당시의 초심으로 돌아가 유럽연합 차원의 모든 노력을 유럽 단일시장을 완성하는 데 집중하여 보다 적극적인 경쟁촉진정책을 최우선적으로 추진하여야 한다. 이것이 순조롭게 추진되면 세계화의 진전과 기술발달에 대한 유럽 국가들의 대응능력을 크게 높일 수 있다.

유럽 단일시장의 완성과 관련하여 가장 중점을 두어야 할 사항은 서비스시장을 통합하는 것으로 보인다. 지금까지의 유럽 단일시장을 완성하는 과정에서 나타난 가장 큰 문제점은 유럽 경제 전체의 70%를 차지하면서 가장 큰 고용창출 기회를 제공하는 서비스시장의 개방에 성공하지 못하였다는 점이라고 지적되고 있다. 서비스시장의 단일화는 여타 부문에 비해 더 많은 일자리를 창출하는 서비스업부문 자체를 발전시킬 수 있을 뿐만 아니라 서비스업과 연관성이 계속 높아지고 있는 제조업부문의 경쟁력을 높이는 데에도 필수적인 역할을 한다. 특히, 효율적인 사업서비스를 이용할 수 있는 여건의 조성이 다국적기업들이 공장이나 회사의 위치를 선정하는 데 핵심적인 요소라는 점을 감안할 때, 서비스시장의 경직성과 비효율성이 계속되는 지역에서는 다국적기업들을 중심으로 한 외국인 직접투자가 위축될 수밖에 없게 된다.

이와 함께 상품·서비스시장 및 자본시장의 개혁은 노동수요와 일자리의 확대를 촉진시킬 수 있다는 점에서 노동생산성을 향상시키고 노동시장 개혁을 보다 수월하게 하는 부수적인 효과도 있다. 상품·서비스시장 및 자본시장의 구조가 노동시장이 기능하는 형태에 영향을 미치는 한편, 노동시장의 구조가 상품·서비스시장 및 자본시장이 기능하는 형태에 영향을 미치게 되므로 이들 시장은 상호 연관성이 높다. 특히, 상품·서비스시장 및 자본시장의 개혁은 노동수요의 증가를 가져와 노동시장의 개혁을 가속화시키는 경향이 있으며, 노동시장의 개혁은 새로운 기업의 설립을 활성화시킴으로써 상품·서비스와 자본시장의 개혁을 촉진시킬 수 있다. 따라서 상품·서비스시장 및 자본시장의 개혁과 노동시장의 개혁은 상호 긍정적인 효과를 더욱 확대할 수 있는 시너지효과(synergy effect)가 있다고 볼 수 있다.

따라서 유럽연합 차원의 상품·서비스시장 및 자본시장의 개혁과 회원국 차원의 노동시장 개혁을 동시에 추구하는 방안이 보다 효율적이다. 유럽 개혁의 순서로 다음과 같은 두 가지 대안이 있을 수 있다. 첫 번째로는 유럽연합 차원에서 상품·서비스시장과 자본시장의 자유화를 강력히 추진하여 각 회원국들이 이에 적응하기 위해 노동시장 개혁 이외에는 다른 대안이 없는 상황을 조성하여 노동시장 개혁을 자발적으로 추진하도록 유도하는 방법이 있다. 두 번째로는 유럽연합 차원의 상품·서비스시장 및 자본시장 개혁과 회원국 차원의 노동시장 개혁을 동시에 진행시켜 나가는 방법이 있을 수 있다. 두 번째 방법은 노동시장 개혁이 상품·서비스시장 및 자본시장 개혁으로부터 발생될 수 있는 새로운 일자리 창출 등을 활용할 수 있기 때문에 개혁추진으로 발생할 수 있는 단기적인 고통을 줄여 줄 수 있다는 장점이 있다.

이러한 점을 감안해 보면 개혁이 유럽연합 전체 차원과 각 회원국 차원에서 동시에 통합적으로 추진되어야만 유럽연합 국가들이 유럽의 단일시장 완성과 통화동맹으로부터 발생하는 이점을 완전히 활용할 수 있는 동시에 세계화의 진전과 기술발달을 기회로 만들 수 있다. 이를 위해서는 각 회원국 차원에서도 자국의 경제와 국민들의 역량 확충을 통하여 세계화의 진전과 기술발달에 따른 여건변화를 최대한 활용할 수 있도록 노동시장과 사회정책의 개혁을 추진하는 것이 중요하다.

이러한 개혁과정에서는 유럽연합 차원에서의 통화정책 완화뿐만 아니라 회원국들의 재정확대 등 경기부양적인 거시경제정책의 기조를 유지할 필요가 있다. 이는 노동시장을 개혁할 때에는 새로운 일자리의 창출보다 실업이 먼저 늘어나며, 상품·서비스시장의 개혁추진시 기존 경제주체들의 이윤감소현상이 전체 경제성장률의 상승보다 먼저 발생한다는 점에서 단기적으로 경제성장이 다소 둔화될 수 있기 때문이다.

2.4. 최근 일부 대륙국가들의 변화 조짐

최근 들어 대륙국가들 중 독일과 함께 개혁에 매우 미온적인 태도를 보였던 프랑스까지 경제·사회개혁을 추진하는 움직임을 보이고 있다. 독일의 경우에는 전임 슈뢰더(Gerhard Schröder) 총리 때부터 개혁을 추진하기는 하였지만 보다 본격적인 개혁은 2005년 10월 메르켈(Angela Merkel) 총리의 집권 이후라고 보아야 할 것 같다. 한편, 프랑스의 경우도 시라크 대통령이 수 차례 개혁을 시도하였으나 2007년 7월 사르코지(Nicolas Sarkozy) 대통령 취임 이후에 본격적으로 개혁을 추진하는 조짐을 보이고 있다.

먼저 독일의 주요 개혁내용을 살펴보면 다음과 같다. 재정정책과

세제개편에서는 경제의 활성화, 세율인상 그리고 세금감면 대상의 축소 등을 통해 2007년부터 재정적자 비율을 유럽 통화통합의 재정규율인 '안정 및 성장협약'상의 상한선인 국내총생산 대비 3% 이내로 유지하고, 2008년부터는 기업의 경쟁력 강화를 위해서 법인세를 인하할 계획이다.

노동정책에서는 노동시장의 신축성을 높이기 위해서 기업이 쉽게 해고할 수 있는 신규 채용자의 수습기간을 6개월에서 2년으로 연장하는 등 해고금지 요건을 일부 완화하였다. 또한 기업의 노동비용 부담을 줄이기 위해 기업의 실업보험 부담금을 총임금의 6.5%에서 4.5%로 인하하고 기업이 부담하는 비임금성 노동비용을 총임금의 41% 수준에서 40% 이하로 축소하였다. 이와 함께 종전에 분리되어 운용되던 장기실업자에 대한 실업급여와 사회복지급여를 통합하여 운용하는 '신실업지원제도'를 남용하는 사례가 증가함에 따라 실업급여 지급을 엄격히 집행하고 있다. 이는 지방정부들이 '신실업지원'의 수혜대상자 선별을 방만하게 관리함에 따라 수혜자격이 없는 사람들이 수혜를 받게 되는 사례가 크게 늘어났기 때문이다. 이에 따라 이 제도와 관련되어 지출되는 비용이 당초 예상보다 두 배로 확대되어 수혜대상자의 선별을 보다 엄격하게 관리할 필요성이 커졌다.

사회보장제도에서는 낮은 출산율과 기대수명 연장 등으로 인하여 고령화가 급속히 진행됨에 따라 연금재정이 악화되는 것에 대처하기 위해서 가입자의 연금비용 부담은 늘리고 연금수령액은 축소하기로 하였다. 독일의 경우 1970년에는 총인구의 19.9%에 불과하였던 60세 이상의 인구비중은 2001년에는 24.1%로 높아졌으며, 앞으로 2030년에는 34.4%로, 2050년에는 36.7%로 상승할 것으로 전망되고 있다. 연금재정의 악화를 방지하기 위해서 법정 고령연금의 자기부담률을 총임금의 19.5%에서 2007년부터 19.9%로 인상하고 2006년부터 4년간 연금지급액을 동결하기로 하였다. 또한 연금지급이 개시되는 법정 은

퇴연령을 2012년부터 2035년까지 단계적으로 65세에서 67세로 상향 조정하기로 하였다.

한편, 프랑스의 사르코지 대통령은 취임 이후 앵글로색슨 모델을 채택하여 주 35시간 근무제의 폐지, 법인세 인하, 기업 인수·합병(mergers and acquisitions: M&A)의 활성화를 통한 기업경쟁력 강화 등 개혁을 추진해 나갈 것을 천명하고 있다. 그의 주요 개혁추진계획은 다음과 같다. 재정정책의 경우 국내총생산 대비 정부부채의 비율을 2006년의 75%에서 2012년까지 60% 이내로 축소하기로 하였다. 정부부채를 축소하기 위해 정부지출을 줄이는 반면 경제활성화를 위해 개인소득세와 법인세를 인하하는 등 감세정책을 시행할 계획이다.

노동정책에서는 35시간 근무제도의 폐지를 유도하기 위해 주 35시간 초과근무수당에 대해 사회보험료와 소득세를 면제해 줄 계획이다. 또한 고용계약제도의 유연성을 점진적으로 높이기 위해서 여러 가지 방안을 마련해서 시행해 나갈 방침이다. 특히, 프랑스의 노동시장은 고용보호법이 지나치게 엄격해 현재 정규직으로 고용되어 있고 해고위험이 적어 기득권층이라고 볼 수 있는 내부자 시장과 비정규직으로 고용되어 있거나 새로운 이민자나 학교를 갓 졸업한 청소년층 등 일자리를 찾고 있는 외부자 시장으로 분할되어 있다. 이에 따라 직업의 안정성과 소득이 높은 내부자와 그 반대인 외부자 사이의 갈등이 커지고 있는 상황이다. 이러한 상황에서 2006년 프랑스 정부가 노동시장의 신축성을 높이기 위해 26세 이하의 노동자에 대한 고용보호를 줄이려는 조치가 학생들을 중심으로 조직적인 반발을 초래하여 좌절된 것은 잘 알려진 사실이다.

따라서 프랑스 노동시장 개혁은 내부자와 외부자 사이의 갈등관계를 조화시키면서 노동시장의 신축성을 높여야 하기 때문에 결코 쉬운 과제는 아닌 것으로 보인다. 물론 경제적 논리로는 내부자들의 고용보호를 약화시키면 자동적으로 외부자들의 반발을 줄일 수 있겠지만, 정치적인 측면에서는 내부자들의 정치적 기반이 외부자들에 비해서 훨씬 강하기 때문에 이러한 개혁을 강행하기가 정치적으로 큰 부담이 될 수밖에 없다.

이와 함께 기업정책에서도 주식옵션제도와 인수대상 기업의 CEO가 인수·합병으로 임기 전에 퇴직하게 될 때 거액의 퇴직금, 저가 스톡옵션 등을 받을 권리를 기재하여 기업 인수비용을 높임으로써 기업 인수 가능성을 낮추는 경영권 방어전략인 '황금낙하산(Golden Parachute)' 제도 등에 대한 규제를 강화하는 등 기업경영권 보호제도를 완화할 계획이다. 이는 기업 인수·합병의 활성화를 유도함으로써 기업의 경쟁력을 강화해 나가겠다는 방침을 반영한다고 볼 수 있다. 또한 중소기업을 보호하기 위해서 공공기관이 총액 10만 달러를 초과하는 금액에 해당하는 물자를 조달하는 계약의 일부를 중소기업에 의무적으로 할당해야 하는 미국식의 중소기업법을 도입할 계획인 것으로 알려지고 있다.

3. 미국과 유럽의 대응사례가 주는 교훈

앞에서 지적한 대로 세계화는 다시 돌이킬 수 없는 대세이고, 앞으로도 수십 년에 걸쳐서 가속화될 수밖에 없다. 세계화는 모든 국가들에게 중요한 기회인 동시에 위협이 되고 있다. 여건변화에 민첩하게 대응하는 국가들에게는 기회가 될 수 있지만 기득권을 강조하고 단기적인 부작용을 줄이기 위해서 자국의 산업과 노동자를 보호하려고 하는 국가들의 경우 경쟁에서 도태되는 등 세계화가 중대한 위협요인으로 작용하게 된다.

이러한 점들을 감안할 때 미국과 유럽 국가들 사례의 시사점은 먼저 세계화에 가장 잘 대응하기 위해서는 경제의 유연성을 높이는 것이 필수적인데, 이의 핵심은 노동시장의 신축성을 높이는 것이라는 점이다. 미국의 경우는 전통적으로 시장경제와 자유무역이 국민들의 복지를 향상시킬 수 있다는 견해가 지배적인 가운데 정부가 지속적으로 시장경제의 원활한 작동과 경쟁을 저해하는 각종 장애요인들을 제거함에 따라 경제의 역동성과 유연성을 확보하고 있다. 반면 유럽 국가들의 경우 독일·프랑스 등 대륙국가들과 이탈리아 등 지중해 국가들은 경쟁을 제한하는 각종 규제를 통해서 자국의 산업과 노동자를 보호한 결과 경제의 유연성과 역동성이 저하되고 높은 실업률을 보이고 있다. 이러한 사실을 뒤늦게 인식하게 된 대륙국가들 중에서 독일과 개혁에 매우 미온적인 태도를 보여 왔던 프랑스까지도 최근 들어 본격적으로 개혁을 추진하려는 움직임을 보이고 있다. 그러나 이들 국가가 어느 정도까지 개혁을 추진할 수 있을지, 그리고 어떤 방식을 통해서 추진할 것인지에 대해서는 계속 주시해 볼 필요가 있다.

두 번째로는 세계화의 진전은 노동시장에 가장 직접적인 영향을 미쳐 저숙련 일자리의 해외이전 등을 통하여 선진국들의 고용창출에 어려움을 가중시킬 가능성이 커진다는 문제점을 초래할 수 있다. 이러한 문제점을 해결하기 위해서는 일자리의 해외이전을 인위적으로 막는 방안보다는 노동시장의 신축성을 높이고 실직자들에 대한 재교육을 강화해 나가는 것이 더욱 효과적인 방안이라는 점이다. 이와 관련하여 미국이 오프쇼링이 단기적으로 고용사정을 악화시키는 등 고통스럽지만 장기적으로 미국 경제에 도움을 줄 수 있다는 전문가들의 견해를 수용하여 보호주의적 조치보다는 신축적인 노동시장을 바탕으로 의료보험과 기업연금제도의 개선, 교육수준의 향상, 실직자에 대한 재교육 강화 등 보다 근본적인 원인을 해결할 수 있는 방식으로 접근하고 있다는 점은 좋은 사례를 제공하고 있다.

세 번째로 각국의 사회정책은 노동시장의 신축성 등 각국의 경제적 유연성에 영향을 줌으로써 각국이 세계화에 적응할 수 있는 능력을 결정한다는 점이다. 일반적으로 노조의 영향력이 강하고 복지제도가 강력한 고용보호법에 의존하는 국가가 고용률이 낮고 노동시장의 신축성도 낮은 것으로 나타났다. 유럽의 경우 노조의 영향력이 강하지만 정부가 고용확대를 위해 막대한 재정지출을 이용하여 노동시장에 적극적으로 개입하는 노르딕 모델은 예외적이지만, 노조의 영향력이 약하고 구직활동을 전제로 한 실업급여 지급을 통해 노동과 복지혜택을 연결시킨 앵글로색슨 모델이 고용보호법과 노조의 영향력이 강한 대륙 모델이나 지중해 모델보다 고용률과 노동시장의 신축성이 높은 것으로 나타났다.

네 번째로는 고용보호가 너무 강하면 현재 정규직으로 고용되어 있는 노동자들이 세계화의 진전과 기술발달 등 여건변화에 따라 늘어나게 되는 고용불안의 부담을 비정규직 노동자와 청소년층 등 새로이 일자리를 구하는 노동자들에게 떠넘기게 되어 고용보호의 혜택을 받는 노동자와 혜택을 받지 못하는 노동자 사이의 갈등관계를 고조시킬 수 있다는 점이다. 즉, 정규직 노동자에 대한 지나친 고용보호는 기업들이 정규직 채용을 최대한 억제하게 되는 요인으로 작용하여 새로운 정규직의 일자리 창출을 줄이고 비정규직의 활용도를 높인다. 한편, 지나친 고용보호는 청년층 등 노동시장 신규 참여자들의 고용사정을 악화시키는 요인으로 작용한다. 특히, 세계화의 진전과 기술발달은 제품의 수명을 단축시키는 등 기업의 미래예측을 어렵게 할 가능성을 증대시킴으로써 기업들은 새로운 노동력을 채용하는 데 매우 신중하게 접근할 가능성이 커지면서 과도한 고용보호의 부작용이 더욱 커질 수밖에 없다.

마지막으로 서비스산업의 경쟁력이 높을수록 경제 내에 새로운 고용을 창출할 수 있는 능력이 크기 때문에 경제의 역동성이 높아 세계화의 진전에 따른 여건변화에 보다 유연하게 대응할 수 있다는 점이다. 미국의 경우 세계화의 진전이 본격화되기 시작한 1994년 이후

10년간 제조업을 중심으로 해외로 영구적으로 이전된 일자리가 300만 개에 이르는 것으로 추정되고 있다, 그럼에도 불구하고 미국의 실업률이 상승하지 않은 것은 서비스부문에서 새로운 일자리가 더 많이 창출되고 있기 때문이다. 반면 유럽의 경우 유럽 단일시장의 완성과 관련하여 고용창출능력이 매우 큰 서비스시장의 개방에 성공하지 못한 점이 서비스부문에 대한 외국인 직접투자 유치를 통해 새로운 고용이 창출되는 것을 가로막는 장애요인으로 작용하였다. 이에 따라 고용사정의 악화가 더욱 심화됨으로써 유럽 단일시장의 완성을 저해하는 결과를 초래하였다고 지적되고 있다.

4

경제정책의 목표는 무엇이어야 하나?

1. 경제정책의 최종목표와 실행목표는?
2. 세계은행의 우리나라 기업환경에 대한 평가는?
3. 우리나라 지식기반 서비스업의 현주소는?

세계화의 진전이 우리나라 경제를 질적으로 한 단계 더 발달시키는 계기가 되도록 하려면 경제정책의 패러다임을 근본적으로 바꿔야 한다. 지금까지 우리나라의 경제정책 패러다임은 경제성장을 최종목표로 설정하고 정부의 역할이 중시되는 가운데 한정된 자원이 제조업과 수출을 영위하는 대기업을 중심으로 한 전략부문에 집중될 수 있도록 하는 한편, 국내에서는 경쟁을 제한하는 각종 규제 등 제도적 경직성이 존속하는 특징을 가지고 있었다. 그러나 글로벌 경쟁시대에서 살아남기 위해서는 정책 패러다임에 있어서 고용창출을 최종목표로 설정하고, 민간부문이 주도적인 역할을 하는 가운데 제조업과 서비스업, 수출산업과 내수산업 그리고 대기업과 중소기업이 균형적으로 발전하는 한편, 민간경제주체의 경쟁력과 자생력을 높일 수 있도록 각종 제도적 경직성을 제거하고 교육의 질을 높이는 형태로 바꿔야 한다.

1. 경제정책의 최종목표와 실행목표는?

앞에서 주요 선진국의 사례에서 보았듯이 세계화 시대에 있어 경제정책의 최종목표는 성장보다는 양질의 일자리를 창출하는 데 초점을 맞추어야 한다. 즉, 정책당국은 세계화의 진전을 최대한 기회로 이용하고, 위협에 효율적이고 신속하게 대응할 수 있는 유연한 경제구조로 전환하여 자국 내에 지속적으로 고용을 창출함으로써 국민후생이 증진될 수 있도록 해야 한다. 이는 앞에서 언급한 바와 같이 세계화의 진전과 이를 가속화시키고 있는 기술진보가 노동시장에 가장 큰 영향을 미침으로써 고용창출을 위축시킬 가능성이 크기 때문이다. 특히, 우리나라와 같은 선발 개발도상국 입장에서는 중국·인도 등 후발 개발도상국들의 추격으로 노동집약적인 부문부터 이들 국가의 저임금

노동자와의 경쟁이 심해짐에 따라 공장이 저임금국가들로 이전되거나 생산공정이 자동화되어 고용창출능력이 크게 위축될 가능성이 크다고 생각된다.

세계화 시대에 고용을 지속적으로 창출할 수 있는 첫 번째 방법은 국내기업들의 공장이 해외에 이전되는 것을 가급적 줄이고 다국적기업 등 해외기업들이 국내에 공장을 많이 건설할 수 있는 환경을 조성해 주는 것이라고 생각된다. 세계화가 빠른 속도로 진전됨에 따라 국내기업들이 물류비 절감 등을 통하여 경쟁력을 확보하기 위해서는 판매거점의 인근지역이나 주요 원자재가 생산되는 지역으로 이전하는 것이 어느 정도 불가피하다. 그러나 국내기업들이 이러한 불가피한 이유 이외에 다른 요인 때문에 해외로 공장을 이전하는 것이 아닌지를 주의 깊게 살펴볼 필요가 있다고 생각된다.

이와 함께 외국의 다국적기업들을 중심으로 외국기업들이 국내에 공장을 이전할 수 있는 유인을 제공할 필요가 있다. 우리나라의 경우 최근 들어 외국인 직접투자가 현저히 둔화되고 있다. 물론 저임금국가인 중국과 인도 경제가 부상하고 있는 반면 우리 경제는 상대적으로 고임금국가로 전환되었다는 점과, 중국과 인도라는 거대한 시장에 판매망을 선점하기 위해서는 중국이나 인도 현지에 공장을 건설하는 것이 유리하다는 점 등으로 외국의 주요 다국적기업들의 관심이 중국이나 인도 등에 집중될 수밖에 없다는 측면이 있는 것은 사실이다.

그러나 〈표 4-1〉에서 보면 우리나라 외국인 직접투자의 경우 순증기준으로 유입규모가 1999년 이후 계속 하락하는 추이를 보이다가 2006년 이후에는 큰 폭의 순유출로 반전되었다. 반면 싱가포르의 경우 같은 기간 동안 외국인 직접투자가 계속 늘어나는 추세를 보이고 있음을 알 수 있다. 싱가포르도 우리나라와 마찬가지로 중국·인도 등 후발 개발도상국의 추격을 받고 있는 상대적으로 임금이 높은 국가이고, 지리적으로 인접한 중국과 인도 경제의 부상으로 인한 영향을 받

표 4-1 한국과 싱가포르의 외국인 직접투자 추이 비교

단위: 순증기준, 백만 달러

	1999	2000	2001	2002	2003	2004	2005	2006	2007. 1~6
한 국	5,135.6	4,284.5	1,107.6	−224.2	100.0	4,588.3	2,010.4	−3,483.5	−3,827.5
싱가포르	3,150.3	2,114.1	−1,765.0	1,945.7	5,927.8	5,425.9	9,915.9	15,651.7	8,377.0

자료: 한국은행.

고 있는 국가이다. 싱가포르가 외국인 직접투자를 꾸준히 유치하여 외국인 직접투자 금액이 계속 늘어나고 있다는 사실은 우리나라가 싱가포르에 비해서 상대적으로 기업활동을 하는 환경이 기업친화적이지 않을 수 있다는 점 등 우리나라 경제에 시사해 주는 의미가 크다고 볼 수도 있다.

우리나라 기업의 해외이전이 증가하고 있는 반면 외국기업이 우리나라로 이전하는 것은 위축되고 있는 요인들에 대해 보다 면밀한 분석이 필요하겠지만, 이러한 현상을 역전시키기 위해서는 근본적으로 우리나라 경제구조를 기업하기 좋은 환경으로 변화시키는 것이 긴요하다고 생각된다. 주요 선진국의 경험에서 볼 수 있듯이, 세계화의 진전에 따른 고용불안문제를 해결하는 가장 효과적인 방법은 해당국 경제·사회구조를 자유롭고 창의적인 기업활동을 하는 데 있어 최적의 환경으로 만들어 주는 것이라고 볼 수 있다.

세계화 시대에 대응하여 고용을 지속적으로 창출할 수 있는 두 번째 방법은 앞으로 우리 경제에 양질의 일자리를 창출할 수 있는 새로운 성장동력원을 지속적으로 발굴해 나가는 것이다. 우리나라 경제의 경우 최근 제조업의 고용창출능력이 크게 약화되고 있다. 우리나라 기업들이 제조업을 중심으로 중국 등 저임금국가들과의 치열한 경쟁, 노사갈등과 고임금, 정부의 각종 규제 등으로 인해 생산공정을 자동화하든지 공장을 해외로 이전하는 사례가 늘고 있다. 이로 인해서 앞으로 우리나라 경제가 제조업의 공동화와 고용 없는 성장에 빠질

가능성에 대한 우려까지도 제기되고 있다. 따라서 우리나라 경제의 고용창출능력을 확충하기 위해서는 앞으로 발전가능성과 고용창출능력이 큰 서비스산업, 특히 지식기반 서비스업을 육성하는 것이 긴요하다.

보몰 병의 패러독스와 서비스산업

일반적으로 서비스업은 제조업에 비해 노동을 기계로 대체하기가 어려워 노동생산성 향상이 어려운 산업으로 알려져 왔다. 서비스업종은 이른바 '보몰 병(Baumol's Disease)'[1]이라는 질병에 걸려 있어 기술이 진전되더라도 노동투입량을 줄일 수 없기 때문에 노동생산성 향상이 제조업에 비해 저조한 것은 사실이다. 보몰 병은 뉴욕대학의 보몰(William Baumol) 교수가 1967년에 주장한 것으로, 서비스업종은 아무리 기술이 발달하더라도 현악 4중주에는 반드시 4명의 연주자가 필요한 것처럼 기술발전이 진전되더라도 기계로 대체할 수 없는 노동량이 투입되는 비중이 제조업보다 훨씬 높기 때문에 질병에 걸린 것과 같이 제조업에 비해 생산성 향상이 저조한 현상을 지칭하고 있다. 이러한 현상은 서비스의 생산원가가 기술발달이 진전되더라도 제조업의 생산원가보다 가파르게 상승하게 된다는 것을 시사해 주고 있다.

그러나 '보몰 병'을 역설적으로 고용창출이라는 시각에서 볼 때에는 서비스업이 제조업에 비해 노동투입량이 기술진보의 영향을 덜 받기 때문에 고용창출능력은 제조업보다 훨씬 크다고 볼 수 있다. 즉, 서비스산업의 경우 제조업에 비해서 기술발전에 따라 노동력이 기계로 대체되는 데 한계가 있기 때문에 기술발전으로 인한 고용감축효과가 상대적으로 작게 된다.

[1] 보다 자세한 내용은 W. J. Baumol(1967) 참조.

왜 지식기반 서비스업인가?

그러나 서비스업의 근본적인 문제점은 일반적으로 제조업에 비해 노동생산성 향상이 저조하기 때문에 고소득을 보장하는 일자리를 창출하기가 어렵다는 사실이다. 실제로 한국은행 금융경제연구원이 한국·미국·영국·벨기에·덴마크 등 8개 선진국을 비교하기 위해 1981년부터 2003년까지의 연간 자료를 이용하여 실증분석한 결과[2]에 의하면, 전체 서비스업의 비중확대는 경제성장에 마이너스의 영향을 미치는 것으로 나타났으나 지식기반 서비스업의 비중확대는 경제성장을 촉진시키는 것으로 나타났다. 이는 서비스업이 전반적으로 생산성이 낮은 수준에 정체되어 있어 서비스업 비중의 확대는 경제성장을 저해하고 고임금 일자리의 창출을 어렵게 하기 때문이다. 반면 지식기반 서비스업은 정보통신기술 발달, 전문화 및 규모의 경제 실현 등으로 자체적인 생산성 향상의 여지가 큰데다 중간 투입비중이 높아 제조업 등 관련산업의 효율성 향상에도 기여함으로써 경제성장을 촉진시키고 고임금 일자리를 창출할 수 있다.

이와 같이 지식기반 서비스업이 경제성장을 촉진시킬 수 있다는 사실은 최근 미국 등 주요 선진국들의 실제 경험을 통해서도 잘 나타나고 있다. 이는 정보통신기술과 인터넷의 발달에 따라 서비스산업과 제조업 등 다른 산업들과의 연관관계가 강화되고 있기 때문이다. 1990년대 이후 세계경제는 지식의 정보화가 크게 진전되고 세계경제의 중심축이 서비스업으로 이동되면서 지식과 정보의 창출·확산·활용이 부가가치 창출과 개인·기업·국가 경쟁력의 원천이 되는 지식기반경제로 전환되고 있다. 법률, 회계, 컨설팅, 광고, 디자인 등 전문서비스업, IT서비스업, 금융·보험업, 교육, 문화, 의료 등 지식기반 서비스업은 성장잠재력이 크고 고임금 일자리 창출가능성이 높은데다

[2] 김현정(2006).

제조업 등 여타 산업과의 연관관계가 긴밀하여 국가경쟁력을 좌우하는 새로운 성장동력 및 고용창출산업으로 부상하고 있다. 따라서 지식기반 서비스업을 발전시켜 제조업과의 선순환구조를 구축하고 선진국형 산업구조로의 원활한 이행을 성공적으로 추진해 온 국가들은 세계화에 따른 범세계적 무한경쟁의 소용돌이 속에서도 고용창출과 상대적으로 높은 성장을 지속할 가능성이 크다.

지식기반 서비스업은 어떤 특징이 있나?

지식기반 서비스업의 특징을 살펴보면 먼저 앞서 언급한 것처럼 지식기반 서비스업은 다른 서비스업종과 마찬가지로 고용창출능력이 큰 가운데 고소득을 보장하는 양질의 일자리를 창출할 수 있다는 장점을 가지고 있다. 미국의 이른바 신경제(New Economy)는 정보통신기술산업과 통신·금융 등 지식기반 서비스업의 발전이 뒷받침되어 제조업에서 줄어드는 일자리 이상으로 새로운 고용을 창출하였기 때문에 가능하였던 것으로 보인다. 미국은 국가경쟁력 강화를 위해 1980년대 초부터 통신·금융서비스 등 지식기반 서비스업에 대한 규제의 철폐와 완화를 적극적으로 실시하는 가운데 1995년부터는 국가적 차원에서 지식자원을 활용하고 관리하기 위한 범국가적 지식공유시스템(State Inventory Project)을 구축하여 민간기업의 지식기반 서비스활동을 적극적으로 뒷받침하였다.

그 결과 미국은 1990년대 들어 정보통신기술산업, 지식기반 제조업과 서비스업을 중심으로 경쟁력을 회복하게 되었다. 1990년에서 2004년까지의 기간중 지식기반 서비스업은 연평균 3.5% 성장하여 전체 국내총생산 성장률 2.9%보다 높은 성장률을 보이는 등 미국 경제의 성장을 견인하는 역할을 담당하였다. 고용면에서도 1996년에서 2005년까지의 10년 동안 미국에서는 제조업을 비롯하여 농업·어업·광업·건설업 등에서는 일자리가 계속 줄어들었음에도 불구하고 전체 일자리수는 11% 늘었는데, 이는 전체 고용의 1/3 이상을 차지하는 지식기반산업의 신규 고용창출효과 때문인 것으로 분석되고 있다.

지식기반 서비스업의 두 번째 특징은 일반적으로 총자산에서 차지하는 지적재산권 등 무형자산의 비중이 높기 때문에 진입장벽이 높지 않다는 점이다. 이에 따라 새로운 아이디어나 혁신적인 기술을 가진 사람들이 창업을 하기 쉽다는 장점이 있다. 창업을 할 때 기계장비와 토지 등 많은 유형자산을 구입하기 위한 거액의 자본이 필요한 제조업과는 달리 지식기반 서비스업의 경우에는 일반적으로 지적재산권 등과 같은 무형자산의 비중이 높기 때문에 창업에 필요한 자본이 상대적으로 적게 든다.

이와 같이 지식기반 서비스업이 창업에 필요한 자본이 적다는 사실은 새로운 아이디어나 혁신적인 기술을 가진 사람들이 손쉽게 창업을 할 수 있다는 점을 의미한다. 이와 관련해서 미국의 마이크로소프트사나 구글사가 대표적인 사례가 될 수 있다. 이들이 창업 당시에 큰 자본이 소요되지 않았기 때문에 새로운 아이디어만을 가지고 손쉽게 창업하여 세계적인 기업으로 성장하는 것이 가능하였던 것으로 보인다. 또한 인도의 저임금의 이점을 활용하여 고객지원센터(call center)나 백오피스(back office) 업무 등을 대행해 주는 단순한 오프쇼링(offshoring) 업무로 시작하여 세계적인 소프트웨어 회사로 급성장한 인포시스(Infosys), 와이프로(Wipro), 타타 컨설턴시 서비스(Tata Consultancy Services) 등도 소규모 자본으로 창업하여 단시일 내에 세계적인 기업으로 성장한 지식기반 서비스업체의 대표적인 사례로 볼 수 있다.

지식기반 서비스업의 세 번째 특성으로는 이 업종의 대부분이 위험요소가 크고 실패할 가능성이 높은 혁신적인 아이디어를 사업의 핵심으로 이용하고 있다는 점이다. 많은 지식기반 서비스업이 이러한 특성을 가지고 있기 때문에 위험을 감수하고 실패를 수용할 수 있는 자세가 성공의 필수요건이 된다. 일반적으로 이러한 위험을 감수하기에는 의사결정구조가 복잡한 대기업보다는 상대적으로 단순한 중소기업이 적합한 것으로 평가되고 있다. 이는 마이크로소프트사나 구글사와 같은 지식기반 서비스업종에 종사하는 세계적인 기업들이 창업 초기에 소기업에서 혁신적인 아이디어나 기술을 바탕으로 급성장을 하였다는 점을 통해서도 잘 알 수 있다. 그 후 이들은 성숙단계에 이르면 풍부한 자금력을 바탕으로 또 다른 혁신적인 아이디어나 기술을 가진 중소기업들을 흡수하여 합병하는 형태로 성장하고 있다.

지식기반 서비스업의 네 번째 특징은 산업구조가 고도화될수록 지식기반 서비스업이 여타 산업의 중간재로 투입되는 비중이 높아진다는 점이다. 최근 들어 기술발전이 가속화되면서 제조업에서 생산되는 고부가가치 제품들의 경우에는 제품개발이나 원가에서 디자인과 소프트웨어 등 지식기반 서비스업 제품이 차지하는 비중이 높아지고 있다. 예를 들면, 기차·기계장비·자동화 공장설비 등을 생산하는 독일의 지멘스(Siemens)사의 경우 생산제품 원가의 60% 정도가 내장된 소프트웨어 관련비용인 것으로 추정되고 있다.[3]

우리나라의 경우도 지식기반 서비스업은 성장세가 높은 가운데 고용창출에도 크게 기여하였다. 또한 지식기반 서비스업은 중간재 산업으로서도 여타 산업의 생산활동에 기여하고 있다. 우리나라의 지식기반 서비스업은 1980~2005년까지 연평균 8.0% 성장하여 제조업의 8.9%보다는 다소 낮으나 제조업 다음으로 높은 성장세를 기록하면서 국내총생산 성장에 대한 기여율도 1990~1999년까지 22.1%에서 2000~2005년까지는 23.8%로 꾸준히 상승하여 왔다.

또한 우리나라의 지식기반 서비스업 취업자의 전체 취업자에 대한 비중은 1993년의 14.5%에서 2005년에는 23.1%로 크게 상승하는 등 1990년대 이후 고용창출산업으로 중요한 역할을 담당하고 있다.

[3] 보다 자세한 내용은 *The Economist*(2007f) 참조.

표 4-2 산업별 성장률 추이

단위: %

연 도	국내총생산	제 조 업	서비스업	전통 서비스업	지식기반 서비스업
1980~1989	7.6	10.8(26.8)	7.5(49.8)	6.2(27.6)	10.3(22.3)
1990~1999	6.1	7.3(27.4)	5.9(48.1)	5.2(26.1)	7.0(22.1)
2000~2005	5.2	8.3(42.1)	4.2(39.1)	2.9(15.4)	6.0(23.8)
1980~2005	6.5	8.9(32.0)	6.1(45.7)	5.0(23.7)	8.0(22.7)

주: ( ) 내는 산업별 성장기여율.
자료: 한국은행.

실제로 1993~2005년까지 전체 산업의 취업자수가 연평균 1.3% 증가하는 데 그치고 제조업은 0.9% 감소한 데 반해, 지식기반 서비스업의 취업자수는 5.2% 증가하였다. 아울러 지식기반 서비스업은 고학력 취업자 비율과 임금수준이 다른 산업에 비해 높아 양질의 일자리 창출이 가능하다는 점이 우리나라와 같은 선발 개발도상국 입장에서 큰 장점이 될 수 있다.

우리나라의 지식기반 서비스업은 제조업 등 다른 산업의 생산에 중간재로 투입되는 비중도 높아지고 있어 생산활동에 대한 기여도가 증가하고 있다. 산업구조가 고도화될수록 컨설팅, 설계·디자인, 연구개발·기술서비스, 광고, 시장조사, 컴퓨터관련 서비스 등과 같이 생산활동과 관련된 서비스의 아웃소싱이 확대되면서 지식기반 서비스업 등 서비스의 중간투입비중이 높아지는 경향이 있다. 우리나라 지식기반 서비스업의 중간투입비중은 1980년의 4.3%에서 2000년에는 15.7%로 높아진 반면, 제조업의 중간투입비중은 1990년의 59.2%에서 2000년에는 55.5%로 낮아졌다.

그림 4-1 산업별 중간투입비중 추이

단위: %

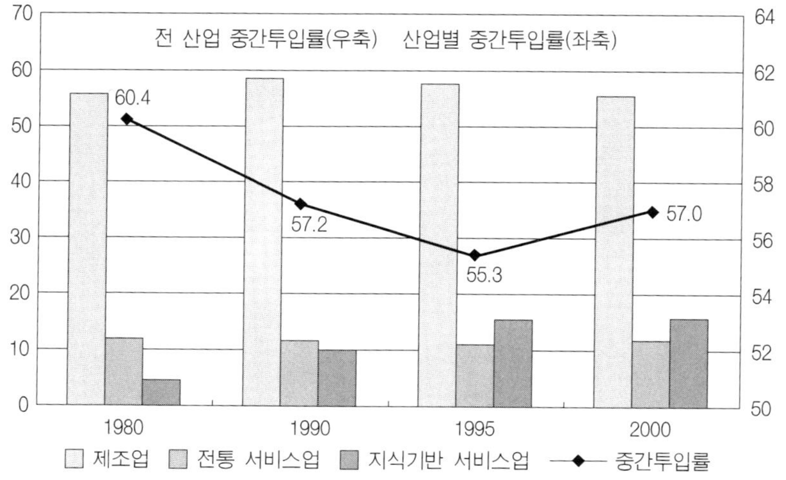

2. 세계은행의 우리나라 기업환경에 대한 평가는?

기업하기 좋은 환경을 만들기 위한 정책수단에 대해서 논의하기에 앞서 우리나라의 기업환경 현황을 살펴볼 필요가 있다. 국가별 기업활동을 하는 환경이 어느 정도 기업친화적인가를 비교할 수 있는 자료로서는 세계은행(World Bank)에서 조사해서 발표하는 *Doing Business Index*가 있다. 'Doing Business Index'는 세계은행이 2001년부터 편제하는 지수로서, 전 세계 3,500명의 등기·사법·금융·조세 등 실무분야를 담당하고 있는 공무원·변호사·비즈니스 컨설턴트(business consultant)·회계사들로부터 제공받아 검증된 자료에 기초하여 작성된다. 이 보고서는 법적·규제적 측면에서 기업하기 좋은 환경을 국가별로 순위를 매기는 것으로, 그 순위가 높을수록 기업활동을 하는 데

표 4-3 주요국의 기업활동 관련 제반 사항에 대한 순위 비교

국 가	기업활동 용이도	창업	인허가	채용	재산권 등록	자금 조달	투자자 보호	조세 납부	대외 거래	계약 이행	폐업
미 국	3	3	22	1	10	7	5	62	11	6	10
영 국	6	9	46	17	19	1	9	12	14	22	10
일 본	11	18	2	36	39	13	19	98	19	5	1
독 일	21	66	21	129	42	3	83	73	7	29	28
프랑스	35	12	26	134	160	48	60	91	26	19	32
이탈리아	82	52	104	101	53	65	83	117	110	141	49
중 국	93	128	153	78	21	101	83	168	38	63	7
대 만	47	94	148	154	24	48	60	78	42	62	4
싱가포르	1	11	8	3	12	7	2	8	4	23	2
한 국	23	116	28	110	67	21	60	48	28	17	11

자료: World Bank(2005/2006).

편리하고 규제가 단순하며 재산권이 잘 보호되고 있다는 것을 의미한다.

이를 토대로 우리나라의 현황을 살펴보면 〈표 4-3〉과 같다. 우리나라의 기업하는 환경을 국제적으로 비교하기 위해서 미국·영국·일본·독일·프랑스·이탈리아 등의 선진국 그룹에 속한 국가들과 우리나라의 경쟁상대국으로 볼 수 있는 중국·대만·싱가포르 등 아시아 국가들을 비교대상국으로 선정하였다.

먼저 기업활동을 하는 환경에 대한 종합평가인 기업활동 편리도(ease of doing business) 측면에서 우리나라는 조사대상 175개국 중에서 23위를 차지하고 있다. 비교대상국들과 비교해 보면 우리나라는 대만·프랑스·이탈리아·중국보다는 기업활동을 하기가 쉬운 환경이지만, 싱가포르·미국·영국·일본에 비해서는 기업활동이 쉽지 않은 것으로 나타났다.

창업(starting a business)과 관련해서는 조사대상 175개국 중에서 116위로 나타났는데, 이는 창업과 관련된 법과 규제가 175개국의 중간 수준에도 훨씬 못 미칠 정도로 기업친화적이 아니라는 점을 의미한다고 볼 수 있다. 비교대상국들과 비교해 보면 우리나라는 미국·영국을 포함한 대부분의 비교대상국들보다 창업하기가 불편한 것으로 나타났으며, 비교대상국 중에서 중국보다만 창업하기가 쉬운 것으로 나타났다.

인허가(dealing with licenses)와 관련해서는 조사대상 175개국 중에서 28위로 나타나 비교적 친기업적이라고 평가되고 있다. 우리나라는 인허가와 관련해서 일본·싱가포르·독일·미국·프랑스보다는 순위가 낮으나 영국·이탈리아·대만·중국보다는 순위가 높은 것으로 나타났다.

채용(employing workers) 측면에서는 조사대상 175개국 중에서 110위로 나타났는데, 이는 채용에서 조사대상국 175개국의 중간 수준보다도 훨씬 기업친화적이 아니라는 것을 의미한다고 볼 수 있다. 비교대상국과 비교해 보면 우리나라의 채용관련 지수는 미국·영국·일본·중국보다 순위가 낮으며, 비교대상국 중에서 프랑스와 대만보다만 순위가 높은 것으로 나타났다.

토지·건물 등 재산권의 등록(registering property)과 관련해서는 조사대상 175개국 중에서 67위로 나타났다. 우리나라는 비교대상국 중에서 프랑스보다만 재산권 등록에 있어서 편리하지만, 중국을 포함한 나머지 모든 비교대상국들보다 재산권 등록절차 등이 불편한 것으로 나타났다.

자금조달(getting credit)과 관련해서는 조사대상 175개국 중에서 21위로 나타나 비교적 양호한 것으로 평가되고 있다. 이와 같은 우리나라의 순위는 영국·독일·미국·싱가포르·일본보다는 낮으나 프랑스 · 대만 · 이탈리아 · 중국보다는 높은 것이다.

투자자보호(protecting investor) 측면에서는 175개국 중에서 프랑스 · 대만과 같은 60위로 평가되었다. 비교대상국들과 비교하면 우리나라는 미국 · 영국 · 일본보다는 투자자보호가 취약하고, 독일 · 이탈리아 · 중국보다는 우월하다고 평가되고 있다. 이는 이 분야에서 더욱 개선할 여지가 있다는 점을 시사해 준다고 볼 수 있다.

조세납부(paying taxes)와 관련해서는 175개국 중에서 48위로 평가되었다. 이와 같은 우리나라의 순위는 비교대상국들 중에서 싱가포르와 영국보다는 낮지만 나머지 비교대상국들보다는 그 순위가 높은 것으로 나타나 조세납부와 관련한 사항은 비교적 양호하다고 볼 수 있다.

대외거래(trading across border) 측면에서는 175개국 중에서 28위로 평가되었다. 비교대상국들과 비교하면 우리나라의 순위는 중국 · 대만 · 이탈리아보다는 높으나 나머지 비교대상국들보다는 낮은 것으로 나타났다. 이러한 평가는 우리나라의 대외거래와 관련된 제도적 측면이 비교적 양호하다고 볼 수 있다.

계약이행(enforcing contracts)과 관련된 분야에서는 175개 조사대상국에서 17위를 차지하고 있다. 우리나라는 비교대상국들 중에서 일본과 미국보다만 순위가 낮고 나머지 비교대상국들보다는 순위가 높은 것으로 나타나 이 분야는 비교적 양호하다고 볼 수 있다.

마지막으로 기업폐쇄(closing a business)와 관련해서는 조사대상국들 중에서 11위를 차지하고 있다. 그러나 비교대상국들과 비교해 볼 때 우리나라의 순위는 독일 · 프랑스 · 이탈리아보다만 높고 중국을 포함한 나머지 비교대상국들보다는 낮은 것으로 나타났다. 이러한 평가는 175개국을 기준으로는 양호하다고 볼 수 있지만, 비교대상국들과 비교하면 다소 개선의 여지가 있다고 생각된다.

이러한 세계은행의 기업하기 좋은 환경에 대한 평가결과를 종합해 보면 조사대상 175개국과 비교하여 우리나라는 인허가 · 계약이행 ·

자금조달·조세납부·기업폐쇄 등과 관련된 사항들은 상대적으로 양호한 것으로 나타났다. 반면에 창업·고용·재산권 등록·투자자보호와 관련된 사항은 개선의 여지가 큰 것으로 나타났다. 이와 함께 주요 선진국들과 아시아의 주요 경쟁국들과의 비교에서 개선의 여지가 있는 것으로 나타난 폐업에 관한 사항에 대해서 보다 면밀한 점검이 필요한 것으로 보인다.

3. 우리나라 지식기반 서비스업의 현주소는?[4]

과거에는 서비스산업이 성장을 저해하는 부문이라는 시각이 강하였으나 1990년대 이후 경제하부구조로서 서비스산업의 기능이 높아지면서 성장을 주도하는 부문으로 인식되기 시작하였다. 이는 1990년대 이후 다음과 같은 경제환경의 변화가 복합적으로 작용한 결과라고 볼 수 있다. 첫 번째로 제조업의 부가가치 창출구조(value chain)가 서비스 중심으로 변화하게 되었다는 점이다. 즉, 부가가치 창출부문이 전통적으로 제품을 생산하는 과정에서 연구개발, 마케팅 등 서비스분야로 이전되고 제조업 생산제품과 관련서비스를 함께 판매하는 이른바 서비스 캡슐화(service encapsulation)가 진전되고 있다. 서비스 캡슐화는 제조업을 영위하는 기업들이 제품에 서비스기능을 부가하여 소비자의 욕구를 충족시키는 동시에 기업의 입장에서는 판매와 수익을 늘리고자 하는 전략을 말한다. 두 번째로는 정보통신기술의 획기적인 발전으로 디지털 융합화(digital convergence)가 가속화되면서 서비스산업과 다른 산업 간 연관관계가 높아지는 한편, 인터넷 등에 의한 e-비즈니스의 확산으로 서비스의 국가들 간 교역가능성이 높아지면서

[4] 정종인·김진용·황문우(2006)의 내용을 중심으로 작성하였다.

표 4-4 OECD 주요국의 경제서비스화 비교(2005년 GDP 기준)

단위: %

구 분	한 국	미 국[1]	프랑스	영 국	독 일	일 본[1]
농림어업	3.3	1.3	2.2	1.0	0.9	1.6
광공업	31.2	17.0	15.1	19.0	25.8	22.8
건설업	9.2	5.0	5.8	6.0	3.8	6.2
서비스업	56.3	76.7	76.9	74.0	69.4	74.2
합 계	100.0	100.0	100.0	100.0	100.0	100.0

주: 1) 일본과 미국은 2004년 자료.
자료: OECD, 한국은행.

서비스교역이 빠른 속도로 증가하고 서비스시장의 범세계적 통합화가 진전되고 있다는 점이다. 세 번째로는 기업 내부 서비스기능을 아웃소싱에 의존하는 것이 늘어나면서 서비스수요가 다양하게 확대되고 서비스생산의 우회도가 증가하고 있다.

우리나라 경제가 어느 정도 서비스화되고 있는지를 OECD의 주요국과 비교해 보면 다음과 같다. 우리 경제의 경우 서비스업의 비중이 아직 60%를 넘어서지 못하고 있는 반면 주요 선진국들은 70%를 상회하고 있다. 주요 선진국 중에서는 프랑스가 76.9%로 가장 높고, 미국이 76.7%, 일본이 74.2%, 영국이 74.0%, 독일이 69.4% 등의 순으로 나타났다.

일반적으로 지식기반 서비스업(knowledge-based service industries)은 지식을 창출하거나 창출된 지식을 가공·유통시키고 생산활동에 활용함으로써 고부가가치의 서비스를 제공하는 산업을 의미한다. OECD에 따르면 생산액 중 연구개발비(research and development: R&D)의 비중이 3% 이상인 산업을 지식기반산업으로 분류하고, 기본 산업의 생산성 향상과 제품의 고부가가치화를 이루는 산업, 정보통신·정밀화학·신소재·생명공학 등과 같은 신기술산업, 영상, 경영컨설팅, 디자

표 4-5 지식기반 서비스업의 규모와 비중

구 분	부가가치(조 원)			고용(만 명)	
	1980	1990	2005	1993	2005
GDP(전 산업)	34.5(100.0)	167.7(100.0)	718.0(100.0)	1,956(100.0)	2,286(100.0)
제 조 업	8.4(24.4)	45.7(27.3)	204.2(28.4)	472(24.1)	423(18.5)
서비스업	16.3(47.3)	83.0(49.5)	404.4(56.1)	1,042(53.3)	1,490(65.2)
·전통 서비스업	11.3(32.7)	52.9(31.5)	217.3(30.0)	758(38.8)	962(42.1)
·지식기반 서비스업	5.0(14.6)	30.1(18.0)	187.1(26.1)	284(14.5)	528(23.1)
기 타	9.8(28.3)	39.0(23.2)	109.4(15.5)	442(22.6)	372(16.3)

주: ( ) 내는 GDP 및 전 산업 고용 대비 비중(%).
자료: 한국은행.

인, 데이터처리, 소프트웨어, 의료, 교육 등이 이에 포함된다.

우리나라 지식기반 서비스업의 현황을 보면 지식기반 서비스업은 2005년 현재 국내총생산의 26.1%, 전체 고용의 23.1%를 차지하는 등 제조업에 못지않은 주요 산업으로 성장하게 되었다. 지식기반 서비스업이 창출하는 부가가치의 국내총생산 대비 비중이 1980년대 초반에는 15% 수준에 불과하였으나 2005년에는 26.1%로 크게 상승하였다. 지식기반 서비스업의 취업자수는 2005년 현재 528만 명으로 제조업 취업자수 423만 명을 훨씬 초과하고 있다. 1993년부터 2005년까지의 기간중에 취업자수를 보면 제조업이 0.9% 감소한 데 비해 지식기반 서비스업은 연평균 5.2% 증가하였다. 같은 기간중에 전통서비스업의 취업자수는 연평균 2.5% 증가하는 데 그쳤다.

지식기반 서비스업 전체의 부가가치 창출금액에서 차지하는 세부 업종별 부가가치 창출비중을 보면 금융·보험이 32.3%로 가장 높았으며, 다음으로 교육이 22.1%, 사업서비스가 20.3%, 의료·복지가 12.2%, 통신이 10.1% 등의 순서를 보이고 있다. 그러나 지식기반 서비스업

표 4-6 지식기반 서비스업 부가가치 비중

단위: 조 원, %

구 분	1980	1990	1995	2000	2005
지식기반 서비스	5.0(100.0)	30.1(100.0)	73.6(100.0)	114.1(100.0)	187.1(100.0)
교 육	1.5(29.3)	8.0(26.4)	18.0(24.5)	25.7(22.5)	41.3(22.1)
통 신	0.5(9.7)	3.3(11.0)	7.0(9.5)	12.2(10.7)	18.8(10.1)
금융·보험	2.0(39.7)	9.8(32.4)	24.7(33.6)	35.3(30.9)	60.5(32.3)
사업서비스	0.6(11.8)	5.1(16.8)	14.7(19.9)	24.8(21.7)	38.0(20.3)
문화·오락	0.2(3.3)	0.8(2.8)	2.3(3.1)	3.5(3.1)	5.6(3.0)
의료·복지	0.3(6.2)	3.2(10.5)	6.9(9.4)	12.6(11.0)	22.9(12.2)

주: 명목기준, ( ) 내는 지식기반 서비스 총부가가치에서 각 업종이 차지하는 비중.
자료: 한국은행.

전체의 부가가치에서 차지하는 비중은 금융·보험과 교육이 1980년 이후 감소한 반면 사업서비스와 의료·복지는 증가하였다. 증가속도 면에서는 사업서비스와 의료·복지부문이 가장 빠른 것으로 나타났다.

업종별 고용과 부가가치 증가율 간의 관계를 나타낸 〈그림 4-2〉를 살펴보면 지식기반 서비스업은 성장과 고용이라는 두 가지 측면에서 고르게 기여도가 높은 반면, 제조업은 부가가치 증가율은 높으나 고용증가에는 크게 기여하지 못하는 것으로 나타났다. 또한 전통서비스업은 부가가치와 고용의 증가율 모두 지식기반 서비스업에 뒤지고 있는 것으로 나타났다.

그러나 우리나라가 그 동안 제조업 중심 경제발전전략을 추구해 왔다는 점 등으로 아직까지 경제의 서비스화 정도가 낮은 수준에 머물고 있으며, 고부가가치 산업인 지식기반 서비스업의 발달수준이 주요 선진국에 비해 크게 미흡한 상황이다. 〈표 4-4〉에서 알 수 있듯이 우리나라 경제의 서비스화 정도는 56.3%로 미국·영국·일본 등 주요 선진국은 물론 OECD 평균인 68.8%와 멕시코의 70.2%보다도 낮은

그림 4-2 주요 업종의 부가가치와 고용증감률

단위: %

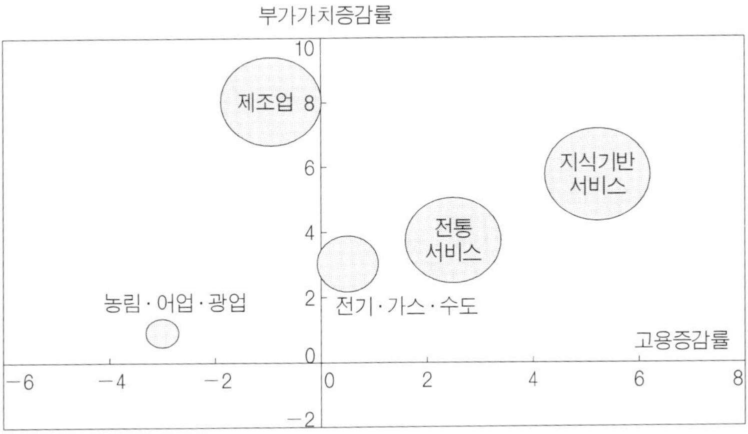

주: 1993~2005년중 연평균 증감률, 원의 크기는 2005년 기준 각 업종의 부가가치 비중.
자료: 한국은행, 통계청.

그림 4-3 한국과 미국의 지식기반 서비스업 부가가치의 GDP 대비 비중

단위: %

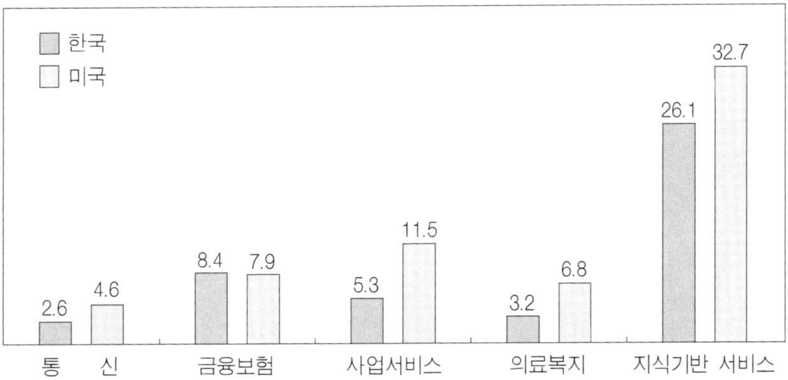

주: 미국은 2004년, 한국은 2005년 기준.
자료: 한국은행, 미국 BEA.

상황이다.

또한 〈그림 4-3〉에서 볼 수 있는 것과 같이, 우리나라 지식기반 서비스업이 창출한 부가가치의 국내총생산 대비 비중은 26.1%로 미국의 32.7%보다 크게 낮은 수준이다. 특히, 고부가가치 산업으로 성장가능성이 높고 제조업과 연관성이 높은 사업서비스가 창출한 부가가치의 국내총생산 대비 비중은 5.3%로 미국 등 선진국에 크게 못 미치는 실정이다. 2005년기준으로 우리나라 총고용에서 지식기반 서비스업의 고용이 차지하는 비중은 23.1%로 미국의 33.6%보다 크게 낮은 수준이며, 일본의 26.2%보다도 낮은 수준이다.

우리나라 지식기반 서비스업의 수출과 수입은 1980년 이후 경제의 서비스화 진전과 개방화 확대 등으로 빠르게 증가하고 있다. 수출은 1980년의 4억 9,000만 달러에서 2005년에는 143억 2,000만 달러로 늘어 연평균 14.5% 증가하였다. 반면 수입은 같은 기간중 7억 8,000만 달러에서 258억 2,000만 달러로 늘어나 연평균 15.0% 늘어났다.

이에 따라 서비스무역에서 지식기반 서비스업이 차지하는 비중도 크게 확대되어 지식기반 서비스 수출의 비중이 1980년의 19.0%에서 2005년에는 31.6%로 상승하였다. 같은 기간중 지식기반 서비스 수입의 비중은 23.6%에서 44.2%로 높아졌다. 업종별로 보면 사업서비스 및 특허권 사용료의 비중이 높은 가운데 최근에는 금융·보험, 정보통신의 무역이 빠르게 증가하고 있다.

그러나 지식기반 서비스업은 경쟁력 열위 등으로 만성적인 무역적자를 기록하고 있다. 특히, 1990년대 후반부터 적자규모가 급속히 확대되고 있다. 2005년중 지식기반 서비스업의 무역적자 규모는 115억 1,000만 달러로 1980년의 2억 9,000만 달러의 약 40배 정도로 확대되었다. 업종별로 보면 사업서비스, 특허권 사용료 그리고 유학·연수가 무역수지를 악화시키는 주요인이 되고 있다.

주요국과 비교해 보면 미국과 영국 등은 사업서비스를 중심으로

표 4-7 주요국의 서비스수지 현황(2004)

단위: 억 달러, %

	한 국	미 국	영 국	일 본
서비스	−80	443	370	−379
·전통 서비스	20	−96	−345	−299
·지식기반 서비스	−100	539	715	−80
(금융보험)	6	−68	326	−6
(사업서비스)	−50	493	299	−6

자료: 한국은행, IMF.

지식기반 서비스수지가 흑자를 기록하고 있는 반면 우리나라와 일본은 적자를 보이고 있다. 업종별로 보면 사업서비스 적자가 우리나라 지식기반 서비스업 적자의 50%를 차지하고 있는 반면 서비스 강국이라고 할 수 있는 미국과 영국의 경우 지식기반 서비스수지 흑자의 대부분이 사업서비스에서 발생되고 있다.

우리나라의 지식기반 서비스업 개방은 우루과이라운드 협상이 타결될 때 지식기반 서비스업의 일부를 개방하기 시작한 이후 점진적으로 확대하여 왔다. 우루과이라운드 협상타결 당시의 개방업종은 회계, 엔지니어링, 광고, 영화·비디오 제작·배급, 음반녹음, 금융·보험 등이었다. 그 후 2003년 3월의 세계무역기구(World Trade Organization: WTO)·도하라운드 서비스협상 1차 양허안에서는 1996년 이후 실제로 개방된 사항을 주로 반영하여 법률·교육·국제배달(courier) 등을 추가로 양허하였으며, 2005년 5월의 2차 양허안에서는 그 동안 제한하였던 전문직 계약서비스 공급자 중 회계사·건축사·경영자문 등 10개 업종을 양허하였다.

이와 함께 1990년대 중반 이후 수 차례에 걸쳐 외국인 직접투자 제한이 철폐됨으로써 지식기반 서비스분야도 일부 업종을 제외하고 외국인 투자가 자유화되었다. 현재 라디오·TV 방송업이 유일한 미개

표 4-8 지식기반 서비스업 개방수준 비교

구 분	사 업	통 신	교 육	금 융	보 건	관 광	문화·오락
한 국	0.65	0.58	0.00	0.35	0.00	0.75	0.00
미 국	0.69	0.79	0.30	0.50	0.25	0.75	1.00
유럽연합	0.64	0.38	0.80	0.50	0.38	0.63	0.50

자료: 대외경제정책연구원.

방업종이며 국내운송, 신문·잡지 등 정기간행물 등은 일정 한도 내에서 외국인의 투자가 가능하게 되었다. 그러나 〈표 4-8〉에서 알 수 있듯이, 우리나라 지식기반 서비스업의 개방수준은 과다하게 규제되고 있는 교육, 보건, 문화·오락 부문 등을 중심으로 미국과 유럽연합 등 선진국에 비해 낮은 수준에 머물고 있다.

한편, 우리나라의 지식기반 서비스업의 문제점은 다음과 같다. 첫 번째로 우리나라 지식기반 서비스업의 노동생산성이 낮은 수준에 있으며, 노동생산성의 향상이 더디다는 점을 들 수 있다. 우리나라 지식기반 서비스업의 노동생산성은 사업서비스 등을 중심으로 미국과 유럽 등 선진국에 비해 크게 낮은 수준이다. 우리나라 지식기반 서비스업의 노동생산성은 금융·보험의 경우 미국의 60%, 부동산을 포함한 사업서비스의 경우 40% 내외 수준에 그치고 있으며, 교육서비스도 미국에 비해서는 크게 낮은 수준이다.

또한 〈표 4-9〉에서 알 수 있듯이, 우리나라 지식기반 서비스업의 생산성 증가율도 금융·보험을 제외하고는 주요국에 비해서 낮은 실정이다. 특히, 부동산을 포함한 사업서비스와 보건·사회복지의 생산성 증가율은 주요 선진국에 비해서 매우 낮은 수준을 보이고 있음을 알 수 있다.

두 번째로는 우리나라 지식기반 서비스업은 경쟁제한적인 규제가 많아 산업 내에서의 경쟁이 활성화되지 못함으로써 효율성 향상이 더

표 4-9 주요국의 서비스업 노동생산성 증가율 비교(2000~2004년중 연평균) 단위: 달러

국 가	서비스	도소매 숙박	운수창고 통신	금융 보험	부동산 사업	교 육	의료 복지	기 타	제조업
한 국	40.9	24.7	54.1	66.1	38.8	63.4	80.5	41.0	63.0
미 국	100.0	100.0	100.0	100.0	100.0	100.0	100.0	100.0	100.0
프랑스	78.9	74.9	69.0	69.2	75.4	101.6	109.1	78.9	79.3
독 일	71.2	52.6	71.9	53.5	74.4	94.4	77.6	119.4	62.8

주: 미국(=100) 대비 노동생산성 지수.

디고 아직까지 하나의 산업으로서 자리를 잡지 못하고 있다. 특히, 보건·사회복지, 교육 등에서는 공공성을 지나치게 강조하면서 영리기업의 진입을 불허하는 등 산업으로서의 기반이 제대로 형성되지 못하고 있다. 또한 법률·회계 등 사업서비스의 경우에도 선진국과 달리 전문자격증 취득과 법무·회계법인 설립요건이 엄격하게 되어 있는 등 진입제한이 강하여 경쟁이 활성화되지 못함에 따라 효율성이 매우 낮은 상황이다. 이와 관련하여 한국개발연구원은 면허·인가·승인 등 진입규제가 강할수록 경쟁을 제한하여 산업발전에 부정적 영향을 미치는 것으로 실증분석 결과[5]를 제시하였다. 한국개발연구원은 기존 진입규제를 현재 수준의 절반으로 줄일 경우 총요소생산성의 향상 등을 통해 잠재성장률을 0.5% 포인트 정도 증가시킬 수 있다고 주장하였다.

세 번째로는 지식기반 서비스업을 하나의 산업으로 육성하기 위한 하부구조 구축과 체계적인 지원이 미흡하다는 점을 들 수 있다. 그 동안 정부의 산업정책이 제조업 위주로 이루어지면서 서비스업에

[5] 한국개발연구원(2006) 참조.

대한 지원이 부족하였다. 이에 따라 지식기반 서비스업이 하나의 산업으로 발전하는 데 필요한 인프라 구축, 인력양성과 자금지원 등이 취약한 상황이다. 이와 함께 지식기반 서비스업을 담당하는 정부 부처가 너무 많아 서비스의 표준화와 체계적인 통계수집이 제대로 이루어지지 못하고 있으며, 관련정책의 조정·통합과 효율적인 지원체계도 구축되지 못하고 있다. 한국무역협회에 따르면 세계무역기구 서비스협상분야별 담당 정부 부처의 수는 9개 이르고 있다고 한다.

네 번째로 지식기반산업 육성에 필요한 고급인력 양성과 자금지원도 부족하다는 점을 들 수 있다. 지식기반 서비스업은 관련업종에 종사하는 인적 자원의 질이 제공하는 서비스의 질을 좌우하는 핵심요소이다. 따라서 전문인력 양성을 위한 의료·법률 전문대학원의 확충 등과 이를 위한 정부의 지원이 중요하나 이러한 것들이 제대로 갖추어지지 못하고 있다. 또한 현재 정부의 자금지원이 제조업에 편중되어 있는데다 금융기관의 기업대출이 담보 위주로 이루어지고 있는 상황이다. 따라서 지식기반 서비스업은 본질적으로 총자산에서 차지하는 무형자산의 보유비율이 높기 때문에 물적 담보능력이 취약한 지식기반 서비스업에 대한 자금공급도 크게 부족한 형편이다.

다섯 번째로는 우리나라 지식기반 서비스업의 경우 기업규모가 작아 전문화·고급화가 미흡하다는 점을 들 수 있다. 〈표 4-10〉에서 볼 수 있듯이 지식기반 서비스업에 종사하는 미국 기업은 우리나라 기업에 비해 종업원 규모면에서 3배, 매출액은 2배 정도 평균적으로 큰 것으로 나타나고 있다. 이에 따라 우리나라 지식기반 서비스 기업은 규모의 영세성으로 연구개발투자 등이 제대로 이루어지지 못함으로써 서비스의 전문성과 품질수준이 낮다. 이로 인해 우리 기업들은 고급서비스를 해외기업으로부터 조달하고 있는 상황이다.

이와 같이 우리나라 지식기반 서비스업의 기업규모가 영세성을 벗어나지 못하기 때문에 업체 고유의 방법론·솔루션 개발 등을 위한

표 4-10 한국과 미국의 지식기반 서비스업체 규모 비교

구 분	사업체당 종업원수(명)			종업원 1인당 매출액(백만 원)		
	한국(A)	미국(B)	B/A(배)	한국(C)	미국(D)	D/C(배)
사업서비스	11.5	15.9	1.4	62.1	96.0	1.6
교육서비스	4.0	8.7	2.2	35.3	89.3	2.5
의료복지	8.2	21.4	2.6	57.4	100.4	1.7
문화오락	2.9	16.8	5.8	78.9	96.0	1.2
전체(평균)	4.7	13.3	2.8	66.8	154.0	2.3

자료: 한국 통계청, 미국 인구조사국(US Census Bureau), LG경제연구원.

투자 등이 제대로 이루어지지 못함에 따라 전문적인 서비스 제공능력이 부족한 상황이다. 주요 선진국 기업의 연구개발투자 중에서 서비스 부문이 차지하는 비중은 한국이 6.9%, 미국이 34.4%, 캐나다가 26.4%, 영국이 18.8%, 일본이 12.7% 등으로 우리나라의 비중이 매우 낮음을 알 수 있다. 또한 기업규모의 영세성으로 전문인력 양성을 위한 투자 등이 제대로 이루어지지 못하고 있어 양질의 서비스 제공능력도 미흡할 수밖에 없게 된다.

마지막으로 우리나라 지식기반 서비스업의 제조업 생산에 대한 중간재 투입비중이 점차로 높아지고 있으나 여전히 선진국에 비해 크게 낮다는 점이다. 이는 우리나라가 제조업과 서비스산업 간 선순환 구조를 구축하는 데 장애요인으로 작용할 수 있음을 시사해 준다. 2000년 기준으로 모든 산업생산에 대한 지식기반 서비스업의 중간재 투입비중이 우리나라는 15.7%로 미국의 31.4%,[6] 일본의 21.8%에 비해 크게 낮은 수준이다. 특히, 제조업 생산에 대한 지식기반 서비스업의 중간재 투입비중도 우리나라는 8.6%로 미국의 15.0%, 일본의 11.5%

[6] 미국의 경우는 1997년 기준이다.

에 비해 매우 낮은 수준이다. 이는 우리나라 기업의 내부조직에 대한 높은 선호도와 기업집단의 계열사 거래관행 등으로 지식기반 서비스의 아웃소싱이 활성화되지 않고 있다는 점과 지식기반 서비스의 질적 수준이 낮아 여타 산업의 수요를 제대로 충족시키지 못하고 있다는 점을 주로 반영하고 있는 것으로 보인다.

5

어떤 정책대안이 필요한가?

1. 거시경제정책의 역할은 무엇인가?
2. 조세정책은 어떻게 운용되어야 하나?
3. 규제개혁을 어떻게 해야 하나?
4. 노동시장의 신축성을 어떻게 높여야 되나?
5. 금융시장을 어떻게 선진화해야 하나?
6. 금융시스템의 안정성은 어떻게 확보하나?
7. 교육개혁은 어떻게 추진해야 하나?
8. 이 밖에 어떤 정책대안이 필요한가?

세계화 시대에 기업하기 좋은 환경을 만들려면 어떠한 정책수단이 필요한가를 알기 위해서는, 다국적기업이 어떤 조건들을 충족하는 국가에 직접투자를 할 것인가를 이론적인 측면에서 생각해 볼 필요가 있다. 이론적으로 외국인 직접투자의 결정행태를 설명하는 대표적인 이론적 모형으로는 'OECD 정책 프레임워크(OECD policy framework)'가 있다. 이에 의하면 다국적기업은 한 국가나 지역이 직접투자의 대상으로 위험도와 수익률 측면에서 얼마나 매력적인가를 다음 요소들을 기준으로 판단한다. 첫 번째로 정치·통화·재정정책 측면에서의 안정성이 확보되어 있는지, 재산권 보호 등 법적인 보호장치가 잘 구비되어 있는지, 공공행정(public governance)이 얼마나 투명하고 공정하며 기업친화적인지 등을 포함하는 '프레임워크 조건(framework condition)'을 들 수 있다. 두 번째로는 시장규모가 큰지, 양질의 노동인력 공급이 충분하고 비용이 상대적으로 저렴한지, 에너지 공급체계가 효율적인지, 사회간접자본 등 인프라가 잘 발달되어 있는지 등을 포함하는 '시장특성적 요소(market characteristics)'들을 들 수 있다. 마지막으로는 해당 지역에 국한되어 있는 수익구조가 어떠하며, 얼마나 지속될 수 있는지에 관한 사항을 들 수 있다.

한편, 주요 정책수단과 대안을 논의하기에 앞서 기업하기 좋은 환경을 만들기 위한 대부분의 정책수단과 정책대안은 지식기반 서비스업을 육성하는 데 필요한 정책수단과 정책대안이 될 수 있다는 점을 미리 강조하고자 한다. 이와 함께 주요 정책수단과 정책대안을 제시하는 데 가급적 두 가지 원칙에 충실하려고 노력하였다. 먼저 세계화가 진전되면 범세계적으로 모든 분야에서 경쟁이 심화될 수밖에 없다는 점을 감안하여, 모든 분야에서 공정한 경쟁을 촉진시킬 수 있는 정책대안이 마련되어야 한다는 원칙이다. 또한 국가들 간에 세금인하 경쟁 등으로 국가재정의 세수를 늘리는 데 제약이 있다는 점과 정부의 재정지원에 의존한 정책대안은 단기적으로는 효과가 있겠지만 장기적으로는 민간경제주체의 자생력을 훼손시키고 경제를 왜곡시킬 수 있다는 점을 감안하여 가급적 재정지출에 대한 의존도를 줄이는 방향으로 정책대안이 제시되어야 한다는 원칙이다.

1. 거시경제정책의 역할은 무엇인가?

기업하기 좋은 환경을 만들고 지식기반 서비스업을 육성하려는 목표를 달성하기 위한 거시경제정책의 역할은 물가가 안정되고 경기변동의 진동폭도 축소되는 등 안정적인 거시경제 환경을 조성하는 데 있다고 생각된다. 물가가 불안정하거나 경기변동의 진폭이 커 향후 경기전망에 대한 불확실성이 크거나 경상수지 적자폭이 지나치게 확대되는 경우, 기업은 투자를 기피하거나 의사결정상의 오류가 발생하여 자원배분을 왜곡시킬 가능성이 커진다는 것은 잘 알려진 사실이다.

이와 함께 세계화 시대에는 자본이동의 증대로 환율의 변동성이 증대될 가능성이 커진다. 환율의 변동성 확대는 무엇보다도 외국인 직접투자를 위축시키는 요인으로 작용할 가능성이 크며, 금리결정시 위험프리미엄을 확대시켜 단기금리를 상승시키는 효과도 있다. 특히, 국제적인 포트폴리오 투자자금은 국가별 경제기초여건(economic fundamentals)의 변화 등에 따라 유출입되는 규모가 크게 변화되면서 해당국들의 환율변동성이 커질 수 있다. 또한 자본시장의 범세계적 통합화는 국가들 간에 경제위기를 전염시킬 가능성이 커지는데, 특히 자본시장의 불완전성으로 인해서 발생되는 군집행태 등을 통해 경제위기가 전염되는 경우 환율의 변동성이 높아질 수 있다. 그러나 금융·자본시장이 범세계적으로 통합되고 있는 세계화 시대에 한 국가의 정책당국이 시장개입 등을 통해서 인위적으로 환율을 안정화시키는 것은 기회비용이 막대하게 소요되는 반면 효과도 매우 제한적이다.

환율의 변동성을 줄이는 최선의 방법은 거시경제를 안정적으로 운영하는 것이라고 생각된다. 국제적인 포트폴리오 투자자본의 이동 원인으로는 여러 가지가 있으나 중요한 요인 중의 하나가 거시경제의 안정성을 포함하는 개별 국가의 경제기초여건이다. 거시경제가 안정되어 경제기초여건이 건실한 국가에서는 외국인 증권투자자금의 유출입이 급격하게 변화하지 않기 때문에 환율변동폭의 확대요인으로 작용하지 않는다. 또한 국제자본시장의 불완전성으로 인해 발생되는 군집행태 등에 의해 경제위기가 전염되어 환율변동성이 크게 확대되는 것을 방지하기 위해서도 경제정책당국이 거시경제를 안정적으로 운용하여 국제금융·자본시장에서 신뢰를 쌓아 나갈 필요가 있다.

한편, 세계화 시대에 개별 국가의 경제정책당국이 재정정책이나 통화정책을 통해 국내 경기를 적극적으로 조절할 수 있는 능력도 상당히 저하되고 기회비용이 크기 때문에 경기조절수단으로 거시경제정책을 이용하는 데 매우 신중하게 접근하는 것이 바람직할 것이다. 통화정책의 경우 하버드대학의 로고프(Kenneth Rogoff) 교수는 세계화가 진전된 이후 미국의 연준, 유럽중앙은행, 일본은행 등 주요 선진국 중앙은행들이 과거에 비해서 국내 장기실질금리에 미치는 영향력이 줄어들었다는 실증분석 결과[1]를 제시하였다. 또한 주요 선진국들의 장기금리 간 상관관계가 높아진 것도 국내금리의 결정에 해외요인의 영향력이 커졌다는 점을 시사해 주고 있다.

따라서 세계화 시대에 거시경제정책의 역할은 물가안정, 경기변동폭의 축소, 경상수지 균형 등 거시경제의 안정성 유지를 통해서 투자 등 기업의 의사결정을 왜곡시키지 않게 함으로써 기업하기 좋은 환경을 조성하는 데 있다고 하겠다. 이를 위해서는 건전한 재정운용과 통화정책의 운용을 통해서 물가와 경기의 안정화를 달성하는 것이

---

[1] K. Rogoff(2006).

가장 필수적인 선결조건이다.

1.1. 건전한 재정운영과 재정정책의 신축성 확보

세계화 시대에 재정정책의 핵심적인 원칙은 절도 있는 재정지출과 재정정책의 신축성 확보이다. 즉, 재정정책은 다음과 같은 두 가지 목표를 가지고 있는데, 첫 번째는 재정수지의 균형이 안정적으로 지속될 수 있도록 재정의 건전성을 확보하는 것이다. 두 번째는 경기상황에 따른 신축적인 재정정책의 운용을 통해서 총수요를 적절하게 관리하는 것이다. 이러한 두 가지 목표는 서로 배타적(mutually exclusive)이라기보다는 서로 보완적이라고 보아야 한다. 즉, 경기하강기에 경기안정을 위해서는 세수가 호조를 보이는 시기에도 과도한 재정지출 팽창을 억제하는 등 재정정책을 절도 있게 운용하는 것이 바람직하다. 경기가 좋아 세수가 호조를 보일 때 재정지출을 절도 있게 운용함으로써 재정수지의 흑자폭을 어느 정도 확보해 놓으면, 경기가 나빠질 때 재정지출을 늘려 경기를 부양할 수 있는 여력을 증대시킬 수 있다. 또한 재정흑자를 이용하여 경기를 부양하면 경기가 하강할 때 재정적자를 크게 늘리지 않고 재정지출을 확대할 수 있기 때문에 민간경제주체들에게 미래에 세금이 증가하지 않을 것이라는 기대를 형성시켜 준다. 이렇게 되면 민간경제주체들이 앞으로 세금부담이 증가될 것을 예상하여 저축을 늘림으로써 총수요를 감소시키는 효과가 재정지출 확대에 따른 총수요 증대효과를 상쇄하는 것을 방지할 수 있어 경기부양효과가 커질 수 있다.

재정의 건전화는 물가안정 등 거시경제의 안정성 확보에 핵심적인 역할을 한다. 재정수지의 악화는 통화당국이 물가안정을 위한 금리인상을 어렵게 하는 등 통화정책의 운용을 제약한다. 물론 현재 선진국들을 중심으로 대부분의 중앙은행들이 법적으로 중립성을 가지고 있어 독자적으로 금리수준을 결정할 수는 있다. 그러나 정부의 재정적자가 급격히 늘어나 국채발행 잔액이 확대되어 있는 상황에서는 중앙은행의 금리인상은 국채의 이자비용을 높여 재정수지를 더욱 악화시키는 요인으로 작용할 수 있다. 이러한 상황에서 중앙은행의 물가안정을 위한 금리인상은 어느 정도 제약을 받을 가능성이 커진다.

한편, 한 국가의 재정사정의 건전성 여부를 나타내 주는 재정수지는 그 국가의 경제사정, 인구구조, 사회보장제도 등 국내적 요인에 영향을 많이 받게 된다. 유럽의 대륙 모델이나 지중해 모델 국가들의 사례에서 보았듯이 과다한 사회보장은 재정사정을 악화시키는 요인이 된다. 동시에 과다한 사회보장은 구조조정정책을 시행하는 과정에서 발생하는 일시적인 고통을 줄이기 위해 경기부양의 필요성이 커질 경우 재정정책의 운신 폭을 크게 제약할 수 있다. 이와 함께 인구고령화가 가속화되면 노동인구의 조세부담을 가중시킴으로써 근로자의 노동의욕을 저하시키는 요인으로 작용할 수도 있다. 특히, 세계화 시대에는 인구고령화와 관련해서 퇴직노년층의 연금부담을 중장년 근로자들이 부담하는 세대 간 소득이전(inter-generational transfer)에 의존하고 있는 사회보장제도가 지속되기 어려워진다. 이는 세계화의 진전으로 국가들 간에 노동력의 이동성이 높아지면서 노년층의 연금부담에 따른 과다한 세금을 기피하기 위해 젊고 유능한 인재들이 외국으로 이주할 가능성이 커지기 때문이다.

경기조절 정책수단으로서의 재정정책

이론적인 측면에서 우리나라와 같은 개방경제에서 거시경제정책의 수단으로서 재정정책의 유효성은 먼델-플레밍(Mundell-Fleming)의 모형으로 설명할 수 있다. 개방거시경제론의 고전적 이론이라고 할 수 있는 이 모형에 의하면 완전한 자본이동이 가능하고 고정환율제도 또는 환율의 자유로운 변동을 억제하는 환율제도를 채택하고 있는 개방경제의 경우 경기조절정책으로서 통화정책보다는 재정정책이 더 유효성이 높다고 한다.

그러나 재정정책의 유효성은 해당 국가의 경제사정에 따라 달라질 수 있다는 것이 현실이다. 키마코바(Alena Kimakova)[2]에 따르면, 다음과 같은 경우에 재정정책의 유효성이 높아질 수 있다. 첫째, 경제 내에 수요가 취약하고 과잉설비가 존재하고 있는 상황이다. 둘째, 폐쇄경제이거나 개방경제의 경우 고정환율제를 채택하고 있는 국가들인 경우이다. 셋째, 정부지출이 민간지출을 대체하지 않고 생산요소의 생산성을 높이는 경우이다. 넷째, 낮은 세율이 노동공급이나 투자를 증가시킬 수 있는 경우이다. 마지막으로, 정부의 부채가 적고 정부가 차입을 하는 데 별다른 제약을 받지 않는 경우를 말한다. 반면에 정부가 제공하는 재화나 서비스가 민간부문의 생산을 직접적으로 구축하거나 재정지출 증가가 금리상승 또는 환율절상을 일으키는 경우 재정지출 확대를 통한 경기부양효과가 축소될 수 있다. 또한 가계 등 민간경제주체들이 현재의 재정지출 확대를 미래의 세금부담 증가로 예상하여 저축을 늘리는 행태, 즉 '리카도의 동등성 정리(Ricardian Equivalence Theorem)'에 따른 현상이 나타나거나, 정부부채 증가의 지속성에 대한 불안을 반영한 위험프리미엄이 금리에 가산되는 경우에는 재정지출의 경기부양효과가 줄어들게 된다. 리카도의 동등성 정리는 19세기 영국의 고전학파를 대표하는 리카도가 제기하여 1970년대에 하버드대학의 배로(Robert Barro) 교수에 의해서 이론적으로 체계화되었다. 이 이론은 정부가 국채를 발행해서 재정지출을 늘리더라도 민간에서는 미래의 세율인상을 통해 늘어날 추가적인 세금부담에 대비하여 저축을 늘리기 때문에 세율인상을 통한 재정지출 확대와 동일한 효과를 갖게 된다는 것이다. 따라서 재정적자의 확대를 통한 경기부

---

[2] Alena Kimakova(2006).

양정책의 유효성이 저하될 수 있다는 점을 시사해 준다.

세계화가 진전되면서 모든 생산요소들이 국가들 간에 이동될 가능성이 커지고, 정보통신기술이 발달된 상황에서는 재정정책을 이용한 경기부양정책의 유효성이 더욱 저하될 수밖에 없다. 이는 정부가 재정적자 확대를 통해 경기부양을 하는 경우 경제주체들이 미래의 세금부담이 커질 것으로 예상하여 저축을 늘림으로써 소비를 위축시키는 결과를 초래할 가능성이 커지기 때문이다. 이른바 '잃어버린 10년(Lost Decade)'을 겪는 동안 일본 정책당국이 재정지출 확대를 통한 내수진작을 시도하였으나, 개인들이 미래에 세금부담이 늘어날 것을 우려하여 저축을 늘림으로써 그 효과를 내지 못하는 현상이 발생한 것이 대표적인 사례이다. 또한 재정지출의 확대를 통한 지나치게 적극적인 경기부양대책은 미래의 조세부담을 우려한 우수인력이나 기업의 해외이전을 촉진시킬 가능성이 커지므로 국가 전체적으로 이득보다는 손실이 커질 수 있다.

그러나 현실적으로 재정정책을 통하여 경기를 부양할 필요가 있을 때에는 적시성(timely), 목표의 적합성(well-targeted), 일시성(temporary) 등 이른바 '3T'의 원칙에 충실해야 한다. 적시성은 재정지출의 효과가 실물경제에 미치는 영향에 대한 시차를 감안하여 적기에 지출될 수 있도록 하는 원칙을 지칭하며, 목표의 적합성 원칙은 총수요를 가장 잘 증대시킬 수 있는 분야에 재정지출을 집중시키는 것을 의미한다. 일시성이란 재정지출의 증가가 영구적으로 재정수지를 악화시키지 않게 한다는 원칙이다. 예를 들면, 세금인하의 경우 영구적으로 재정수지를 악화시킬 수 있는 수단인 반면, 일시적인 소득세 환급은 해당 연도의 세수를 악화시킬 수는 있지만 영구적으로 세수를 감소시키는 수단은 아니다.

세계화의 진전이 세입·세출에 미치는 영향

재정지출 측면에서 세계화가 진전되면서 이로 인해 고용안정성이 저하되는 노동자들을 위한 사회안전망(social safety net) 구축, 국가의 인적자원의 질적 향상을 위한 교육비 지출 확대, 외국기업 유치 촉진을 위한 사회간접자본투자 등 세출을 증가시킬 수 있는 잠재적 요소들이 발생하게 된다. 선진국의 경우 단기적으로 저임금국가들로 이전되는 노동집약적 산업에 종사하는 저숙련 노동자의 어려움을 해소해 주기 위해서 사회안전망을 강화해야 할 뿐만 아니라 장기적으로 고숙련 노동자 양성을 위하여 교육에 대한 지출이 대폭 확대되어야 하므로 재정지출이 늘어나게 된다. 또한 후진국이나 개발도상국의 경우에 외국인 직접투자 등 해외자본을 유치하기 위해서는 사회간접자본을 확충해야 하기 때문에 재정지출이 확대된다.

반면 재정수입 측면에서는 국가들 간의 세금인하 등을 통한 다국적기업 유치경쟁, 세금회피수단의 다양화, 주요한 세원인 인적자원과 자본의 이동성 증대 등으로 세수기반이 축소될 가능성이 커진다. 세계화의 진전에 따라 한 국가의 일방적인 세율인상은 세수를 확대시키는 효과보다는 개인·기업 그리고 금융자본 등 주요 세원이 해외로 이전되면서 오히려 줄어들 수 있다. 이에 따라 세수확대라는 측면에서는 세율인상이 이득보다 손실이 커질 가능성이 높아진다. 따라서 세율을 인상하기는 어려워지는 반면 세율을 인하할 가능성이 커진다. 또한 세계화가 진전되면 다국적기업들을 중심으로 세금회피수단이 다양화되면서 세율이 높은 국가들은 궁극적으로 세원이 축소될 수밖에 없게 된다.

정부역할의 종합적인 재정립

따라서 세계화의 진전은 세수의 축소가능성이 큰 반면 세출을 증가시킬 수 있는 많은 요소들이 잠복되어 있다는 점을 고려할 때, 재정의 건전화를 위해서는 정부지출을 줄여야 한다. 이를 위해서 세계화 시대에 바람직한 정부의 역할이 무엇인지를 보다 냉정히 검토하여 정부의 역할을 가급적 축소할 필요가 있다.

세계화 시대에 정부의 역할은 국가의 전략수립과 민간부문이 자유롭게 성장할 수 있는 환경을 조성하는 데 집중되어야 한다. 반면 재화나 서비스의 생산과 관련된 분야는 가급적 민영화하는 것이 바람직한 것으로 보인다. 보다 구체적으로 정부의 역할은 경제적 동기를 부여하는 가운데 민간부문의 경제발전을 도모할 수 있는 안정적인 정치환경과 사회적 분위기를 조성하는 한편, 인적자본을 개선시키고 빈곤을 줄이기 위한 사회안전망을 구축하는 데 국한되어야 한다. 또한 정부가 재정지원을 통해서 제공하는 서비스의 범위를 선택할 때 민간부문의 서비스가 질적인 면에서 더욱 효율적이라는 점과 소외계층에 대한 정부의 재정지원이 지나칠 경우 민간자선단체의 소외계층에 대한 자발적인 지원활동을 위축시킬 가능성이 크다는 점에 유념할 필요가 있다.

정부가 재정지출을 통해서 수행할 역할을 축소하기 위해서는 다음과 같은 세 가지 원칙에 중점을 두는 것이 필요하다. 첫째, 정부의 규제는 민간부문 시장경제의 작동이 개선될 수 있도록 하는 데에만 국한되어야 한다는 원칙이다. 즉, 정부규제의 가장 중요한 목적은 독과점과 주위 환경에 의존하여 렌트추구(rent seeking)행위를 할 가능성을 제거하여 경쟁원리에 입각한 시장경제가 잘 작동하게 하는 한편 민간기업의 통계와 정보의 제공에 투명성과 정확성을 높일 수 있도록 유도하는 것이다.

둘째, 사회보장제도에서도 보편적으로 적용되는 프로그램을 빈곤층 등 특정 계층만을 지원하는 프로그램(targeted program)으로 점차 대체해 나가야 한다는 원칙이다. 이와 같이 특정 계층만을 대상으로 하는 프로그램으로 전환하는 것은 정부의 지출을 크게 줄일 수 있다는 장점이 있지만, 정치적인 측면에서는 수행하기 어렵다는 단점이 있다.

마지막으로, 국내에서는 공급이 불가능하거나 비용이 과다하게 소요되는 서비스는 세계화의 진전에 따라 가능해진 기회를 활용하여 정부지출을 줄인다는 원칙이다. 정부가 이러한 서비스를 제공해야 하지만, 국내의 민간서비스 제공자가 합리적인 가격으로 제공할 수 없게 되는 경우 정부는 외국의 서비스 제공자로부터 이러한 서비스를 조달할 필요가 있다. 이와 관련하여 가장 대표적인 예가 될 수 있는 것은 교육과 의료 서비스이다.

이와 함께 특정 시점의 재정지출 정도는 그 시점의 정치적 산물이라기보다는 과거의 정치적 성향과 정치적인 약속이 누적되어 온 결과라는 점에 비추어 볼 때, 재정수지는 중장기적인 관점에서 접근하여야 한다. 이를 위해서 단기적인 정치적 요구로부터 재정수지가 악화될 가능성을 차단시킬 수 있는 제도적 장치를 마련하는 것이 긴요하다. 특히, 사회보장과 관련된 기존의 정부지출을 줄이는 것은 이러한 혜택을 받고 있는 기득권의 거센 정치적 반발을 초래할 가능성이 크기 때문에, 제도의 도입에는 중장기적인 재정수지 상황과 연계하여 신중하게 접근할 필요가 있다.

인구고령화에 대응한 재정정책

우리나라의 경우 현재까지는 재정이 주요 선진국에 비해서 상당히 건전한 상황이지만 앞으로 고령화가 빠른 속도로 진행되면서 재정의 건전성을 저해할 가능성이 매우 큰 것으로 보인다. OECD에 따르면 2002~2006년까지 5년간 연평균 국내총생산에 대비한 일반정부 재정수지의 비율은 우리나라가 2.5%의 흑자인 데 반해 OECD 회원국 평균은 3.0% 적자를 보이는 것으로 나타났다. 또한 국내총생산 대비 정부 부채의 비율도 2006년 말 현재 우리나라가 29.2%인 데 비해 OECD 회원국 평균이 76.5%이어서 주요 선진국에 비해 상대적으로 낮은 채무수준을 보이고 있다. 또한 국내총생산에 대한 고령화 관련 재정지출 비율은 우리나라가 10.4%인 데 비해 OECD 회원국의 평균은 24.6%이어서 아직까지는 인구고령화가 직접적으로 정부재정에 부담을 주고 있지는 않다고 볼 수 있다. 그러나 최근 IMF의 분석에 따르면, 앞으로 우리나라도 인구고령화가 빠른 속도로 진행되면서 이와 관련된 정부지출이 급격히 늘어나 재정건전화를 저해할 가능성이 큰 것으로 추정되고 있다.

따라서 앞으로 재정의 건전성 확보를 위해 세수기반을 넓히는 노력을 강화함과 동시에 재정지출면에서 효율성을 높여 나가야 한다. 특히, 인구고령화에 따른 정부재정의 부담을 완화하기 위해 빠른 시일 내에 연금제도를 개선하는 방안을 강구해 나가야 한다.

이와 함께 인구고령화에 따라 급격히 수지가 악화될 수 있는 의료보험제도도 보험료율 책정방식을 전면적으로 검토해 볼 필요가 있다. 이와 함께 보험료 지급에서 낭비적인 요소가 없는지 면밀히 조사하여 의료서비스 공급자인 의료업계와 수요자인 환자의 이해관계가 일치함으로써 발생할 수 있는 팽창적인 지출경향을 억제하는 방안들을 시행해 나가야 한다. 주요 선진국의 사례에서 알 수 있듯이, 의료보험의 경우 의료업계는 높은 가격의 치료로 얻게 되는 이득이 크고 환자의 경우도 높은 가격의 치료를 선호하는 등 양자 간의 이해관계가 일치되기 때문에 필요 이상으로 높은 가격의 치료가 성행하여 의료비 지출이 급격히 늘어날 수밖에 없는 본질적인 문제점을 내포하고 있다. 또한 환자에 대한 값비싼 의료검사가 병원을 옮길 때마다 반복되어 의료보험비 지출이 늘어나는 것 등을 억제하기 위해서 우리나라의 모든 병원들이 검사결과 등 환자의 정보를 공유할 수 있도록 전산망을 개발·확충해 나가는 것도 효과적인 방법이다.

또한 장기적인 재정수지와 관련하여 아직까지 민영화가 안 된 공기업들을 점차적으로 민영화시키는 계획을 수립하고, 이를 통해 조달되는 재원은 통일 등에 대비한 비상용으로 비축하는 것이 바람직하다. 공기업의 민영화는 세계화 시대에 정부의 역할과 직접적으로 연관되어 있는 사항인데, 정부는 상품과 서비스 생산과 관련된 업무를 최소한으로 하고 민간부문에서 이를 담당하게 해야만 경제 전체의 효율성이 높아질 수 있다는 것이 대부분 경제전문가들의 지적이다. 다만 공기업의 민영화에 따라 조달되는 재원은 비상용으로 비축하여 불요불급한 사업에 지출되는 것을 방지할 수 있도록 제도적 장치를 마련하는 것이 선결되어야 한다.

1.2. 안정적인 통화정책의 운용

세계화의 진전에 따라 해외요인의 영향력 증대, 긍정적 공급충격(positive supply shock)을 통한 물가하락효과, 국내의 초과수요 압력에 대한 국내물가의 반응도 둔화를 통해 필립스곡선 기울기의 평탄화(Phillips curve flattening), 자본 유출입의 급격한 변동에 따른 환율변동폭의 확대 등이 초래되는 등 통화정책의 운용여건도 크게 변화하게 된다. 먼저 세계화의 진전에 따라 경제의 모든 분야에서 국가들 간의 연관성이 크게 높아지면서 국내경제여건에 대한 대외적인 영향이 커져 통화정책 운용도 해외요인을 더 많이 고려해야 한다. 특히, 세계화의 진전으로 많은 품목들이 통합된 세계시장에서 가격이 결정됨에 따라 한 국가의 물가상승률이 그 국가 내의 초과수요 압력과 비용조건 등 국내요인에 대한 반응도는 감소되는 반면 해외요인에 대한 반응도는 증가하게 된다.

위대한 평온과 승자의 재앙

두 번째로 주요국 중앙은행의 물가안정에 대한 신뢰성 확보, 중국을 비롯한 후발 개발도상국으로부터 수입증가 등으로 물가상승 압력이 둔화되는 이른바 긍정적인 공급충격 때문에 주요국의 물가상승률이 낮아지고 그 변동성이 낮아지는 '위대한 평온(The Great Moderation)'[3]이 발생하였다고도 지적되고 있다. '위대한 평온'이라는 표현은 버냉키(Ben Bernanke) 현 미국 연준 의장이 이사로 재직하던 시절에 사용하였다.

그러나 이러한 '위대한 평온'은 각국의 중앙은행에 새로운 도전을 제공하고 있다. 즉, 중앙은행이 이러한 저물가현상의 근본원인이 무엇인지 판별하기 어려운 점 때문에 통화당국은 다음과 같은 오류를 범할 가능성이 커진다. 먼저 물가가 실제로는 긍정적인 공급충격 등에 따라 구조적으로 낮아지고 있는 것을 경제 내에 경기불황 등에 따라 발생한 것으로 잘못 판단하여 통화당국이 금리를 인하할 경우 자산가격의 인플레이션 발생을 조장할 위험이 커진다. 반면 물가가 실제로는 국내경기의 불황으로 하락하고 있는데, 세계적인 긍정적 공급충격이나 생산성을 획기적으로 향상시킨 기술혁신의 선순환작용으로 인해 하락하고 있다고 통화당국이 오판하여 금리를 조정하지 않을 경우에는 중앙은행이 통화정책을 너무 긴축적인 기조로 운용하여 경기를 위축시키고 디플레이션까지 발생할 위험이 커진다.

이와 함께 중앙은행들이 물가안정 등 거시경제의 안정성을 확보함으로써 얻게 되는 신뢰성의 확보는 일종의 '승자의 재앙(winner's curse)'을 초래하게 된다. 물가안정이 민간경제주체들의 차입을 늘리는 동기를 유발함으로써 유동성이 과도하게 늘어나게 되며, 이를 통해 자산가격의 거품발생과 붕괴 등을 통해 금융불균형을 초래하는 재앙이 발생할 수 있다. 이러한 모순을 국제결제은행(Bank for International Settlements: BIS)의 보리오(Claudio Borio)와 로우(Philip Lowe)는 '신뢰성의 패러독스(Paradox of Credibility)'라고 지칭하고 있다. 이들에 따르면

[3] 보다 자세한 내용은 Ben Bernanke(2004) 참조.

중앙은행의 물가안정에 대한 신뢰성이 높아지면 경제주체들은 앞으로도 저물가 기조가 지속될 것으로 보고 차입을 늘리게 된다. 경제주체들의 차입증가는 신용팽창을 초래하는 한편, 경제주체들은 차입한 자금을 활용하여 주식·부동산 등 자산에 대한 투자를 늘림으로써 자산가격의 거품현상을 초래하여 궁극적으로 물가가 안정된 상황에서도 금융불안이 초래될 수 있다는 것이다.[4]

특히, '위대한 평온'으로 거시경제의 변동성이 크게 낮아진 상황에서는 금융시장 참가자들의 위험선호성향이 높아져 위험도가 높은 자산을 선호하게 된다. 또한 거시경제의 변동성 하락은 파생금융상품 등을 통해서 가격화(pricing)가 가능한 위험을 가진 성숙된 금융상품의 수익률이 낮아짐으로써 많은 시장참가자들은 수익률이 상대적으로 높지만 가격화가 불가능한 위험을 가진 자산에 대한 선호도가 높아지게 된다. 최근 문제가 되고 있는 서브프라임 모기지를 기초자산(underlying assets)으로 한 부채담보부증권(collateralized debt obligations: CDO)[5] 또는 신흥국의 채권이나 주식 등이 가격화가 불가능한 위험을 가진 금융자산의 대표적인 예라고 볼 수 있다.

필립스곡선의 평탄화

세 번째로 물가안정을 위한 중앙은행들의 통화정책 운용에 대한 신뢰성이 높아지고 있는 가운데 세계화의 진전에 따라 물가의 움직임은 상대적으로 대내적 요인의 영향력은 줄어드는 반면 대외적 요인의 영향력은 커진다. 이에 따라 국내의 초과수요 압력에 대한 국내물가의 반응도를 둔화시키는 한편 필립스곡선의 기울기를 평탄화시키는 결과를 초래하고 있다. 필립스곡선은 뉴질랜드 출신의 영국 경제학자

[4] Claudio E. V. Borio and Philip W. Lowe(2002).

[5] CDO는 기업의 부채, 주택대출 등 다양한 종류의 부채를 한데 묶어 부채를 담보로 새로운 증권을 만들어 투자자들에게 파는 금융상품을 말한다.

필립스(William Phillips)가 영국의 1860년대부터 1950년대까지의 자료를 분석한 결과 발견한 인플레이션, 보다 정확하게는 임금상승률과 실업률 간의 안정적인 상충관계(trade-off relationship)를 지칭한다. 필립스곡선에 따르면 물가상승률과 실업률은 시소에 앉은 두 아이들과 같이 물가상승률과 실업률 중에서 하나가 올라가면 다른 하나는 떨어진다는 것이다. 이러한 필립스곡선은 완전고용을 추구하기 위해서 고심하였던 1960년대의 경제학자들과 경제정책 담당자들에게 매력적인 이론적 근거를 제공하여 완전고용을 달성하기 위해서는 어느 정도의 인플레이션을 용인할 수밖에 없다는 논리가 성행하게 되었다.

그러나 인플레이션과 실업률 간의 상충관계는 1960년대 말 이후 그 타당성에 대해 반대하는 이론들이 제기되면서 그 유용성이 훼손된다. 노벨 경제학상을 수상한 프리드먼(Milton Friedman) 교수와 펠프스(Edmund Phelps) 교수 등은 물가상승률과 실업률 간의 상충관계는 단기적으로만 발생하는 현상이고 장기적으로는 실업률이 '자연실업률(natural rate of unemployment)'에 근접하게 된다는 것이다. 이러한 상황에서 실업률을 더욱 낮추려고 금리인하 등을 통해 경기를 인위적으로 부양하면 실업률은 더 이상 하락하지 않고 인플레이션만 가속화되는 수직적인 관계를 가지게 된다고 주장하였다. 이러한 자연실업률의 개념은 그 후 '물가안정실업률(non-accelerating inflation rate of unemployment: NAIRU)'이라는 개념으로 발전되면서 주요 선진국을 포함한 많은 국가의 중앙은행들이 이를 추정하여 정책결정시 참고지표로 이용하고 있다. 그 후 노벨 경제학상을 수상한 시카고대학의 루커스(Robert Lucas) 교수는 필립스곡선은 노동자와 기업의 행태에 관한 이론에 근거를 두지 않은 통계적 정형성(statistical regularity)에 불과하며, 단기적으로도 실업률과 인플레이션 간의 상충관계는 존재하지 않는다는 새로운 이론을 제시하자 그 유용성에 심각한 도전을 받게 되었다. 루커스 교수는 이른바 합리적 기대가설(rational expectation hypothesis)을 이용하여 노동자들과 기업들이 정책의 변화가 어떤 결과를 초래할지를 정확하게 예상한다면 이러한 예상에 따라 그들의 행태도 변하기 때문에 실업률과 인플레이션 간의 관계는 단기적으로도 수직관계를 보일 수밖에 없다고 주장하였다.

그러나 미국을 중심으로 1990년대 중반부터 2000년대 초까지 실업률이 자연실업률이라고 생각되었던 수준보다도 훨씬 낮은 수준으로 하락하는데도 물가상승률이 높아지지 않는 현상이 지속되자 필립스곡선이 다시 학계와 경제정책당국의 관심을 끌게 되었다. 실제로 미국 등 주요 선진국의 시계열자료를 통해서 분석해 보면 1970년대에 매우 가파른 형태를 보였던 필립스곡선의 기울기는 1990년대 중반부터 2000년대 초까지의 기간 동안에는 매우 완만해진 형태로 바뀌었다. 특히, 실업률이 일정 수준으로 거의 고정되어 있던 1970년대와는 정반대로 1990년대 중반부터 2000년대 초까지의 기간에는 물가상승률이 매우 낮은 수준에 거의 고정되어 있다는 특징을 보이고 있다.

이와 같이 필립스곡선의 기울기가 평탄하게 된 이유로는 중앙은행들의 물가안정에 대한 신뢰도가 높아진 점과 세계화가 진전된 점 등이 지적되고 있다. 먼저 중앙은행들의 물가안정에 대한 일반국민들의 신뢰도가 높아지면 기업과 노동자 등 경제주체들의 예상인플레이션율이 낮아진다. 경제주체들의 예상인플레이션이 낮아지면 총수요가 늘어나더라도 기업이나 노동자들은 앞으로 물가상승률이 낮은 수준에 머물 것이라고 생각하여 제품가격이나 임금의 인상을 억제시켜 총수요 증가분이 물가상승에 반영되는 부분이 작아지는 반면, 총수요 증가분의 대부분이 산출물 증가 내지는 고용증가에 반영됨으로써 필립스곡선의 기울기가 평탄해진다.

한편, 그린스펀 전 미국 연준 의장과 IMF의 경제학자들은 필립스곡선의 기울기가 평탄하게 된 주요인으로 세계화의 진전을 지목하고 있다. 이론적으로 세계화의 진전이 성장과 물가 간의 상충관계에 미치는 영향은 두 가지의 상반된 요인이 동시에 작동하기 때문에 어느 요인이 더 크게 작용하는지는 실증적으로 규명될 수밖에 없는 문제이다. 한편으로는 세계화의 진전은 가격경쟁을 심화시키는데, 이러한 가격경쟁의 심화는 가격이 경제활동의 변화에 보다 민감하게 반응하여 필립스곡선의 기울기를 가파르게 하는 요인으로 작용할 수 있다. 그러나 다른 한편으로 세계화의 진전은 국제적인 분업화가 진전되면서 국내수요 압력의 인플레이션에 대한 영향을 축소시키고 있다는 점, 범세계적인 가격경쟁 심화로 인하여 국내수요가 증가하더라도 생산자들이 가격을 인상시키기 어렵게 되고 있다는 점, 그리고 노동시장이 범세계적으로 통합됨에 따라 임금교섭에서 노동자들의 협상력이 현저히 약화되고 있어 실업률이 낮더라도 임금인상 압력이 크지 않게 된다는 점 등이 필립스곡선의 기울기를 평탄하게 하는 요인으로 작용한다. 현재까지의 주요국 통계를 이용한 실증분석 결과는 인플레이션이 국내수요의 영향을 덜 받게 되어 필립스곡선의 기울기를 평탄하게 하고 있다는 사실을 뒷받침해 주고 있다.

필립스곡선의 기울기가 평탄하면 고용 등 경제 내의 자원가동률이 다소 높아져도 곧바로 물가상승 압력으로 연결되지 않을 수 있다는 장점은 있다. 그러나 현재의 경기가 경제의 잠재력에 비해 어떤 상태에 있는지 판단이 어려워지고 물가가 목표수준에서 이탈하였을 때 다시 목표 내로 복귀시키는 데 필요한 정책조절의 크기가 커지는 등 통화정책 수행시 어려움이 발생한다. 먼저 통화정책 담당자들은 필립스곡선의 기울기가 평탄하게 변화하는 과정에서 기울기가 계속 변하기 때문에 현재의 경제상태가 경제의 잠재성장률과 비교해 볼 때 얼마나 높고 낮은지를 판단하는 것이 복잡해지고 어려워진다. 또한 필립스곡선의 기울기가 평탄할 때 물가상승률이 목표범위에서 이탈하여 지나치게 높아지거나 낮아지면, 이를 다시 목표수준으로 복귀시키기 위해 통화당국이 취해야 되는 금리조절 등 정책조절의 폭이 크게 확대되어 정책목표를 이탈하는 것에 대한 기회비용이 커진다.

어떤 인플레이션 지표가 유용한가?

네 번째로 세계화의 진전으로 제조업 제품과 원자재 간의 상대가격(relative price)이 구조적으로 변화될 가능성이 커지기 때문에 중앙은행의 물가안정 목표로 어떤 물가지수를 사용하는 것이 더 바람직할 것인가라는 물가지수의 선택문제가 발생한다. 한편에서는 근원물가상승률(core inflation)은 에너지와 식료품이 제외되면서 원유 등 원자재와 제조업 제품 간 상대가격의 구조적인 변화가 반영되지 않아 물가상승 기조를 판단하는 데 유용성이 저하되기 때문에 소비자물가상승률과 같은 변동성이 심한 에너지와 식료품까지를 포함하는 총괄적인 물가상승률지표(headline inflation index)를 사용하는 것이 상대적으로 우월하다고 주장하는 견해가 있다. 즉, 세계화의 진전에 따라 공산품 등 제조업 제품의 가격상승률은 국가들 그리고 기업들 간의 경쟁심화 등을 반영하여 하락하는 추세를 보이는 반면 원유 등 원자재가격은 세계 전체적으로 수요가 증가하여 상승하는 추세를 보이고 있다. 또한 최근 들어서는 이른바 '애그플레이션(Agflation)'이라고 하여 중국·인도 등 인구가 많은 신흥국이 경제발전으로 소득이 늘어나면서 육류 등에 대한 수요가 급증하고 원유가 상승으로 인한 에탄올 등 대체에너지를 개발하는 과정에서 곡물수요가 늘어남에 따라 곡물과 육류 등 다른 식품가격이 급상승하는 현상이 발생되고 있다.[6] 따라서 근원물가상승률은 추세적으로 낮아지고 있는 제조업 제품의 가격이 지나치게 많이 반영되는 반면 구조적으로 상승기조를 보이고 있는 원자재와

[6] *The Economist*는 중국의 1인당 소고기소비량이 1985년의 20kg에서 최근에는 50kg으로 늘어났다고 하면서 소고기 1kg을 생산하는 데 곡물이 8kg 소요된다고 주장하였다. 또한 미국의 경우 에탄올을 만드는 데 2000년에는 1억 5,000만 톤의 옥수수가 사용되었으나 2007년에는 8억 5,000만 톤으로 늘어난 것으로 보고 있다. 보다 자세한 내용은 *The Economist*(2007l) 참조.

식품의 가격이 적게 반영됨으로써 물가상승률이 과소평가되고 상대가격의 변화가 적게 반영되는 등 기조적인 물가의 움직임과 괴리된 정보를 제공할 가능성이 커지게 되었다.

반면에 총괄적인 물가상승률의 경우 매우 변동성이 높은 에너지와 식료품의 가격이 포함되었다는 단점이 있기는 하지만 체감물가를 보다 잘 나타내 주고 제조업 제품과 원자재의 상대가격이 변화하고 있는 것을 완벽하게 반영할 수 있다는 장점이 있다. 따라서 제조업 제품과 원자재 및 식료품 간의 상대가격이 변화하고 있는 상황에서는 근원물가상승률보다 기조적인 물가의 움직임을 더 정확하게 파악할 수 있다는 주장이다. 또한 근원물가상승률을 목표로 사용하는 것은 일반국민들이 중앙은행이 달성하려는 목표와 그 성과달성 여부에 대해서 직접 피부에 와 닿지 않아 이해하기가 어렵다는 단점도 있다.

그러나 다른 한편에서는 변동성이 매우 높은 에너지와 식료품의 가격을 포함하는 물가지수를 통제하려고 하면서 발생할 수 있는 경제 왜곡을 축소하기 위해서는 근원물가상승률을 통화정책의 목표로 선택해야 한다고 주장하고 있다. 이는 이론적으로 상대가격의 조정이 필요한 경우 원자재 등과 같이 가격변동이 신축적인 항목의 가격을 조정하는 것이 공산품이나 서비스와 같은 경직적인 가격을 조정하는 것보다 경제를 왜곡시키는 정도를 줄일 수 있기 때문이다. 즉, 중앙은행이 신축성이 높은 원자재 등 1차 상품의 가격이 조정되도록 하고 원유 등 에너지의 가격이나 식품을 제외한 경직성이 높은 근원물가만을 안정시키고자 하는 것이 경제를 왜곡시킬 수 있는 소지를 줄일 수 있기 때문에 중앙은행은 통화정책의 목표로 근원물가를 사용하는 것이 바람직하다는 주장이다. 또한 물가의 움직임을 단기적으로 보는 경우에는 변동성이 높은 식품과 에너지의 가격을 제외한 근원물가지수를 사용하는 것이 우월하다고 평가되고 있다.

따라서 중앙은행이 물가안정의 목표로 사용하여야 할 물가지표의 선택은 이러한 근원물가지수와 같은 포괄범위가 좁은 지수와 소비자 물가지수와 같은 보다 광범위하고 총괄적인 물가지수는 각각의 장점과 단점을 가지고 있기 때문에 이 중에서 어느 것을 중시할 것인가와 물가변동을 단기적으로 보아야 할 것인지 장기적으로 보아야 할 것인지에 따라 달라질 수 있다. 우리나라의 물가지표 선택에서는 물가안정 목표기간이 3년이어서 비교적 장기적이라고 볼 수 있다는 점과 피부물가와 통계물가 간의 괴리가 발생한다는 문제점 등이 고려되어야 한다. 특히, 우리나라의 경우 물가통계에 대한 신뢰도가 낮은 상황에서 체감물가와 괴리되고 상대물가의 구조적 변화까지를 반영하지 못하는 물가지수를 사용하면 물가안정에 대한 국민의 신뢰를 훼손시킬 가능성이 크다. 그러므로 근원물가지수보다는 피부에 와 닿을 수 있는 물가에 보다 가까운 총괄적인 물가지수를 사용하는 것이 바람직하다고 생각된다. 이와 함께 원유 등 에너지가격의 상승은 세금인상의 효과와 마찬가지로 가계의 가처분소득을 줄여 가계지출의 구매력을 낮추는 효과가 있기 때문에, 중앙은행이 물가를 안정시키려는 궁극적인 목적 가운데 하나가 경제주체들의 구매력 훼손 방지라는 점을 감안한다면 에너지까지 포함된 총괄적인 물가를 안정시켜 주는 것이 구매력 훼손을 방지할 수 있다는 장점이 있다.

조화할 수 없는 삼위일체

다섯 번째로 세계화의 진전에 따라 금융·자본시장이 범세계적으로 통합되어 자본이 자유롭게 이동하는 상황에서는 자본의 급격한 유출입에 의해 환율이 급격한 변동을 초래한다. 이에 따라 중앙은행이 통화정책을 수행할 때 환율안정과 물가안정 간의 정책목표를 조화시키는 데 어려움이 발생할 가능성이 커진다. 이론적으로 먼델-플레밍 이론에 따르면 완전히 자유로운 자본이동, 환율의 안정, 통화정책의 독자성이라는 세 가지 조건을 동시에 충족할 수 없다는 것이다. 이른바 '조화할 수 없는 삼위일체(Irreconcilable Trinity)'라고 지칭되는 이 이론은 세 가지 조건 중에서 두 조건은 동시에 달성할 수 있지만 세 조건 모두를 동시에 달성하는 것은 불가능하다는 것이다. 예를 들면, 중국과 같이 환율의 안정과 통화정책의 독자성을 가지기 위해서는 자본이동을 엄격히 통제해야 하고, 영국과 같이 자유로운 자본이동과 통화정책의 독자성을 가지기 위해서는 환율의 변동을 용인해야 한다.

자본이 완전히 자유롭게 이동되는 경우 환율의 변동성이 확대되어 통화정책 운용에 물가안정과 환율안정 간의 상충문제에 봉착할 가능성이 커진다. 예를 들어, 해외자본이 급격히 유입되면 환율의 절상 압력이 커진다. 이 경우 환율절상을 용인하면 통화정책의 독자성은 확보할 수 있지만 수출품들의 가격경쟁력을 약화시킬 가능성이 커지는 반면, 환율절상을 억제하기 위해 중앙은행이 외환시장에 개입할 경우 수출품들의 가격경쟁력은 약화시키지 않을 수 있으나 통화정책의 독자성이 훼손되면서 통화증발을 통해 경기과열과 물가상승을 초래할 우려가 커진다.

따라서 이러한 상충문제에 봉착하게 될 때 통화당국은 금리조절이라는 한 가지 정책수단만을 가지고 두 가지 정책목표를 동시에 달성하는 것은 불가능하다는 점을 깊이 인식하여야 한다. 따라서 정책당국자들은 두 가지 정책목표 중에서 우선순위를 경제상황에 따라 결정해서 이를 달성하기 위한 정책을 집행하는 것이 바람직하다. 특히, 정책당국자들은 세계화의 진전에 따라 범세계적으로 금융·자본시장이 통합화되면서 정책당국이 환율을 인위적으로 특정 수준으로 안정시키는 것이 점점 어려워질 뿐 아니라 그 기회비용이 막대하다는 점을 명확히 인식하고 정책의 우선순위를 결정해야 한다.

경기조절 정책수단으로서의 통화정책

일반적으로 통화정책은 재정정책에 비해서 정책수행의 시차(policy

implementation lags)가 짧다는 장점을 가지고 있다. 즉, 통화정책은 재정정책과 달리 재정지출 변경을 위한 의회의 승인에 필요한 기간 등이 소요되지 않으므로 정책수행의 시차가 짧아 정책기조의 변경이 필요한 경우 즉각적으로 수행할 수 있기 때문에 정책수행이 신속하다.

그러나 통화정책이 실물경제에 미치는 효과는 다양한 통화정책의 파급경로(transmission mechanism of monetary policy)를 통해서 작동하여 상대적으로 시차가 길고 금융시장의 발전 정도와 실물경제 여건에 따라서 그 시차와 효과가 변화하는 등 매우 불확실하기 때문에 경기조절의 정책수단으로 활용하기에는 한계가 있다. 더욱이 세계화의 진전에 따라 금융시장과 실물경제의 환경이 급변하는 가운데 정보통신기술 등 기술발전이 급속히 이루어지는 상황에서는, 기존 통화정책의 파급경로 이외에 새로운 파급경로가 작동할 가능성이 커지고 기존 파급경로가 작동하는 시차와 효과에 대한 불확실성이 더욱 커진다.

이와 함께 중앙은행이 정책기조를 판단할 때 참고하고 있는 계량경제모형의 경우 모형결과 산출에 필요한 산출물 갭(output gap), 설비제약(capacity restraints), 자금흐름(money flow) 등에 대한 가정들이 세계화의 진전으로 달라질 수밖에 없기 때문에 그 유용성이 크게 저하[7]된다. 또한 많은 중앙은행들이 통화정책기조를 판단하는 참고지표로 가장 많이 사용하는 테일러준칙(Taylor's rule)에 의한 금리수준을 추정하는 데 필요한 중립적인 금리(neutral rate)와 산출물 갭을 추정하는 것도 더욱 어려워질 수밖에 없게 된다. 테일러준칙에 따르면 산출물 갭이 존재하지 않고 실제 인플레이션율이 중앙은행의 목표와 일치되고 있는 상황에서의 금리수준은 중립적인 수준이 되어야 한다는 것이다.

[7] Richard W. Fisher(2005) 참조.

파티 훼방과 소 잃고 외양간 고치기

중앙은행은 경기가 한창 활황을 보일 때 금리를 인상하여 경기과열을 막아 물가를 안정시키는 역할을 담당한다. 그린스펀보다 3개월이나 더 긴 18년 9개월을 역임하여 미국 역사상 최장수 연준 의장이었던 마틴(William McChesney Martin, Jr.)의 표현대로 이러한 중앙은행의 역할이 파티가 한창 무르익을 때 술병을 치워버리는 이른바 '파티 훼방꾼(party pooper)'과 같다는 비유는 널리 알려져 있다.

최근 들어 중앙은행의 이러한 역할과 관련되어 논란이 되고 있는 현안 중의 하나는 주식·주택 등 자산가격에 거품이 발생할 가능성이 커질 때 중앙은행이 어떻게 대응하는 것이 바람직한가에 관한 논쟁이다. 일반적으로 자산가격의 거품이 발생할 조짐이 보일 때 중앙은행이 통화정책 측면에서 대응하는 방식으로는 두 가지가 있다. 첫 번째의 방식은 금리인상 등 통화긴축을 통하여 자산가격의 거품이 더 커지는 것을 사전에 예방하는 것이다. 이 방안은 1929년에 미국 연준이, 1989년에 일본은행이 사용하였던 방식이다. 두 번째 방식은 중앙은행이 자산가격의 거품이 스스로 붕괴될 때까지 기다리다가 이러한 거품의 붕괴로 인하여 나타나는 경제적 충격을 금리인하 등 통화정책 기조의 완화를 통해서 최소화시키는 것이다. 이러한 방식은 미국 연준이 2001년 초 기술주를 중심으로 주식가격의 거품이 붕괴되었을 때와 최근에 발생한 서브프라임 모기지의 부실화에 따른 금융불안이 발생하였을 때 사용하였던 방식이다.

자산가격 거품에 대한 중앙은행의 대응방식과 관련하여 그린스펀 전 미국 연준 의장은 2002년 8월 말 캔자스시티(Kansas City) 연방은행이 주관한 잭슨 홀(Jackson Hole) 세미나의 기조연설에서 다음과 같은 점들을 들어 중앙은행이 적기에 긴축적인 통화정책으로 자산가격의 거품현상을 방지하기가 거의 불가능하다고 주장하였다. 첫 번째로 주식·주택 등 자산가치의 거품이 소멸되기 전에는 자산가치가 기초

경제여건과 괴리되어 거품화가 되었는지를 판단하는 것은 거의 불가능하기 때문에 중앙은행이 사전적으로 자산가격에 거품이 형성되는지를 조기에 정확히 판단하는 것은 매우 어렵다는 것이다.

두 번째로는 일반적으로 자산가치가 거품화되는 것은 미래의 경제에 대한 지나친 낙관론 등에 따라 발생하기 때문에 이를 방지하기 위해서는 금리의 미조정 등으로 효과를 거두기 어렵고 금리를 대폭 인상해야 한다. 그러나 그는 이와 같은 대폭적인 금리인상은 경제활동을 급격히 위축시킬 위험이 있다고 주장하였다. 특히, 그린스펀 전 미국 연준 의장은 1990년대 중반 이후 미국의 주식가격에 거품이 발생하였던 시기를 예로 들어 그 자신이 1996년 '비이성적인 풍부(Irrational Exuberance)'라는 표현으로 주식가격의 거품가능성을 경고한 데 이어 미국 연준이 정책금리인 페더럴펀드 금리(Federal Funds Rate)를 1999년 중반부터 2000년 5월까지 1.5% 포인트 인상하였으나 주식가격은 계속 상승하였다는 점을 들었다. 따라서 그는 큰 폭의 금리인상과 이에 따른 경기의 급격한 둔화 등과 같은 막대한 기회비용을 수반하지 않고서는 자산가격의 거품을 제거하거나 거품의 크기를 일정 수준 이내로 억제하는 통화정책 측면에서의 대안은 없다고 주장하였다.

세 번째로 가령 중앙은행이 자산가격의 거품발생을 금리인상을 통해 미연에 방지하였더라도 발생가능성이 있는 문제를 사전에 차단하여 사후적으로는 발생하지 않게 된 문제를 해결하려는 중앙은행의 이러한 조치를 일반국민에게 합리화시키기가 매우 어려운 정치경제(political economy)적 측면이 있다는 점을 강조하였다. 즉, 자산가격의 거품을 시정하기 위해 금리인상 등의 정책수단을 사용하면 경기둔화 등과 같은 기회비용을 수반하게 되는 것이 일반적이다. 이에 따라 사전적으로는 향후 문제가 될 소지가 있었으나 사후적으로 보면 발생하지 않은 상황에 대응한 중앙은행의 정책적 조치의 당위성에 대해 일반국민들을 설득시키는 것은 현실적으로 불가능하다는 주장이다.

이어서 2004년 1월 미국경제학회에서 당시 미국 연준의 부의장과 이사로 각각 재직하던 퍼거슨(Roger Ferguson)과 버냉키(Ben Bernanke)는 자산가치의 거품현상이 물가안정과 지속가능한 성장을 저해할 우려가 큰 경우에만 중앙은행이 통화정책을 통해서 대응하는 것이 바람직하다는 견해를 표명하였다. 그렇지 않는 경우 통화정책은 물가안정과 지속가능한 경제성장을 달성함으로써 간접적으로 경제안정에 기여할 수 있도록 하는 것이 바람직하다고 주장하였다.

이들은 이러한 주장의 근거로서, 첫째 중앙은행이 자산가격의 거품현상에 정책적으로 대응하기 위해서는 기초경제여건을 시장전문가보다 정확히 예측할 수 있어야 하는데, 이는 거의 불가능하다는 점을 들고 있다. 둘째, 중앙은행이 시장전문가보다 자산가치의 적정성에 대한 판단능력이 우월하다고 가정하더라도 중앙은행이 이를 이용하여 공식적으로 대응하면 금융시장에서 자체적으로 각종 정보를 수집·분석하는 노력을 등한시하고 중앙은행 관계자들의 견해를 파악하는 것에만 전념함으로써 금융시장의 정보생산 효율성을 저하시키는 등 부작용이 크다는 점을 들고 있다. 셋째, 자산가격의 거품 조짐이 보일 때 중앙은행의 적극적인 대응은 시장참가자들에게 최악의 경우 중앙은행이 구제해 줄 것이라는 믿음을 갖게 함으로써 투자위험을 과소평가하는 등 도덕적 해이(moral hazard)를 초래하여 자원배분을 왜곡시키고 장기적으로 금융시스템의 안정성을 저해할 수 있다는 점을 들고 있다. 넷째, 자산가치의 거품 조짐을 중앙은행이 정확하게 예측할 수 있더라도, 1929년 미국 대공황이 발생되었던 사례에서 볼 수 있듯이 자산가격의 거품 등을 사전적으로 제거하기 위해서는 실물경제를 급격히 위축시킬 정도로 강도 높은 통화긴축까지 필요한 경우가 자주 발생할 수 있다. 특히, 주식·주택 등 자산시장의 일부가 과열현상을 보이는 경우에까지 경제 전체에 무차별적으로 영향을 미치는 통화정책을 사용한다면 빈대 한 마리를 잡기 위해서 초가집 한 채를 태우게 되는 것과 같은 어리석음을 범할 수 있다는 것이다.

실제로 1920년대 중반 이후 미국 연준은 주식가격의 거품현상을 제거하기 위해 통화긴축 압력을 지속적으로 받아 왔으나, 뉴욕연방은행의 스트롱(Benjamin Strong) 총재는 이러한 긴축정책이 어떤 결과를 초래할지 알 수 없고 그 결과에 대해 미국 연준이 책임을 질 수 없다고 통화긴축을 강력히 반대하였다. 그러나 그가 별세하자 미국 연준은 이미 물가가 하락하고 경기하강이 본격적으로 시작되었던 1928년부터 금융긴축을 실시하였다. 이에 따라 경기하강의 가속화로 주식가격의 급등현상은 저지되었으나 그 후 1929년 10월부터 주가가 대폭락하고 대공황과 디플레이션이 초래되는 일련의 과정이 발생되었다.

현실적으로 자산가격에 거품이 있는지 사전적으로 판단하는 것은 매우 어려운 과제이다. 물론 케네디(John F. Kennedy) 전 미국 대통령의 아버지인 조셉 케네디(Joseph Kennedy)는 구두닦기 소년이 주식시장에 관심을 가지는 것을 보고 주식시장에 거품이 있다고 판단하여 보유하고 있던 주식들을 즉시 매각하여 수백만 달러의 이득을 취하였다는 일화도 있다. 이와 같이 구두닦기 소년의 행태를 통해 자산가격에 거품이 있는지를 미리 파악할 수 있을지도 모른다. 또한 이론적으로도 자산가격이 그 내재가치를 초과하는 수준에서 결정될 때 자산가격에 거품이 있다고 명쾌하게 정의할 수는 있다.

그러나 현실적으로 사전적으로 자산가격에 거품이 있는지를 알기는 매우 어렵다. 일부에서는 해당 자산가격이 급등하는 형태를 보이면 거품이 발생할 가능성이 크다고 주장하지만 단순히 가격의 변화만을 토대로 자산가격에 거품이 있는지를 판단하기는 매우 어렵다. 예를 들어, 최근 미국 주택가격의 거품붕괴는 주택가격의 상승률 통계만을 토대로 거품이 있는지 사전적으로 판단하기는 어렵다는 것을 보여 주는 좋은 사례가 된다. 1997년부터 2006년까지 주택가격의 상승률을 비교해 볼 때 미국의 주택가격은 124% 상승한 데 비해서 같은 기간중 영국은 194%, 스페인은 180%, 아일랜드는 253% 상승하였다. 주택가격의 상승률만을 고려하였을 때 미국 주택가격의 거품이 가장 먼저 붕괴될 것이라고 사전적으로 예측하기는 불가능하다.

또한 역사적으로 볼 때도 자본주의 경제가 시작된 이래 자산가격의 거품화 현상은 기억이 사라질 만하면 다시 발생되어 왔다. 17세기 네덜란드의 튤립열풍에서 시작해 18세기 프랑스의 미시시피 버블, 영국의 남해 버블, 1920년대 플로리다 토지가격의 투기와 거품, 대공황 직전의 주식에 대한 열기와 폭락, 1980년대 후반의 일본의 부동산 거품, 1994년 멕시코의 거품경제, 1990년대 중반 이후의 미국의 기술주 거품, 최근 미국 주택가격의 거품화 현상에 이르기까지 수많은 거품들이 놀랄 만큼 비슷한 모습으로 자본주의의 역사를 장식해 왔다.

여기서 생기는 한 가지 의문은 왜 자산가격의 거품화 현상이 계속 반복되는가 하는 것이다. 이에 대해서 많은 학문적인 연구가 있지만 실제로 자산가격의 거품이 형성되는 과정에서 많은 사람들이 "이번만큼은 다르다(This time it's different)"고 생각하는 경향이 심해진다는 사실이다. 자산가격이 급상승한 후 어느 시점에서 우연한 사건을 계기로 자산가격이 급락하여 거품이 붕괴한 후에 이들은 "이번에도 역시 그랬었구나!"라고 후회하게 되는 과정이 반복되어 왔다. 'E'자로 시작하는 단어를 좋아하는 것으로 알려진 그린스펀 전 미국 연준 의장이 자산가격에 거품이 발생하는 과정을 경제주체들의 '지나친 도취감(euphoria)'에 근거한 '비이성적 풍부'에 의한 것이라고 보고 있는 것도 맥락을 같이한다고 볼 수 있다. 그린스펀 전 의장은 1996년 12월 AEI(American Enterprise Institute)에서 행한 강연과 1997년 2월 의회 증언에서 "비이성적 풍부로 인해서 자산가치가 지나치게 상승하여 일본이 지난 10년 동안 경험한 것처럼 자산가치의 급락으로 예상치 못한 장기불황에 빠지게 될지 어떻게 우리가 알 수 있겠느냐?"는 의문을 제기하였다. 이어서 그는 이러한 자산가치의 급등현상은 시장의 효율성 제고, 세계화의 진전, 정보기술의 발달 등에 따른 신경제를 반영하였다고 볼 수도 있으나 역사적으로 신경제는 신기루가 되는 경우가 많았다고 주장하면서 주식가격의 거품가능성을 매우 완곡하게 표현하기도 하였다.

이러한 점들을 고려하여 미국 연준은 자산가격의 과열현상에 대해서 선제적으로 거품 자체를 치유하기보다는 사후적으로 거품붕괴에 따라 발생할 수 있는 경제적인 부작용을 치유하는 것이 바람직하다는 입장을 가지고 있는 것으로 보인다. 실제로 그린스펀 의장 시절 미국 연준은 1990년대 중반 이후에 주식가격에 거품이 발생하였을 때 긴축적인 통화정책을 통해서 주가의 거품을 인위적으로 제거하기보다는 2001년 초 주식가격에 거품이 붕괴된 후 이로 인해서 발생할 수 있는 경제적 충격을 완화하기 위해 금리를 대폭 인하한 바 있었다. 버냉키 미국 연준 의장은 학계에 있을 때도 미국 연준이 자산가격을 안정시키려고 하는 것은 바람직하지 않고 소비자물가를 안정시켜야 한다고 주장하였다. 그는 의장으로 취임한 후 2007년의 서브프라임 모기지 부실화에 따라 발생된 금융불안에 대해 금리인하와 유동성 공급으로 대응하고 있다는 점에 비추어 볼 때, 미국 연준의 자산가격에 직접 개입하지 않고 거품이 붕괴된 후에 발생되는 경제적 부작용을 치유한다는 기본적인 입장에는 아무런 변화가 없는 것으로 보인다.

이와 같은 미국 연준의 입장에 대해서 일부 전문가들은 미국 연준의 대응방식은 마치 소를 잃고 외양간 고치는 것처럼 중요한 것을 잃어버린 다음에 뒷수습을 하는 것과 같다고 비난하고 있다. 국제결제은행의 보리오와 로우[8]는 이러한 논쟁의 초점을 자산가격의 거품 여부를 판단할 수 있는 능력보다는 금융불균형(financial imbalance)을 판단할 수 있는 능력에 맞추어야 한다는 점을 강조하였다. 이들은 다

[8] Claudio Borio and Philip Lowe(2002).

음과 같은 점들을 들어 중앙은행이 자산가격에 거품이 있는지 사전에 판단하기가 불가능하므로 통화당국이 금융불균형에 대응하는 것은 바람직하지 않다는 견해는 타당하지 않다고 주장하고 있다. 먼저 이들은 1970년대 이후 주요 선진국들에서 발생한 금융불균형에 대한 실증분석 결과 주식과 부동산 등 자산가격의 급등이 과도한 신용증가를 수반하지 않고 발생한 경우는 거의 없었다는 점을 들고 있다. 또한 이들은 대부분의 금융불균형은 수년 동안 지속된 과도한 신용증가, 자산가격의 급등 그리고 과잉설비투자가 누적된 결과로 발생하는 등 일정한 패턴이 있기 때문에 어느 정도 예측이 가능하다는 점을 들고 있다. 이 밖에 중앙은행이 금융불균형의 존재 여부를 판단할 때 어느 정도의 불확실성은 있지만 이것이 중앙은행의 불확실한 경제전망을 바탕으로 통화정책을 수행하는 데 수반하는 불확실성에 비해 그다지 크지 않다는 점을 강조하고 있다.

또한 이들은 금융불균형을 시정하기 위해서는 대폭적인 금리조절이 불가피하여 경기를 급격히 냉각시킬 가능성이 크다는 주장과 중앙은행이 자산가격의 거품에 적극적으로 대응함에 따라 도덕적 해이가 발생할 수 있다는 주장에 대해서 다음과 같이 비판하고 있다. 먼저 이들은 실제로 현재의 상태가 금융불균형이 아닌데 잘못 판단하여 금리를 대폭 인상하였더라도 금융불균형이 아닌 상황에서의 금리인상은 경기를 급속하게 위축시키지 않는다는 점을 강조하였다. 따라서 이들은 이러한 경우 정책판단상의 오류에 따라 발생되는 기회비용은 일반적으로 생각하는 것보다 크지 않다고 주장하고 있다.

또한 보리오와 로우는 중앙은행이 금융불균형을 시정하는 과정에서 경기하강이 초래되더라도 일본의 경우처럼 이를 장기간 방치하여 금융불균형이 커진 후에 수습하기보다는 기회비용이 작을 것이라고 주장하고 있다. 이들은 통계학의 제1종 오류(type I error)와 제2종 오류(type II error)를 이용하여 중앙은행이 물가안정을 추구하는 경우 사후적으로 발생하지 않는 상황을 발생할 것으로 예상하여 조치를 하는 제2종 오류의 기회비용이 상대적으로 크다는 의견을 표명하였다. 그러나 이들은 중앙은행이 금융안정을 추구하는 경우 사후적으로 발생하게 될 상황을 발생하지 않을 것으로 보고 아무런 조치를 하지 않는 제1종 오류의 기회비용이 상대적으로 크다는 점을 강조하였다. 이밖에 이들은 중앙은행이 주식가격 대폭락 등과 같이 금융위기가 발생할 때에는 금리를 낮추고 유동성을 공급하는 등 사후적으로 적극적으로 대처하고 있는 반면 금융불균형의 요인들이 누적되는 상황에서는 아무런 조치를 하지 않는 것이 오히려 도덕적 해이를 조장하여 경제 전반에 투기적 행위를 만연시킬 가능성이 크다고 주장하고 있다.

실제로 이러한 점들을 감안하여 영란은행(Bank of England)과 유럽중앙은행(European Central Bank: ECB) 등은 비록 명시적이지는 않지만 중장기적인 관점에서 물가안정을 추구하여 자산가격의 과열을 억제하는 등 파티 훼방꾼의 역할을 수행하고 있다. 이들 중앙은행도 미국 연준과 마찬가지로 자산가격의 거품존재 여부를 사전적으로 판단하기 불가능한 점과 통화정책으로 거품을 치유하기 어렵다는 점 등에 대해서는 인식을 같이하고 있다. 그러나 이들이 자산가격의 과열을 억제하기 위해서 노력하는 것은 거품의 형성과 붕괴에 따라 발생되는 경기의 과열과 침체의 부작용이 너무나 크기 때문에 어떠한 형태로든지 자산가격의 급등을 사전에 억제하는 것이 바람직하다는 생각을 반영한다고 볼 수 있다. 또한 역사적으로 볼 때 대부분 자산가격에 거품이 형성되는 배경에는 유동성이 지나치게 많이 공급되었기 때문에 거품형성에 중앙은행이 어느 정도 책임이 있다고 보는 견해도 반영하고 있다고 생각된다. 이와 함께 이론적인 측면에서 볼 때도 저축은 미래의 소비로 연결된다는 점을 고려할 때 경제주체들의 저축수단인 자산가치의 상승은 경제주체들이 미래에 소비할 수 있는 구매여력이 증가된 것을 의미하기 때문에 다른 조건이 일정하다면 미래의 물가상승률이 높아진다는 점을 의미한다. 따라서 물가안정의 책무를 담당하는 중앙은행 입장에서 자산가격의 과열을 방치하기는 어려울 것이다.

더욱이 세계화의 진전으로 새로운 노동력이 생산에 참여함에 따라 범세계적인 물가하락 압력이 지속되면서 통화정책기조가 느슨하게 되어 자산가격의 급등락현상 등과 같은 금융불균형을 초래할 가능성이 증대되고 있다. 자산가격의 거품화 등 금융불균형은 단기적으로는 플러스의 자산효과(positive wealth effects)를 통해서 경기상승을 부추기지만, 이러한 거품이 붕괴되면 마이너스의 자산효과(negative wealth effects)를 통해서 경기하강폭을 확대시키고 금융위기를 초래할 수도 있다. 이러한 가능성은 우리나라와 같이 물가안정목표제(inflation targeting)를 채택하고 있는 국가들의 경우에 더욱 클 수 있다고 생각된다.

자산가격의 급등락현상을 사전에 방지하고자 노력하는 중앙은행들이 통화정책 운용에 있어서 자산가격의 과열화를 억제시키는 방식은 두 가지가 있다. 첫 번째로는 중앙은행이 물가안정 목표기간을 보다 긴 기간으로 설정하고 중장기적인 관점을 고려하여 통화정책을 운용하는 방식을 들 수 있다. 자산가격의 급등락(boom and bust)으로 인하여 금융불안이 발생하고 이에 따라 경기변동폭이 확대되는 악순환 과정이 되풀이되는 것을 방지하기 위해서는, 중앙은행이 통화정책의 목표기간을 점진적으로 보다 장기화하고 경기하강기 못지않게 경기상승기에도 거시경제의 건전성에 대해 세심한 주의를 기울임으로써 과도한 신용팽창 등으로 발생될 수 있는 금융불균형을 사전에 방지할 수 있다는 것이다. 실제로 유럽중앙은행의 경우 중기적인 물가에 관한 경제분석(Economic Analysis)과 물가안정 목표를 달성할 수 있는 장기적인 광의의 통화목표 범위를 설정하는 등 통화분석(Monetary Analysis)을 통해서 통화정책기조를 결정하는 '두 기둥 시스템(Two Pillar System)'을 채택하고 있다. 앞서 지적한 것처럼 자산가격의 거품형성 이면에는 과잉유동성 공급이 있었다는 점에 비추어 유럽중앙은행의 방식은 자산가격의 과열화를 억제하는 데 효과적인 방식이라고 생각된다. 두 번째 방식은 일본은행(Bank of Japan)이 2006년에 채택한 방식인데, 향후 2년 정도의 경제활동과 물가전망뿐만 아니라 발생될 확률은 크지 않더라도 장기적으로 통화정책을 수행하는 데 가장 중요한 위험요소가 될 수 있는 고려사항을 감안하여 정책기조를 결정하는 방식이다. 이 방식 역시 장기적으로 통화정책을 수행하는 데 가장 중요한 위험요소를 고려하는 것을 통해서 자산가격의 과열을 억제시킬 수 있는 방식이라고 할 수 있으나, 이러한 위험요소를 어느 정도까지 객관화하여 투명하게 금융시장에 전달함으로써 중앙은행의 의도대로 금융시장을 이끌어 가야 하는지에 대해서는 논란의 여지가 있다.

통화정책은 어느 정도 투명해야 하나?

이와 함께 통화정책의 운용과 관련하여 항상 논란이 되는 주제 중에 하나는 중앙은행의 통화정책이 어느 정도까지 투명해야 할 것인가에 관한 사항이다. 이와 관련하여 미국 연준에서는 2003년 5월 금리결정 최고의사결정기구인 연방공개시장위원회(Federal Open Market Committee: FOMC)가 정책금리 목표를 변경하지 않았음에도 장기금리가 급락한 데 이어, 6월 회의에서는 연방공개시장위원회가 금리목표를 0.25% 포인트 인하하기로 결정하였음에도 장기금리가 오히려 급등한 현상에 대해서 토론이 있었다. 즉, 미국 연준의 고위 관계자들 간에 내부적으로 이러한 현상을 초래한 배경으로 연방공개시장위원회의 의사전달방법이 적절하였는지 격렬한 논의가 이루어졌는데, 토론의 핵심은 앞으로의 통화정책 방향 등에 대한 정보를 연방공개시장위원회가 어느 정도까지 시장참가자들에게 제공해 주는 것이 바람직한가에 관한 것이었다. 연방공개시장위원회가 가급적 시장에 미국 연준의 견해를 충분히 설명해 주는 것이 바람직하다는 버냉키 당시 이사 등이 주도하는 견해와, 경제전망 등에 대해 불확실성이 큰 여건하에서 지나치게 많은 정보를 제공하면 제공한 정보가 사후적으로 부정확하게 될 가능성이 커져 중앙은행의 신뢰도가 훼손될 수 있기 때문에 가급적 선별적이고 신중한 정보제공이 바람직하다는 세인트루이스 연방은행의 풀(William Poole) 총재 등이 주도하는 견해가 팽팽히 대립하였다.

버냉키 당시 이사는 어떤 요인들에 의해서 정책금리를 변경하는 결정이 내려지는지에 대한 세부적인 사항들을 시장참가자들에게 충분히 설명하는 것이 장기시장금리와 경제를 중앙은행이 의도하는 방향으로 이끌 수 있는 최선의 방법이라고 주장하였다. 그는 중앙은행이 이에 대한 설명을 불충분하게 하는 경우에는 그 공백을 시장의 애널리스트들이 차지하면서 여러 가지 억측들이 전파되어 채권시장을 혼란시키는 등 경제에 악영향을 미칠 수 있다는 점을 강조하고 있다. 반면 풀 총재는 중앙은행이 민간연구소보다 경제예측이 우월하다고 보기는 어려우므로 불확실성이 큰 경제예측에 기초하여 통화정책의 방향을 시장에 밝히는 것은 잘못될 경우 경제주체들의 의사결정을 오도하거나 장기적으로 중앙은행의 신뢰를 훼손할 가능성이 크다는 점을 들어 정보제공에 신중한 자세가 바람직하다는 견해를 피력하였다.

이렇게 내부적으로 팽팽하게 의견이 대립되고 있음에도 버냉키가 미국 연준 의장에 취임한 이후 미국 연준은 금융시장에 대해 보다 많은 정보를 제공하는 등 통화정책의 투명성을 높이는 방향으로 변화하고 있다. 버냉키 의장은 2007년 11월 14일 카토연구소(Cato Institute)에서 행한 강연을 시장과의 의사소통에 관한 새로운 전략을 소개하는 기회로 활용하였다. 미국 연준의 의사소통에 관한 새로운 전략의 주요 내용은 다음과 같다. 먼저 11월 20일부터 지금까지 1년에 상반기와 하반기 초반에 두 번씩 발표하던 미국 연준의 경제전망[9]을 매 분

[9] 미국 연준의 경제전망은 엄밀한 의미에서 FOMC 위원들의 경제전망이라고 보아야 할 것이다. 이러한 전망은 투표권을 가지지 않은 위원들을 포함한 모든 FOMC 위원들의 경제전망을 토대로 FOMC 전체의 전망을 확정하여 통상 2월과 7월에 의회

기마다 발표하기로 결정하였다. 또한 지금까지 향후 2년까지의 전망만 발표하던 것을 향후 3년까지의 전망을 발표할 계획이다. 이 밖에 전망수치와 함께 연방공개시장위원회 내의 전망에 대한 의견차이를 알 수 있는 서술부분도 발표하기로 결정하였다.

우리나라 통화정책은 어떻게 운용되어야 하나?

세계화의 진전 등에 따라 통화정책 운용여건이 변화하면 통화당국이 과잉유동성 공급을 통한 자산가격의 급등락 가능성 증대, 경제안정 회복을 위한 정책조절폭 확대, 환율 급등락으로 인한 통화정책 운용상의 제약 등이 발생할 가능성이 커진다. 또한 세계화에 따른 긍정적 공급충격을 통한 전 세계적인 저물가현상이 발생하면 중앙은행이 과잉유동성 공급을 방치하거나 뒤늦게 대응하도록 함으로써 자산가격의 급등락을 조장하게 되는 등 정책오류를 범할 가능성도 커진다. 특히, 이러한 가능성은 우리나라와 같이 물가안정목표제를 채택하는 국가들에서 커질 수 있다.

실제로 최근 미국에서 발생한 주택가격의 거품붕괴와 서브프라임 모기지의 부실화에 따른 금융불안의 근본적인 요인 가운데 하나로 미국 연준이 통화정책기조를 너무 오랜 기간 동안 지나치게 완화하였다는 점이 지적되고 있다. 2007년 와이오밍(Wyoming)주 잭슨 홀(Jackson Hole)에서 개최된 캔자스시티 연방은행 주최의 연례세미나에서 테일러준칙을 창시한 스탠퍼드대학의 테일러(John Taylor) 교수는 “주택과 통화정책(Housing and Monetary Policy)”이라는 주제의 토론[10]에서 테일러준칙에 의해 추정된 금리수준과 실제 페더럴펀드 금리를 비교하여

청문에서 발표해 왔다. 미국 연준 스태프들의 경제전망은 Green Book에 수록되어 있으며 Green Book에 수록된 전망은 스태프들의 경제전망에 대해서 정치적인 영향 등으로부터 보호하기 위하여 만 5년이 경과 한 후에 공개하고 있다.

[10] John B. Taylor(2007).

미국의 통화정책 기조를 분석할 때 2002년에서 2006년까지 미국 연준의 통화정책이 지나치게 완화된 기조를 유지하였다고 주장하였다.[11] 특히, 그는 테일러준칙에 의하면 미국 연준이 2002년 초에는 페더럴 펀드 금리를 인상하기 시작하였어야 되지만 실제로는 미국 연준은 2003년 6월까지 금리를 1.0%까지 인하하고 2004년 중반부터 뒤늦게 금리를 점진적으로 인상하였다는 문제점을 지적하였다.

따라서 세계화 시대에서의 우리나라 통화정책은 특정 환율수준 유지 등을 위한 외환시장 개입을 최대한 억제하는 방향에서 국내외 물가변동요인과 과잉유동성 공급 여부에 대한 보다 면밀한 분석을 토대로 보다 장기적인 관점에서 물가안정목표에서의 이탈되는 것을 방지할 수 있도록 운용되어야 한다. 먼저 통화당국이 정책오류의 발생 가능성을 줄이기 위해서는 물가상승 압력을 평가하는 데 국내산출물 갭(domestic output gap)뿐만 아니라 세계산출물 갭(global output gap)을 동시에 감안하는 한편, 과잉유동성 공급가능성을 판단하기 위해서 통화지표 등 양적 지표를 보다 면밀히 관찰할 필요가 있다. 1990년대 이후 미국을 중심으로 주요 선진국의 통화정책 운용에서 통화지표의 중요성이 미미한 정도로 낮아졌으나 최근 유럽 국가들을 중심으로 통화·신용 등 양적 지표의 중요도가 높아지고 있는 상황이다. 실제로 유럽중앙은행의 경우에는 통화정책의 운용 일부분을 광의의 통화증가율과 인플레이션의 상관관계에 의존하고 있다. 또한 영란은행의 킹(Mervyn King) 총재는 대부분의 경우 통화와 신용의 증가율이 인플레이션 징후를 미리 파악할 때 다른 지표들에 비해서 우월하다고 주장하고 있다. 영란은행 이사를 역임한 영국 런던경제대학(London School of Economics)의 굿하트(Charles Goodhart) 교수는 통화증가율은 상품과 서비스의 인플레이션보다는 자산가격의 상승과 상관관계가 높다는 점

[11] John B. Taylor(2007).

을 지적하고 있다.[12]

이와 관련하여 물가안정목표제를 채택하고 있는 우리나라의 경우 중기적인 물가에 관한 경제분석(Economic Analysis)과 물가안정 목표를 달성할 수 있는 장기적인 광의의 통화목표 범위를 설정하는 등 통화분석(Monetary Analysis)을 통해서 통화정책기조를 결정하는 '두 기둥 시스템'을 도입하는 방안도 고려해 볼 필요가 있다. 이와 함께 필립스곡선이 평탄하게 되어 물가가 물가안정 목표에서 이탈할 경우 큰 폭의 정책조정이 불가피하다는 점을 깊이 인식하여 통화당국은 가급적 물가가 목표에서 이탈하지 않도록 세심한 주의를 기울이는 것이 필요하다.

한편, 통화당국은 물가가 안정된 상황에서는 유동성이 지나치게 팽창되어 자산가격의 급등락에 따른 경기변동폭 확대와 금융불안을 초래할 가능성이 크다는 점을 감안하여 통화정책의 운용대상기간을 보다 장기화해야 한다. 또한 통화당국은 경기하강기 못지않게 경기상승기에도 물가가 안정되더라도 유동성이 과다하게 공급되지 않도록 유념해야 한다. 이와 같이 중앙은행이 통화정책의 운용대상기간을 장기화하기 위해서는 경제전망기간도 장기화하는 것이 불가피하다. 통화당국은 전망기간이 장기화될수록 전망의 정확도도 저하될 수밖에 없다는 점에 유념하여 전망의 정확도를 높이는 노력을 강화해야 할 것이다. 이와 함께 경제전망에는 항상 오류가 발생될 수 있다는 한계를 인식하는 한편, 이러한 전망의 정확도에 대해서 사후평가를 통해 전망담당자들에게 책임을 지나치게 부과할 경우 이들이 독자적인 판단보다는 책임을 회피할 수 있는 무난한 전망을 제시하려는 동기를 유발시키는 등 부작용의 발생가능성 방지장치가 제도적으로 마련되어야 한다. 이를 위해서 미국 연준과 같이 실무진의 전망보다는 금융통

[12] *The Economist*(2007g).

화위원회의 전망형태로 발표하는 등 전망을 담당하는 직원을 보호하는 제도적 장치를 도입하는 것도 검토해 볼 필요가 있다.

이와 함께 세계화가 진전되면 국내금리뿐만 아니라 환율에 의해서도 통화정책의 기조가 결정된다는 점에 유념하여, 통화정책기조를 판단하는 데 테일러준칙 등을 이용하여 국내금리수준의 적정성을 검토하는 방식뿐만 아니라 국내실질금리와 국내실질환율의 가중평균인 통화상황지수(Monetary Condition Index)[13]를 참고할 필요가 있다. 또한 자본이 완전히 자유화된 상황에서 국내정책목표를 달성하기 위한 통화정책의 독자성을 확보하기 위해서는 환율의 변화를 시장에 맡겨야 한다는 점에 유의하여 외환시장에 대한 개입은 특정 수준을 목표로 하기보다는 환율의 과다한 변동폭을 미조정(fine tuning)해 주는 정도에만 국한되어야 할 것이다.

이 밖에 물가안정목표제를 채택하고 있는 우리나라의 경우 중앙은행의 통화정책 운용은 투명성이 높고 시장친화적인 것이 바람직할 것이다. 앞서 언급한 미국 연준의 내부 토론에서 알 수 있듯이, 통화정책 수행의 투명성을 높이는 것은 장단점이 있지만 우리나라와 같이 물가안정목표제를 채택하고 있는 국가들의 경우 통화정책의 투명성이 높을수록 금융시장과 경제주체들에게 중앙은행의 의도를 명확히 알려 줌으로써 통화정책의 유효성이 높아질 수 있다는 것이 지배적인 견해라고 볼 수 있다.

13 통화상황지수는 개방경제의 총수요는 실질금리와 실질환율에 의해서 결정된다는 단순한 모형으로, 중앙은행이 단기적으로는 실질금리와 실질환율을 통제할 수 있다는 가정을 토대로 하고 있다. MCI는 개방도가 높은 캐나다의 중앙은행이 1990년대 초부터 활용하기 시작한 이후 각국의 중앙은행들이 사용하고 있다.

2. 조세정책은 어떻게 운용되어야 하나?

조세정책은 기업환경과 전반적인 경제성장에 영향을 미치는 중요한 경제정책수단 중의 하나이다. 조세는 경제성장과 경제적 기회제공에 필요한 각종 공공재(public goods)와 공공서비스(public services)를 제공해 주기 위해 소요되는 자금을 조달하는 주요 수단이다. 그러나 이러한 조세부담은 투자 및 근로의욕, 기술개발, 기업활동 등을 저해하여 경제성장에 부정적인 영향을 주기도 한다. 더욱이 조세부담이 지나치게 높거나 조세제도가 비합리적이면 개인이나 기업의 창의적 경제활동을 저해하여 자원배분을 왜곡시키면서 궁극적으로는 세원 그 자체를 고갈시킬 수도 있다.

조세정책은 재정수입 확보, 소득재분배, 자원배분에 영향을 주기 때문에 조세제도는 효율성(efficiency), 형평성(fairness), 단순화(simplification) 등 세 가지 사항을 고려하여야 한다. 이러한 세 가지 고려사항의 상대적 중요성은 시대에 따라 변화해 왔는데, 최근에는 자원배분에 미치는 영향, 즉 효율성의 중요도가 높아지고 있다고 볼 수 있다. 다시 말해, 세계화의 진전이 가속화되면서 선진국들은 물론 일부 개발도상국들까지도 국내투자를 촉진하고 고용환경을 개선하여 장기적인 경제성장 기반을 마련하는 것이 조세정책의 중요한 정책목표가 되고 있다.

주요국 조세제도의 변천과정과 최근의 특징

역사적으로 보면 1980년대에 미국과 영국의 소득세 최고세율과 법인세율 인하를 계기로 조세정책 방향에 일대 전환이 일어났다. 영국이 1982년부터 1985년까지 법인세율을 52%에서 35%로, 소득세 최고세율을 70%에서 50%로 인하하였으며, 미국은 1986년 법인세율을

46%에서 34%로, 소득세 최고세율을 60%에서 40%로 인하하였다. 다른 선진국들도 이러한 미국과 영국의 조세정책의 변화를 따라가게 되었다.

이와 같이 조세정책이 1980년대에 급격히 변화하게 된 원인은 여러 가지가 있지만 대체로 기업활동을 촉진하기 위한 세제개편의 필요성이 부각된 점이 중요하다고 볼 수 있다. 먼저 대내적인 요인으로 지나치게 높은 세율로 고소득층의 근로 및 저축의욕 감퇴와 투자부진 등 경제의 비효율성이 커졌다는 점과 복잡한 조세제도와 여러 가지 제도상의 허점(loophole)들이 동시에 존재함에 따라 조세의 소득재분배 기능이 약화되었다는 점을 들 수 있다. 또한 대외적인 요인으로 세계화의 진전이 가속화됨에 따라 국가들 사이에서 자본유치경쟁이 심화되었다는 점과 고급전문인력의 해외이탈을 방지할 필요성이 커졌다는 점 등을 들 수 있다.

최근 들어서는 해외기업을 자국 내로 유치하여 고용을 늘리기 위해서 세금인하 경쟁까지도 나타나게 되었다. 즉, 각국들이 세금부담을 경쟁적으로 낮춤으로써 자국을 세제상으로 투자자들이나 기업활동 등에서 다른 국가들보다 더욱 매력이 있도록 노력하고 있다. 조세제도상 특정 국가를 매력적으로 만드는 요소에는 다음과 같은 것들이 있다. 먼저 명목세율과 세금관련 행정 등 세금관련 관행을 들 수 있는데, 명목세율이 낮고 세금과 관련된 행정이 법에 따라 공정하고 효율적일수록 매력적이라고 볼 수 있다. 다음으로는 조세제도의 예측가능성, 세금관련 법규의 명료성과 투명성, 재정상황과 국가채무상황을 들 수 있는데, 조세제도의 예측가능성이 높고 세금관련 법규가 명료하고 투명할수록 매력적이라고 볼 수 있다. 또한 재정상황이 안 좋고 국가채무가 막대하게 크다면 매력적이라고 보기는 어렵다. 이 밖에 세수의 사용처가 납세자에게 이익을 줄 수 있는 분야인지 여부를 들 수 있는데, 걷어들인 세금이 납세자에게 이익을 주는 분야에 많이 사용될수록 매력적이라고 볼 수 있다.

이러한 점 등을 반영하고 있는 OECD 회원국 등 주요 선진국들의 최근 세제변화 특징을 보면 다음과 같다.[14] 첫 번째 특징으로는 모든 국가에서 전반적으로 세율이 낮아지고 있다는 점을 들 수 있다. 두 번째로는 국가들 간의 세금인하 경쟁 등을 일부 반영하여 개인소득과 법인소득의 세율이 상당한 폭으로 인하되었다는 점을 들 수 있다. OECD 회원국들의 평균적인 법인세 최고세율은 1996년의 38%에서 2002년에는 31%로 인하되었다. 이는 세율인하가 경제에 긍정적인 역할을 미친다는 연구결과들을 반영하고 있다고 볼 수 있다. OECD는 법인세율 인하가 외국인 직접투자 등에 긍정적인 영향을 미치고 있으며, 개인소득세율의 인하도 고숙련 노동자를 유치하는 데 상당히 긍정적인 영향을 미친다는 실증분석 결과를 제시하기도 하였다. 대부분의 법인세율 인하가 외국인 직접투자에 미치는 영향에 대한 실증분석 결과는 법인세율과 외국인 직접투자와는 통계적으로 유의성이 있는 마이너스의 상관관계를 갖고 있는 것으로 나타났다.[15] 또한 OECD의 Liebig과 Sousa-Poza가 외국인들에 대해 비교적 관대한 이민정책을 펼치고 있는 스위스를 대상으로 한 실증분석 결과에 따르면, 세금의 부담 정도가 고급인력의 이민에서 중요한 영향을 미치는 것으로 분석되었다.[16] 이 밖에 주요국의 세금인하 경쟁은 자본이동이 빈번하고 기업들이 다국적화되어 가는 세계화 시대에서 세율에 따라 기업이나 투자자들이 어느 국가에서 어느 정도의 이익을 실현하고 영업활동을 수행하는지를 결정하기 때문에 세율이 높으면 세수확보를 저해할 수 있다는 점도 어느 정도 반영하고 있다고 볼 수 있다. 세 번째 특징으로는 과거 20년간 대부분의 국가들에서 사치품에 대한 소비세율을 대폭

[14] Vito Tanzi(2007) 참조.
[15] 이에 대한 보다 자세한 내용은 OECD(2007)에 잘 정리되어 있다.
[16] 보다 자세한 내용은 T. Liebig and A. Sousa-Poza(2005) 참조.

인하하였다는 점을 들 수 있다. 이는 국가들 간의 여행과 관광이 늘어나면서 여행자들이 세율이 낮은 곳에서 사치품을 매입하는 경향을 반영한 것으로 보인다. 네 번째 특징으로는 대부분 국가들의 경우 종합소득과세(global income taxation)에 대한 관심은 줄어들고 있는 반면, 스칸디나비아 국가들이 도입한 근로소득은 누진세율을 적용하되 자본소득은 낮은 균등세율을 적용하는 이중적인 소득과세(dual income taxation)에 관심이 높아지고 있다는 점을 들 수 있다. 마지막으로 균일한 세율에 의한 세금부과와 소비에 대한 세금부과에 대한 관심이 높아지고 있다는 점을 들 수 있다.

이와 함께 1990년대 이후 OECD 회원국 이외의 대부분 국가들에서도 '낮은 세율과 넓은 세원'을 조세개혁의 중요한 목표로 설정함에 따라 새로운 조세정책기조가 형성되고 있다. 1990년대 이후 각국의 조세개혁은 자국 내에서 기업의 경제활동을 활발하게 할 수 있는 환경을 조성하는 데 초점을 맞추고 있다. 조세로 인한 자원배분 왜곡을 최소화하기 위해 높은 한계세율을 인하하고 각종 감면혜택을 축소하는 가운데, 자본소득세 부담을 완화하기 위해 자본소득과세를 낮추고, 고소득 전문인력의 조세부담을 완화하기 위해 근로소득세 한계세율을 인하하고 있다.

세원을 갉아 먹는 흰개미떼

IMF의 재정국(Fiscal Affairs Department) 국장을 역임한 탄지(Vito Tanzi)[17]는 세계화의 진전, 국가들 간의 세금인하 경쟁, 그리고 새로운 기술발전 등에 따라 기존 세수기반을 위협하는 다음과 같은 요인들이 발생하여 흰개미떼(termites)와 같이 세원을 갉아 먹고 있다고 주장하였다. 첫 번째로는 전자상거래(e-Commerce)의 급속한 발전으로 세무

[17] Vito Tanzi(2002).

당국이 이들 기업의 정확한 매출기록을 확보하기 어려워 세원포착이 곤란하다는 점을 들 수 있다. 두 번째로는 전자화폐(electronic money)의 등장으로 세무당국이 전자화폐로 결제한 각종 거래를 추적하기 어렵게 되었다는 점이다. 세 번째로는 다국적기업이 늘어남에 따라 이전가격(transfer pricing) 등으로 국가 간의 세율차이를 이용하여 다른 국가에 위치하고 있는 지사 간의 거래를 통해 세금재정거래(tax arbitrage)를 할 가능성이 커졌다는 점을 들 수 있다. 네 번째로는 조세피난처(tax haven)가 계속 늘어나고 있다는 점이다. 이러한 조세피난처는 외국자본을 유치할 수 있도록 세율을 낮게 유지하는 가운데 이들 국가에 예치한 예금소유자를 파악하기가 어렵고, 실제 소유자들이 거주하고 있는 국가들의 세무당국이 이를 통제하기가 어렵다는 특징을 가지고 있다. 마지막으로 복잡한 금융상품이 끊임없이 등장하고 있다는 점을 들 수 있다. 이러한 금융상품 중의 상당 부분이 각종 세금을 회피하는 수단으로 이용되고 있다.

이러한 요인들은 각국의 세수, 세금구조, 특정 세금기반에 대한 의존도를 변화시키면서 세무당국이 세원을 선택할 수 있는 범위를 좁히는 역할을 하게 된다. 특히, 세계화의 진전은 국가들 간의 이동이 가능한 자본과 노동에 대한 과세를 줄이는 반면, 국가들 간의 이동이 어려운 재산과 소비에 대한 과세를 늘리는 결과를 초래할 가능성이 커진다. 이에 따라 궁극적으로 세계의 모든 국가들은 세수가 줄어들고 각각 다른 형태의 조세제도를 운용하는 결과를 초래할 것으로 보이므로, 각국 정부들도 이러한 여건변화를 인식하여 세출구조의 변경 등 적절한 조치를 취하는 것이 보다 현명하다고 판단된다.

법인세율 인하가 왜 필요한가?

우리나라의 명목법인세율을 주요국과 비교해 보면 대부분의 선진국보다는 낮으나 아시아 지역 경쟁상대국인 홍콩·싱가포르·중국 등의 국가들보다는 높은 편이다. 우리나라의 명목법인세율은 2005년부터 최고세율이 25%로 낮아졌는데, 지방세인 주민세 2.5%를 합하면 27.5%이다. 선진국에서는 대체로 국세와 지방세를 합한 총세율을 30%까지 인하하는 경향이 있으며, 주요 아시아 국가들의 경우 대부분이 25% 수준 또는 그 이하의 명목세율을 유지하고 있다.

한국조세연구원의 분석결과[18]에 따르면, 감가상각제도와 투자세액공제 등을 고려한 한계유효법인세율의 경우 우리나라가 중국·싱가포르 등 주요 자본유치 경쟁국들에 비해서 명목세율을 비교하는 것보다 월등히 높은 것으로 나타났다. 투자세액공제 혜택을 받지 않는 기업의 경우 우리나라 한계유효법인세율은 감가상각 속도에 따라 24.9~30.6%인 데 비해서 중국은 10.6~17.5%, 싱가포르는 5.3~10.4%, 말레이시아는 6.9~18.5%, 홍콩은 0%보다도 낮은 수준으로 우리나라보다 훨씬 낮은 것으로 나타났다. 또한 한국조세연구원은 명목법인세율 인하가 한계유효법인세율에 미치는 효과를 분석하였는데, 법인세 2% 포인트 명목세율 인하가 한계유효세율을 1.9~2.2% 포인트 낮추는 것으로 추정되었다. 이러한 추정결과는 우리나라에 투자한 기업의 한계유효법인세율을 중국이나 말레이시아 수준으로 낮추려면 명목세율을 20% 또는 그 이하로 낮추어야 하고, 홍콩이나 싱가포르 수준으로 낮추려면 그보다 훨씬 낮은 수준으로 명목세율을 인하해야 한다는 점을 시사해 준다고 볼 수 있다.

이와 함께 세계화 시대에서는 법인세가 높을수록 세수기반이 좁아질 가능성이 크다는 것은 어느 정도 알려진 사실이다. 특히, 세계화 시대에 다국적기업들은 이전가격, 조세피난처, 조세조약(Tax Treaty) 남용 등을 활용한 세금재정거래 등으로 적극적인 조세절감전략(aggressive tax planning)을 구사할 가능성이 커진다. 따라서 법인세율이 높은 국가

[18] 김진수·박형수·안종석(2003) 참조.

들에서의 이익실현과 부가가치 창출을 기피하려는 유인이 발생하여 궁극적으로 세수기반이 축소될 수 있다. 이전가격을 이용한 조세절감 전략은 국내의 모기업과 해외지사 간에 거래가격을 인위적으로 조절하여 상대적으로 세율이 높은 국가들에서 발생하는 소득을 줄이는 대신 세율이 낮은 국가들에서 발생하는 소득을 늘림으로써 기업 전체의 조세부담을 줄이는 전략을 의미한다. 조세피난처를 이용한 조세절감 전략은 조세피난처에 현지법인 형태로 자회사를 설립하고 국내 모회사에 배당을 하지 않음으로써 조세부담을 줄이는 방법을 지칭한다. 조세조약을 남용하는 절세방식은 한 국가가 체결한 조세조약상 유리한 규정이 있는 다른 국가들에 자회사를 설립하여 조세부담을 줄이는 행위를 말한다. 이와 함께 다국적기업들은 해외지사에 대한 투자를 해외지사가 본사로부터 차입하는 형식으로 차입금 이자에 대한 세금 감면 등을 활용하여 법인세 납부금액을 축소시키는 한편, 해외지사가 획득한 배당금의 본사 송금기간을 임의로 조절하여 세금부담을 줄이기도 한다.

이에 대응하여 각국의 세무당국은 정상거래가격 적용원칙(Arm's Length Price Principle), 이전가격 사전합의제도(Advance Pricing Agreement), 강제배당, 거주자증명 제출제도 등을 통해서 제재하고 있으나 그 효과가 미미하고 오히려 세수기반을 위축시킬 수도 있다는 문제점을 내포하고 있다. 정상거래가격 적용원칙은 이전가격을 책정하는 데 있어서 별도의 기업끼리 정상적으로 시장에서 거래가 일어났을 때 결정되는 가격을 기준으로 이용해야 한다는 원칙을 말하는데, 이 원칙도 이러한 정상거래가격의 참고가 되는 거래를 찾기 어렵다는 점 등의 문제점이 있다. 이전가격 사전합의제도는 미국 국세청(Internal Revenue Services: IRS)이 사용하고 있는데, 미국 현지에 소재하고 있는 외국기업의 이전가격을 임의로 조사하기 전에 먼저 기업의 신청을 받아 사전에 합의하는 제도로 미국 국세청 입장에서 인력과 비용을 적게 들이고 짧은 시간 내에 외국기업에 대한 세수를 늘릴 수 있다는 이점이 있다. 강제배당방식은 조세피난처를 이용한 법인의 내국인 소유비율에 따라 세무당국이 강제로 배당하는 형식을 통해서 세금을 일단 부과하고 실제 배당시에는 이를 차감하는 방식이다. 따라서 세무당국 입장에서 기업들의 세금납부와 관련된 관리비용의 증가로 인해 기업의 정상적인 영업활동이 저해되지 않는 범위 내에서 세수기반을 훼손시키지 않는 새로운 과세원칙을 계속 개발·도입하는 것이 가장 중요한 과제로 등장하였다. 그러나 근본적인 처방은 법인세율을 인하해야 한다는 의견이 지배적이다.

또한 법인세율과 기업의 투자 간에 마이너스의 상관관계가 있다는 것은 널리 알려진 사실이다. 즉, 법인세율이 높을수록 기업의 투자가 위축된다는 것이다. 외국의 최근 실증연구 결과에 따르면 법인세율 인하는 설비투자를 증대시켜 경제성장을 촉진시킨다는 결론이 지배적이다.[19] OECD의 보고서에 의하면 명목국내총생산의 1%에 상응하는 규모만큼 법인세 부담을 줄이고, 이로 인한 세수감소분을 경상이전지출 축소로 상쇄하는 경우 중장기적으로 경제성장률을 매년 0.03~0.09% 포인트 상승시키는 것으로 추정되었으며, 우리나라의 기존 연구결과들도 동일한 방식의 법인세 경감은 경제성장률을 매년 0.02~0.09% 포인트 상승시키는 것으로 나타났다.[20]

더욱이 법인세 등을 통해서 기업에 대한 과세를 늘리면 기업의 세전 이익과 세후 이익의 격차인 이른바 세금쐐기(tax wedge)효과를 통해서 외국인 직접투자를 위축시킬 수도 있다. 특히, 세계화의 진전으로 자본이동이 자유로운 상황에서는 외국인 직접투자가 세전 생산비용이 높더라도 낮은 세금부담으로 세후 생산비용이 낮은 지역으로 이동함으로써 세금제도에 의해서 자본배분이 왜곡되는 결과를 초래할

19 김진수·박형수·안종석(2003) 참조.
20 김진수·박형수·안종석(2003) 참조.

수도 있다.

이와 함께 법인세 부담의 증가는 대부분 노동자에게 전가되고 기업의 투자가 법인세 부담이 적은 인근 국가들로 이전될 수 있다. 미국의 친기업적인 성향의 싱크 탱크(think tank)인 AEI의 하셋(Kevin Hasset)과 마서(Aparna Mathur)가 72개 국가들의 22년 시계열자료를 이용하여 분석한 연구결과[21]에 따르면, 법인세율을 1% 포인트 높이는 것이 제조업 노동자의 임금 0.8% 포인트 하락시키는 결과를 초래하는 것으로 추정되었다. 또한 이들의 실증분석 결과는 기업의 투자는 법인세율이 높은 국가들에서 낮은 인근국가들로 이전한다는 가설을 증명하기도 하였다. 그러나 이들은 개인소득세율이 노동자들의 임금수준에는 별다른 영향은 주지 않는다는 실증분석 결과를 제시하였다.

세수확보를 통한 법인세율의 점진적인 인하

앞서 언급한 것처럼 여러 가지 측면에서 우리나라의 법인세율 인하 필요성이 절실하다는 점에 대해서는 재론의 여지가 없겠으나 법인세 인하가 재정수지를 악화시킬 수 있다는 점은 부인할 수 없다. 앞서 언급한 한국조세연구원의 분석에 의하면 법인세율을 2005년부터 2% 포인트 인하하는 경우 정부의 세입이 2005년부터 2008년까지 매년 1조 8,000억~2조 5,000억 원 감소되면서 통합재정수지를 4년간 총 7조 3,000억 원 악화시키는 재정압박요인이 발생되는 것으로 추정되고 있다. 이에 따라 국가채무는 7조 2,000억 원 증가하여 명목국내총생산 대비 국가채무도가 0.8% 포인트 상승하는 효과가 있다고 분석되었다.

따라서 법인세율의 추가적인 인하는 이로 인한 재정압박요인을 상쇄할 세수확보 강구방안과 동시에 추진해 나갈 필요가 있다. 추가

[21] Kevin Hasset and Aparna Mathur(2006).

적인 세수확보방안으로는 새로운 세금의 도입, 법인세 이외에 다른 세율의 인상, 전반적인 세수기반 확충 등을 들 수 있다. 이 중 새로운 세금의 도입이나 법인세 이외의 다른 세율의 인상은 경제 내에 자원 배분을 왜곡시키는 효과를 통해서 경제성장에 악영향을 줄 가능성이 크다. 따라서 가장 바람직한 세수확보방안은 전반적인 세수기반을 확충하는 방식이라고 생각된다.

이와 관련하여 우리나라는 국내총생산 대비 세수의 비중이 주요 선진국들에 비해서 상대적으로 낮고 직·간접세의 유효세율이 매우 낮은 수준에 있다는 점을 감안할 때 세수기반을 확충할 수 있는 여력은 충분히 큰 것으로 평가되고 있다. OECD에 따르면 2000~2003년까지의 기간중 우리나라 국내총생산 대비 일반세수의 비중은 OECD 회원국 30개국 중에서 멕시코의 18.7%와 일본의 23.9%보다는 높으나, 이들 국가 다음으로 낮은 24.4%로서 OECD 회원국들의 평균인 37.3%보다 훨씬 낮은 것으로 나타났다.

또한 〈표 5-1〉에서 알 수 있듯이 우리나라의 직·간접세 유효세율도 주요 비교대상국들에 비해서 상대적으로 낮은 것으로 나타났다. 직접세의 유효세율의 경우 우리나라가 12.5%로 미국의 35% 등 대부분의 선진국보다는 훨씬 낮으나 멕시코의 12%, 태국의 10%에 비해서는 약간 높은 수준이다. 간접세의 유효세율의 경우 우리나라는 11%

표 5-1 주요국의 유효세율 비교

단위: %

구분	스웨덴	캐나다	프랑스	핀란드	미국	호주	아일랜드	멕시코	태국	9개국 평균	한국
직접세율	57	47.5	45	40	35	34	27.5	12	10	34.22	12.5
간접세율	25	20	23	36	10	30	17	15	20	21.78	11

자료: IMF, *World Economic Outlook*.

로 미국을 제외한 다른 비교대상국보다 상당히 낮은 수준인 것으로 나타났다.

세수기반을 확충하기 위해서 음성세원의 철저한 발굴, 실효성이 낮은 비과세제도 및 세금감면제도의 축소 또는 폐지, 새로운 세원의 발굴 등이 필요하다고 생각된다. 먼저 음성세원을 발굴하기 위해서 자영업자, 전문직, 유흥업소 등에 대한 매출소득을 철저히 조사하여 탈루되는 세금이 없도록 세무당국이 보다 엄밀하게 지도·감시하는 한편 탈세에 대한 처벌을 강화해 나가는 데 지속적인 노력을 기울여야 한다. 또한 모든 비과세와 세금감면 대상을 재검토하여 실효성이 있는지를 면밀히 점검하여 실효성이 낮은 부문은 점진적으로 축소하거나 폐지할 필요가 있다. 더욱이 최근에 급성장하고 있는 인터넷 쇼핑 등 전자상거래 관련업종 등에 대한 판매기록 확보 등을 통하여 새로운 세원발굴 노력을 강화해 나가야 한다. 이와 함께 국가들 간의 세제조율 필요성이 커진데다가 기업들이 다국적기업화됨에 따라 국가들 간의 거래 등을 통한 이들의 세금회피를 줄이기 위해서는 국가들 간에 세무당국의 협조관계가 중요해졌다. 이러한 점에 비추어 우리나라 세무당국도 국가들 간에 조세제도를 조율하기 위한 다자 간 회의나 쌍방회의에 보다 적극적으로 참여할 필요가 있다.

3. 규제개혁을 어떻게 해야 하나?

민주정부의 핵심적인 역할은 국민들의 경제·사회적 복지를 증진시키는 것이라는 점은 잘 알려진 사실인데, 정부의 규제는 정부가 이러한 역할을 하기 위한 중요한 정책수단이 되고 있다. 정부는 국민들의 경제·사회적 복지증진을 위해서 거시경제의 안정성 확보, 고용증가, 교육개선, 기회의 균등화, 혁신의 증진과 기업가정신의 함양, 환경·건강·안전에 대한 높은 기준의 유지 등 여러 가지 목적을 달성하기 위하여 각종 정책을 펼치고 있다. 정부의 규제도 이를 달성하기 위한 중요한 정책수단 중의 하나라고 볼 수 있다.

왜 규제개혁이 필요한가?

기업활동이 용이하고 자유와 창의가 보장되는 법적·제도적 장치를 구축하고 시장에서 공정한 경쟁이 이루어질 수 있도록 정부가 규제를 이용하는 것은 물적·인적 자본을 축적하거나 새로운 기술을 개발하는 것만큼 경제성장에 기여한다는 것은 잘 알려진 사실이다. 그러나 기업이 활동하는 데 정부가 너무 많은 분야의 세부사항까지도 관여하면 기업이 경영환경의 변화에 신축적으로 대응하는 것을 어렵게 하여 자생력을 훼손시키고 창의성을 발휘하기 어렵게 된다.

또한 상당수의 규제는 민간부문에서 규제회피수단 등을 이용하여 그 효과가 무력화될 가능성이 크다. 거의 모든 정부의 규제는 문제해결을 통한 보다 나은 경제·사회를 만들겠다는 정부의 선한 의지에서 출발되지만, 규제는 도입 당시에 의도하였던 효과를 달성하기보다는 규제를 받는 경제주체들이 여러 가지 편법수단을 동원하여 규제를 회피하게 됨으로써 그 효과가 무력화되는 경우가 자주 발생하고 있다.[22]

특히, 정부의 바람직한 공공목표를 달성하기 위해 도입되었던 정부의 규제는 경제·사회여건이 급격하게 변화하는 시기에는 도입 당시에 이러한 규제들이 달성하려고 의도하였던 목적을 오히려 저해할 가능성도 있게 된다. 이러한 가능성을 갖는 규제들에는 다음과 같은 것들이 있다. 먼저 혁신을 저해하거나 교역, 투자 그리고 경제적 효율성을 증진시키는 데 장애요인으로 작용할 수 있는 규제들이 있다. 다음으로는 여러 규제당국의 중복되는 규제와 이해당사자들을 경쟁으로

[22] 규제에 관한 역효과에 대해서는 김영평·최병선·신도철(2006) 참조.

부터 보호하는 규제도 이에 해당된다고 볼 수 있다. 이밖에 시대에 아주 뒤떨어지거나 잘못 만들어져 의도되었던 정책목표를 제대로 달성하지 못하고 있는 규제들도 물론 여기에 해당된다고 하겠다. 따라서 모든 정부들은 지속적으로 규제들이 얼마나 효율적으로 그리고 효과적으로 국민들의 경제·사회적 복지를 증진시키고 있는지를 점검하면서 규제구조 등을 개선해 나가는 책임을 가지고 있다.

이와 함께 경제와 관련된 대부분의 정부 규제는 시장의 실패를 전제로 도입된다. 시장이 발달되지 않은 상황에서는 이러한 규제가 경제발전에 도움을 줄 가능성은 있겠지만 시장이 발달된 상황에서는 시장원리를 무시한 규제는 역효과가 크고 자유로운 기업활동을 저해하게 된다는 것이 지배적인 견해이다. 일반적으로 경제발전 초기에 있는 국가들일수록 규제가 많고 선진국에 진입할수록 규제가 줄어드는 것은 이러한 점을 반영한다고 볼 수 있다. 경제발전 초기에 있는 국가들에서 규제가 남발되는 것은 시장이 발달되지 못한 점과 정책담당자들이 시장원리의 작동을 제대로 이해하지 못하고 있다는 점에 비롯되었다고 볼 수 있다.

경제활동과 관련된 규제를 다시 검토하고 개선해 나가는 근본적인 이유 중의 하나는 국가경제의 효율성을 증진시키는 가운데 여건변화에 대한 경제주체들의 적응력을 키우고 경쟁력을 확보하는 데 있다고 생각된다. 국가경제의 효율성을 증진시키기 위해서는 민간부문이 보다 효율적이고 혁신적으로 되어 경쟁력을 갖출 수 있는 동기를 부여해야 하는데, 이를 위해서는 경쟁을 촉진시키는 방향으로 규제를 개혁할 필요가 있다.

경제활동과 관련된 규제개혁은 경제 전체의 생산성을 향상시키는 한편 가격하락, 품질향상 그리고 다양한 제품과 서비스의 제공 등을 통해서 소비자와 관련산업에 보다 많은 혜택을 주게 된다. 특히, 이러한 규제개혁은 대기업에 비해서 복잡한 규제의 행정적인 부담과 이를 준수하는 비용이 상대적으로 큰 중소기업이 혜택을 많이 볼 수 있어 보다 많은 고용을 창출할 수 있을 뿐만 아니라 중소기업들이 기술발전과 혁신을 주도할 수 있는 환경을 조성해 준다. 또한 기업의 부담을 줄여 주고 규제의 투명성을 높이는 형태의 규제개혁은 기업가정신과 시장진입을 촉진시켜 성장과 고용을 증진시킨다. 이 밖에 제출서류 작성시간을 줄여 주는 규제개혁은 일반시민들의 시간을 절약해 줄 수 있다.

규제를 개혁해야 하는 또 다른 근본적인 이유는 세계화의 진전에 따른 혜택을 최대한 누리기 위함이다. 세계화의 진전으로 관세와 다른 무역장벽이 낮아지고 서비스의 교역비중이 크게 늘어나면서 국내규제는 개방화된 경쟁시장체제의 원활한 작동을 저해하는 요인으로 작용할 가능성이 더욱 커진다. 따라서 상품·서비스·투자 그리고 기술의 자유로운 이동에 따른 국내소비자의 혜택 증대, 국내기업의 실적개선, 경제 전체의 효율성 향상 등 세계화의 진전에 따라 얻어질 수 있는 이득을 최대한 획득하기 위해서는 규제개혁이 필수적이다.

규제개혁과 관련해서 주요 선진국의 경험으로부터 얻을 수 있는 중요한 시사점 중의 하나는 많은 선진국들에게서 혁신을 저해하는 가장 큰 장애요소는 정부의 규제와 시장의 진입장벽이라는 점이다. 유럽 국가들의 경우 영업종료시간에 대한 규제가 소매업의 발달을 저해시켰다는 것은 널리 알려진 사실이다. 또한 맥킨지 세계연구소(McKinsey Global Institute)의 연구결과[23] 우리나라와 일본은 정부의 지나친 간섭 때문에 자동차, 전자제품, 철강 등 몇 개의 경쟁력이 있는 수출주력산업을 제외한 대부분의 산업들이 새로운 기술이나 영업관행을 채택하는 데 소극적이고 뒤늦게 대응하여 비효율적이고 허약체질이 되었다고 지적하고 있다. 이 밖에 과도한 규제를 남발하는 관료주의와

---

[23] *The Economist*(2007f).

중앙집중적인 계획이 민간부문의 발전을 저해하기로 악명높은 인도에서 세계적인 소프트웨어회사들이 성장할 수 있었던 배경은 중앙정부 관리들이 이 분야에 대해서 규제를 만들 수 있는 지식을 갖추지 못하였기 때문에 가능하였다는 역설적인 주장도 있다.

세계은행의 규제개혁에 대한 권고

규제개혁을 어떻게 하느냐에 대해서는 국가별로 규제의 정도와 시장경제의 발전 정도 등 여건이 다르기 때문에 일률적으로 처방할 수는 없다. 그러나 세계은행(World Bank)과 OECD 등은 회원국들을 대상으로 많은 연구를 수행하여 성공적인 규제개혁의 지침을 제공해 주고 있는데, 이러한 지침은 좋은 참고가 될 수 있다. 먼저 기업하기 좋은 환경을 구축하기 위한 세계은행의 처방은 다음과 같다. 먼저 세계은행은 경쟁시장에서는 규제를 단순화시키고 완화해야 하며 재산권의 보호에 중점을 두고 규제개혁을 할 것을 권고하고 있다. 또한 규제와 관련된 행정절차에서는 효율성이 높아질 수 있고 관료들의 재량권과 부패의 소지가 줄어들 수 있는 웹사이트 등 전자정보 시스템의 활용을 확대하고, 기업경영문제에 대한 규제에서는 시간과 절차가 복잡한 법원이 관여할 소지를 가급적 줄이는 것이 바람직하다는 점을 강조하고 있다. 이와 함께 세계은행은 규제개혁을 일과성 과정으로 추진하기보다는 지속적 과정으로 상시적으로 추진할 것을 권고하고 있다.

OECD의 성공적인 규제개혁에 대한 처방

한편, OECD[24]는 규제개혁이 성공하기 위해서는 정치권 최상층이 규제개혁에 대해서 지속적으로 강한 의지를 표명하는 것이 필수적인

[24] OECD(1997).

요소라고 주장하고 있다. 또한 OECD는 일반국민들이 규제개혁이 자기들에게 어떤 혜택을 주는지를 잘 아는 것이 중요하다는 점을 강조하고 있다. 특히, 이해당사자들 간의 공개적인 토론이 규제개혁에 있어서 기득권자의 반대를 조직적으로 저지할 수 있기 때문에, 규제의 이해당사자들을 포함한 각계각층과 지속적으로 공개적인 의사소통을 하는 것이 규제개혁의 성공에 필수적 요소라고 지적하고 있다. 이와 함께 OECD는 부분적인 규제개혁보다는 포괄적인 규제개혁이 더욱 효과적이라고 주장하고 있다.

보다 구체적으로 OECD는 규제개혁을 다음과 같이 추진할 것을 권고하고 있다. 첫 번째로 정치적인 차원에서 규제개혁에 대한 분명한 목표와 개혁을 실행하는 기본적인 골격을 채택해야 한다는 것이다. 이를 위해서는 OECD는 규제개혁을 이끌어 나갈 기준으로 사용할 수 있는 좋은 규제에 대한 원칙을 설정할 필요가 있다고 하면서 1995년 OECD 정부규제의 질적 개선을 위한 권고안에 포함된 좋은 규제에 대한 원칙을 참고할 것을 권고하고 있다.

OECD는 좋은 규제가 되기 위해서는 다음과 같은 원칙이 충족되어야 한다고 주장하고 있다. 첫 번째로 해당 규제가 명확하게 정의될 수 있는 정책목표를 달성하는 데 효과적이어야 한다. 두 번째로는 해당 규제에 대한 건전한 법적 기반이 있어야 한다. 세 번째로는 해당 규제가 그 규제로 인해서 발생하게 되는 각종 비용들을 충분히 상쇄시킬 수 있을 만큼 수익이 커야 한다. 네 번째로 해당 규제가 그 규제로 인해서 발생되는 비용과 시장왜곡이 최소한으로 작아야 한다는 점이다. 다섯 번째로 해당 규제가 시장에서의 동기유발과 목표 중심의 접근방식을 통해서 혁신을 촉진시킬 수 있어야 한다. 여섯 번째로 해당 규제가 그 규제의 사용자에게 의미가 분명하고 단순해야 하며 실용적이어야 한다. 일곱 번째로 해당 규제가 다른 규제들 그리고 정책들과 일관성이 있어야 한다는 점이다. 여덟 번째로 해당 규제가 국가 전체 그리고 국제기준으로 볼 때 경쟁·교역 그리고 투자를 증진시키는 원칙과 조화될 수 있어야 한다는 원칙이다.

이와 함께 OECD는 정치적인 차원에서 정부 내에 규제와 관련된 모든 업무와 규제개혁의 조정·관리를 전담할 수 있는 효과적이고 신뢰성이 있는 기구를 창설하고, 규제를 담당하고 있는 기관들 간의 권한이 중복되지 않도록 해야 한다는 점을 강조하고 있다. 이와 함께 정부 내의 모든 기구들의 규제개혁을 한꺼번에 유도해 나가는 것이 바람직하다고 지적하고 있다.

두 번째로는 OECD는 모든 규제들이 도입 당시에 의도하였던 목표를 효율적이고 효과적으로 달성하고 있는지 체계적으로 점검해야 한다는 원칙을 강조하고 있다. 이를 위해서 앞서 언급한 좋은 규제에 대한 원칙을 기준으로 이용할 필요가 있으며, 규제를 만드는 사람의 시각보다는 규제를 이용하는 사람의 시각에서 다시 점검해 볼 필요가 있다고 권고하고 있다. 또한 이러한 점검은 기존 규제들뿐만 아니라 새로 도입되는 규제도 대상이 되어야 하며 규제의 개발·점검 그리고 개혁에서 규제영향 평가방식(Regulatory Impact Analysis)[25]을 이용하는 것이 바람직하다고 주장하고 있다. 이와 함께 모든 규제가 자동적으로 그 유효성을 다시 점검할 수 있도록 일몰규정(Sunset Provision) 등을 포함시킬 것도 권고하고 있다.

세 번째로는 모든 규제들이 투명하고 비차별적으로 그리고 효율적으로 적용되고 있는지를 확인해야 한다는 원칙이다. 이를 위해서 OECD는 규제개혁의 목적과 전략을 일반국민들에게 명확하고 논리정연하게 설명하여야 하며, 규제를 개발하고 점검할 때 규제에 영향을

[25] 규제영향 평가방식은 새로 도입되거나 수정되는 규제에 따라 예상되는 수익·비용 그리고 효과 등을 보다 체계적으로 분석하는 틀로서 정책결정자들에게 의사결정에 필요한 실증적인 통계들과 포괄적인 분석체계를 제공해 준다. 보다 자세한 내용은 Delia Rodrigo(2005) 참조.

받는 당사자들과 공개적으로 협의하는 것이 중요하다고 주장하고 있다. 또한 이해당사자들이 해당되는 모든 규제를 일목요연하게 파악할 수 있도록 인터넷사이트 등을 개설하고 정기적으로 변경사항을 수정할 것과, 규제적용 절차도 투명하고 비차별적으로 운용하도록 권고하고 있다. 이 밖에 의사결정이 늦어지거나 규제가 부당하다는 데 항의할 수 있는 제도장치의 보장도 필요하다는 의견을 제시하고 있다.

네 번째로 OECD는 전반적인 경쟁정책의 범위, 유효성과 그 집행상황을 수시로 점검하고 경쟁이 강화될 수 있도록 노력해야 한다는 점을 강조하고 있다. 이를 위해서 부문 간에 경쟁정책 적용에 차별화가 발생한다면 이를 제거하고 담합적인 행위, 우월한 지위의 남용행위, 반경쟁적인 합병 등에 대해 경쟁관련 법규를 엄격하게 적용하여 집행하는 것이 중요하다고 지적하고 있다. 또한 경쟁정책을 담당하는 부서에 대해서 규제를 개혁할 수 있는 자격과 권한을 부여해 주는 것도 바람직하다고 권고하고 있다.

다섯 번째로 경제활동과 관련된 규제에 대해서는 모든 부문에서 경쟁이 활성화될 수 있도록 규제를 개혁하는 한편, 규제가 광범위한 공공이익을 지키기 위한 최선의 방법이라는 명백한 증거가 없는 한 가급적 모든 규제들을 철폐해야 한다는 원칙이다. 이를 위해 OECD는 자유로운 기업활동과 관련하여 진입, 퇴출, 가격결정, 생산, 정상적인 상업관행과 기업조직의 형태 등을 제약할 수 있는 경제와 관련된 규제들을 최우선적으로 점검하여 불필요한 규제는 철폐할 것을 권고하고 있다. 이와 함께 시장지배력이 남용될 소지가 있기 때문에 규제가 필요하다고 생각되는 분야는 효율성을 높이고 효과적으로 경쟁할 수 있는 여건을 조성해야 한다고 주장하고 있다. 특히, 규제대상이 되고 있는 공익사업의 경우 상업적으로 경쟁이 가능하다고 판단되는 부문을 최대한 공공부문에서 분리시키는 한편, 기존 업체들의 시장지배력을 축소시키고 경쟁체제로 이행하고 있는 과도기에 가격통제가 필요하다고 판단될 때에는 가격상한제나 자원배분의 효율성을 높일 수 있는 다른 방식을 채택하는 것이 바람직하다는 의견이다.

여섯 번째로 국제적인 협약의 이행이나 원칙의 강화를 통해서 교역과 투자를 저해하는 불필요한 규제를 철폐하는 것이 효과적이라는 점이다. 이러한 규제를 철폐하기 위해서 다른 국가들과 긴밀하게 협의하여 교역과 투자를 자유화하는 국제규범이나 원칙을 강화해 나가는 방식과, 가능하다면 국제적으로 합의된 표준을 국내규제에 적용하는 방식을 사용하는 것이 국내 기득권층의 반발을 무마하는 데 효과적이라고 OECD가 주장하고 있다.

마지막으로 개별 규제들의 목표와 다른 정책목표와의 중요한 연관관계를 발견하여 이러한 목표들을 동시에 달성할 수 있는 규제개혁을 단행하는 것이 바람직하다는 점이다. 이를 위해 OECD는 안전, 건강, 소비자보호, 에너지의 안보와 관련된 정책 등이 경쟁시장적인 환경에서 이들 정책의 목표가 효과적이고 효율적으로 달성될 수 있도록 규제를 변화시킬 필요가 있다고 권고하고 있다. 또한 보조금, 세금, 조달정책, 관세 등 규제정책과 직접적인 관련이 없는 분야도 동시에 검토하여 불필요하게 경쟁을 제약하는 것들이 있다면 이들을 규제개혁과 동시해 개선해 나가는 것이 보다 바람직하다는 주장이다.

우리나라의 정부규제는 어떻게 평가되고 있나?

한편, 우리나라의 경우 시장경제가 발달되면서 규제의 순기능보다 역기능이 부각됨에 따라 여러 차례 대폭적인 규제개혁을 시도하였다. 그러나 이러한 규제개혁이 아직까지 괄목할 만한 성과를 거두지 못하였다는 것이 대내외적인 평가라고 생각된다. 현재까지 진행되고 있는 우리나라의 규제와 관련된 전형적인 현상은 규제의 변증법(Regulation Dialectic)으로 잘 설명될 수 있다. 즉, 정책당국은 문제가 발생하면 시장실패로 간주하여 규제를 도입하나 시장에서는 그 규제의 회

표 5-2 주요국의 창업관련 세부사항에 대한 순위 비교

단위: %

구분	미국	영국	일본	독일	프랑스	이탈리아	중국	대만	싱가포르	9개국 평균	한국
절차수	5	6	8	9	7	9	13	8	6	7.89	12
소요시일(일)	5	18	23	24	8	13	35	48	6	20.00	22
비용	0.7	0.7	7.5	5.1	1.1	15.2	9.3	4.6	0.8	5.00	5
최소자본금	0.0	0.0	0.0	46.2	0.0	10.4	213.1	200	0.0	52.19	299.7

자료: World Bank(2005/2006).

피수단 등을 이용하여 규제를 무력화시킨다. 이에 대응하여 정책당국은 더 엄격한 규제를 입안하여 시행하게 되는 등의 악순환이 반복되고 있다는 지적이 많다.

앞에서 언급한 세계은행의 국가별 기업하기 좋은 환경에 대한 평가에서도 우리나라는 미국·영국·일본 등 주요 선진국보다 그 평가가 낮고 우리나라의 주요 경쟁상대로 볼 수 있는 싱가포르에 비해서도 그 평가가 훨씬 열위에 있는데, 이에 대한 중요한 요인 중의 하나가 정부 규제와 관련된 사항이라고 판단된다.

먼저 조사대상 175개 국가들 중에서 116위를 기록한 창업과 관련된 세부사항은 〈표 5-2〉와 같은데, 모든 세부사항이 비교대상국의 평균수준보다도 열위에 있는 것으로 나타났다. 창업하는 데 밟아야 하는 절차의 수가 비교대상국 9개국의 평균은 7.9개 정도인 데 비해 우리나라의 경우 12개이며, 창업하는 데 소요되는 시간은 비교대상국 평균이 20일 소요되는 데 비해 우리나라는 22일 정도 소요되어 것으로 나타났다. 또한 창업비용(cost)은 우리나라의 경우 1인당 국내총생산 대비 15.2%인 데 비해 비교대상국 평균은 5%이고, 창업에 필요한

표 5-3 주요국의 재산권 등록관련 세부사항에 대한 순위 비교

구분	미국	영국	일본	독일	프랑스	이탈리아	중국	대만	싱가포르	9개국 평균	한국
절차수	4	2	6	7	9	8	3	3	3	5.00	7
소요시일(일)	12	21	14	382	183	27	32	5	9	76.11	11
비용(%)	0.5	4.1	4.1	1.9	1.1	6.8	3.1	6.2	2.8	3.40	6.3

자료: World Bank(2005/2006).

최저자본금은 비교대상국의 평균이 1인당 국내총생산 대비 52.2%인데 비해 우리나라는 299.7%에 이르고 있는 것으로 나타나고 있다.

또한 우리나라가 조사대상 175개국들 중에서 67위를 차지하고 있는 재산권 등록에 대한 세부평가는 〈표 5-3〉과 같다. 재산권을 등록하는 데 소요되는 시간이 비교대상국들의 평균은 76일 정도 소요되는 데 비해 우리나라는 11일이 소요되어 비교적 양호하다고 평가되었다. 그러나 절차의 수가 비교대상 9개국 평균은 5개인 데 비해 우리나라는 7개이고, 등록하는 데 드는 비용도 우리나라는 등록하는 재산가치의 6.3%인 데 비해 비교대상국의 평균은 3.4%로 상대적으로 열위에 있음을 알 수 있다.

이러한 세계은행의 평가는 창업과 재산권 등록과 관련된 규제가 복잡하여 소요되는 비용이 크고 밟아야 하는 절차의 수가 많다는 점을 시사해 준다. 특히, 창업과 관련된 세부사항 중에서 대부분의 선진국에서는 규제하지 않고 있는 최소자본에 대한 규제까지 유지하고 있는 상황이다.

이러한 평가는 대내적으로는 규제가 우리나라 기업들의 활동을 실질적으로 저해하고 있을 뿐만 아니라 대외적으로는 우리나라에 기업을 설립할 의사가 있는 외국기업들이 이러한 평가를 근거로 그 결

정을 포기할 수 있기 때문에 대폭적인 규제개혁이 필요하다는 점을 시사해 준다. 특히, 창업과 관련된 사항은 외국기업의 유치와 우리 경제의 새로운 성장동력이 될 수 있는 기업들의 창업을 저해할 수 있기 때문에 대폭적인 규제완화가 시급하다. 또한 세계화의 진전에 대응하여 경제의 유연성을 높이는 데 핵심적인 역할을 하는 창업과 폐업에 대한 규제를 대폭 완화하여 경쟁력이 있는 기업은 시장에 언제든지 진입할 수 있고 경쟁력이 없는 기업은 시장에서 신속히 퇴출될 수 있도록 제도를 갖추어야 한다. 우리나라가 1997년의 외환위기 전후에 경험하였듯이 경쟁력이 상실된 기업이 계속 시장에 남게 되면 이들이 단기적으로 수명을 연장하기 위하여 유동성을 확보하는 과정에서 덤핑 등으로 제품가격을 터무니 없게 낮추어 판매를 늘림으로써 같은 업종에 종사하는 기업들의 수익성을 악화시켜 동반 부실화될 수 있다. 또한 이들이 고금리의 차입을 늘리면서 한정된 금융자원의 효율적인 배분을 왜곡시키는 등 경제 내에 여러 가지 부작용도 발생할 수도 있다.[26]

우리나라의 규제개혁은 어떻게 추진해야 하나?

우리나라의 규제개혁 방향을 논의하기에 앞서 지적되어야 할 것은 규제개혁의 개념이 과거에는 규제완화와 민영화에 초점을 맞추고 있었으나, 최근에는 경쟁적인 시장경제의 기능향상과 금융 등 공익과 민감한 부분에 대한 효과적인 감독을 위한 광범위한 규제정책의 구조를 구축하는 것으로 바뀌고 있다는 점이다. 이는 공기업을 민영화하고 규제완화를 통해 독점산업을 경쟁에 노출시킴으로써 경제 전체의 효율성을 증진시키려는 정책목표는 규제완화만으로 충분하지 않고 이러한 부문들의 성과를 높일 수 있는 새로운 규제정책의 구조가 병행

[26] 이에 대한 자세한 내용은 Sungmin Kim and Jae Hwan Park(2002) 참조.

되어야만 달성될 수 있다는 선진국들의 경험에서 비롯되었다고 생각된다.

한편, 우리나라가 대폭적인 규제개혁을 실시하는 데 싱가포르를 벤치마크로 삼아야 할 필요가 있다. 이는 싱가포르가 세계은행의 'Doing Business'에 대한 조사에서 종합순위라고 볼 수 있는 '기업활동 용이도(base of doing business)' 면에서 1위를 차지하는 등 많은 대외기관에서 기업활동에 대한 규제면에서 탁월하다는 평가를 받고 있기 때문이다. 또한 다국적기업들의 직접투자가 중국·인도 등으로 관심이 집중되는 가운데서도 싱가포르는 이들과 지리적으로 인접하였음에도 불구하고 외국기업의 직접투자가 계속 늘어나고 있다는 점을 감안하면, 중국과 차별화를 추구해 나가야 하는 우리나라 입장에서 좋은 참고가 될 수 있기 때문이다.

기업활동과 관련된 규제를 대폭적으로 완화하고 개혁하는 데 제일 중요한 요소는 최고정치지도층이 규제를 개혁하여 경제의 활력을 되찾겠다는 의지를 강력히 표명하고 지속적인 관심을 기울여야 한다는 점이다. 특히, 이러한 규제개혁이 일과성 행사로 끝나지 않도록 규제를 정기적으로 점검하여 개선하는 제도적 장치를 마련하는 것도 중요하다. 이와 함께 모든 분야의 규제를 한꺼번에 개혁하는 경우 기득권 세력의 반발 등을 초래하여 규제개혁의 의도하였던 목표가 흐려질 가능성이 크기 때문에 경제와 관련된 규제부터 먼저 개혁하는 등 그 우선순위를 설정할 필요도 있다. 특히, 자유로운 기업활동과 관련하여 진입, 퇴출, 가격결정, 생산, 정상적인 상업관행 그리고 기업조직의 형태 등을 제약하는 경제와 직접적으로 관련된 규제들에 대해서 최우선적으로 점검하여 개혁을 단행하여야 한다. 지식기반 서비스업의 경우 지적재산권과 같은 무형자산의 비중이 많고 여러 번의 실패를 거쳐서 성공할 가능성이 높다는 특징을 가지고 있으므로 진입장벽을 낮추고 사업에 실패한 경영인들이 다시 창업하는 것을 제한하는 법과 규제는 과감히 철폐할 필요가 있다.

이러한 정치적 의지를 바탕으로 먼저 대통령 직속으로 학계, 규제당국, 피규제자, 민간단체 등 모든 이해당사자로 구성된 가칭 '규제개혁위원회'를 상설기구화하여 원점에서 현존하는 모든 규제가 적합한지를 판단해야 한다. 규제의 적합성을 판단하는 데에는 적어도 다음과 같은 사항들이 고려되어야 한다고 생각된다. 첫 번째로 규제의 내용과 방법이 시장 메커니즘에 의한 자원배분을 왜곡하고 경쟁을 제한하고 있지 않은가를 면밀히 검토해야 한다. 두 번째로 해당 규제가 시장의 실패로 사익과 공익이 충돌하고 있다면 시장친화적인 방법으로는 해결할 수 없는지 검토해야 한다. 세 번째로는 해당 규제가 기회비용면에서 작은 문제를 해결하기 위해 더 큰 기회비용을 부담하는 결과를 초래하지 않는지에 대해 비용편익분석(cost benefit analysis)을 기초로 분석되어야 한다. 이는 상당수의 선진국에서 도입하여 성공을 거둔 것으로 평가되고 있는 정부 부처와 기관들이 새로운 규제를 도입할 때 비용편익분석을 의무화하고 있는 규제영향 평가방식과 유사하다고 볼 수 있다. OECD에 따르면 우리나라는 규제영향 평가방식은 이미 도입되어 있으므로, 앞으로 이러한 평가방식을 보다 정교하게 발전시켜 유용성을 높일 필요가 있다. 네 번째로 해당 규제가 의도하였던 정책목표를 달성하는 데 얼마나 실효성이 있는지 검토해 볼 필요가 있다. 다섯 번째로 해당 규제가 다른 규제나 정부 정책과 상충되거나 중복되지 않는가를 전반적인 규제정책 차원에서 검토할 필요가 있다.

이와 함께 보조금, 세금, 조달정책, 관세 등 정부의 규제와 직접적으로 관련이 없는 분야도 규제개혁과 동시에 검토하여 불필요하게 경쟁을 제약하거나 규제개혁의 내용과 상충되는 것들이 있는지 살펴보고 개선해 나가는 것이 바람직하다. 또한 규제의 체제나 내용에서 국제적인 관행과 기준에서 크게 벗어나지 않는지도 점검해 볼 필요가 있다.

이와 같은 규제의 적합성 심사를 토대로 규제개혁에 대한 초안이 마련되면 이 안을 투명하게 공개하고 반드시 각계각층이 참여하는 공개적인 찬반토론을 거쳐 시행해 나가는 것이 필요하다. 이는 이러한 토론과정을 거치는 것이 기득권층의 자기이익 보호를 위한 반발을 효과적으로 저지할 수 있기 때문이다.

이와 함께 새로운 규제가 도입되는 경우에도 그 적합성에 대해 위에서 언급한 위원회의 심사와 동일한 과정을 거치도록 의무화하는 한편, 도입된 규제에 대해서는 일정 기간이 지나면 효력이 상실되는 일몰조항을 도입하거나 체계적인 피드백장치를 마련할 필요가 있다. 호주가 도입한 일몰조항은 새로 도입하는 규제가 일정 기간이 경과한 후에는 의회에서 갱신되지 않는 한 효력이 자동적으로 소멸된다는 조항이다. 비용이 많이 들거나 부담을 많이 부과하는 규제에 대해서는 그 효과에 대해서 정기적으로 점검할 수 있도록 규제담당 부서 내에서 규제의 품질평가 전담조직을 설치하여 체계적인 피드백을 받는 것을 의무화하는 것도 규제의 질을 높일 수 있는 방안이 될 수 있다.

한편, 규제와 관련된 행정절차는 세계은행의 권유대로 전자정보시스템을 최대한 활용할 수 있도록 노력해야 한다. 먼저 시범적으로 창업관련 절차를 단순화하고 전산화할 필요가 있다. 이와 관련하여 덴마크는 1996년 창업관련 모든 절차를 단순화·전산화하고 수수료를 없애 큰 성공을 거두었다고 평가받고 있다. 또한 규제의 투명성을 높이기 위해서 모든 규제들을 이해당사자들은 물론 일반국민들까지도 손쉽게 규제내용을 검색할 수 있도록 인터넷 사이트를 개설·운용하고, 규제내용이 변경되면 그 내용을 수시로 수정해 나가도록 해야 한다. 또한 규제사용자의 입장에서 불편사항이나 개선방안 등에 대한 의견이 있으면 언제든지 그 의견을 게시할 수 있도록 하여 규제에 대한 피드백이 수집될 수 있는 체제를 구축해야 한다. 특히, 경제와 관련된 규제내용은 영어로도 수록하여 관련 외국인들도 규제에 대한 모든 정보를 손쉽게 접근할 수 있도록 하는 것도 필요하다고 생각된다.

법에 의한 지배관행의 확립

시장경제에서 법에 의한 지배(rule of law)는 두 가지의 경제적 기능을 담당하게 된다. 첫 번째로 여러 가지 경제 활동에 대한 정부의 임의적인 개입의 소지를 줄이는 기능이다. 두 번째로 개인이나 기업 등 경제주체들의 행태를 규제함으로써 공정한 경쟁을 통한 시장원리의 작동, 명확한 정의에 따른 재산권의 보호, 효과적인 계약이행 등이 원활하게 이루어지도록 하는 기능이다.

법에 의한 지배관행의 확립은 기업의 영업활동과정에서 필연적으로 발생하는 여러 가지 법적 위험(legal risk)을 축소해 줌으로써 기업하기 좋은 환경을 조성해 줄 수 있다. 기업이 관리해야 하는 여러 가지 위험 중의 하나는 법적 위험이다. 전통적으로 기업이 관리해야 하는 위험으로 영업위험(operating risk)과 재무위험(financial risk)이 중시되었으나 최근 들어 법적 위험의 중요성이 부각되고 있다. 법적 위험은 기업이 영업활동을 하는 데 법적 조치의 불확실성 또는 계약, 법, 규제 등의 적용이나 해석 그리고 집행상의 불확실성으로 인해 발생하는 위험을 지칭한다.

법에 의한 지배가 강화되면 개인의 재산권이나 계약에서 어떤 문제가 발생할 때 어떠한 결과가 초래되는지에 대한 예측성이 높아지고, 문제해결을 위해 소요되는 시간과 비용을 줄일 수 있게 된다. 기업의 여러 가지 영업활동이 원만하게 이루어지기 위해서는 다른 기업과 공급자, 채권자, 근로자 그리고 고객들과 맺은 계약의 세부적인 내용이 분명하게 명시되고, 그 계약이 이행될 수 있는 법체제가 갖추어져야 한다. 이러한 법적 위험은 명시적인 법체계가 잘 갖추어지지 못하는 경우에도 커질 수 있지만, 명시적인 법과 실제로 적용되는 관행

간의 괴리가 큰 경우에도 커진다. 또한 분쟁이 발생하였을 때 법적 소송 등 공식적인 해결방식이 신속하게 이루어져서 시간과 비용면에서 효과적이고 결과에 대한 예측가능성이 높아야 법적 위험이 줄어들 수 있다.

법적 위험이 커지면 기업들의 전반적인 영업에 대한 위험도를 높임으로써 기업들의 자본비용을 상승시키는 요인으로 작용하게 된다. 이러한 법적 위험에 대해서는 외국기업이 매우 민감한 반응을 보이기 때문에, 일반적으로 외국기업들은 법적 위험이 높은 국가들에 회사를 설립하거나 투자를 하는 것을 가급적 기피하려는 경향이 있다.

실제로 법에 의한 지배강화가 한 국가의 경제성장을 촉진시킬 수 있다는 실증분석 결과는 많다. 예를 들어, 하버드대학의 배로(Robert Barro) 교수의 연구[27]에 따르면 1980년부터 1999년까지 100개국을 대상으로 경제성장에 영향을 미칠 수 있는 다른 변수들의 영향을 통제한 후 폴리티컬 리스크 서비스(Political Risk Services)가 제공한 법에 의한 지배지수와 경제성장 간에는 통계적으로 유의성이 높은 플러스의 상관관계를 갖는 것으로 나타났다. 특히, 폴리티컬 리스크 서비스가 제공하고 있는 법에 의한 지배지수는 '0'부터 '6'까지 7개의 단계로 평가되고 있는데, 법에 의한 지배지수가 한 단계 상승하면 경제성장률을 1년에 0.5% 포인트 높이는 효과가 있다고 추정되었다. 그러나 법에 의한 지배관행이 이미 확립되어 있는 미국 등 주요 선진국들의 경우에는 이러한 효과가 매우 미미한 것으로 분석되었다.

법에 의한 지배관행의 확립은 단기간에 해결될 수 없고 많은 시간이 소요되는 과제이다. 이를 위해서 먼저 정부도 법체계에 명시된 대로 정책이 집행될 수 있도록 임의적인 개입을 최대한 억제하는 것이 중요하다. 또한 법원도 기업의 영업활동과 관련된 법적 분쟁에 대

[27] Robert J. Barro(2000).

한 판결을 최대한 신속하게 처리할 수 있는 전문성을 갖추는 등 효율성을 높여 나가는 노력을 강화해야 한다. 이와 함께 명시된 법과 실제로 적용되는 관행 사이에 괴리가 큰 법안들은 관행을 바꾸어 나가는 것이 가장 이상적인 방법이겠지만, 현실적으로 관행을 바꾸기가 어려울 때는 이러한 법안들을 관행에 맞게 개정하는 것도 법체계와 법의 적용에서 투명성을 높임으로써 법적 위험을 줄일 수 있는 차선의 방안이라고 생각된다.

한편, 이러한 법적 위험과 관련해서 중요한 사항 중의 하나는 재산권 보호와 관련된 것이다. 경제적인 측면에서 재산권의 보호와 관련된 법적 위험이 중요한 이유는 재산권이 제대로 보호되지 않을 경우 근로의욕이 저하되고 저축과 투자를 저해하게 되어 경제성장에 악영향을 미칠 수 있다는 점 때문이다. 특히, 지식기반경제로 발전시키는 데 지적재산권 보호를 위한 제도적 장치의 강화는 매우 중요한 과제이다.

지식기반경제에서는 재산권의 형태로 유형자산(tangible assets)의 비중은 줄어드는 반면 지적재산권(intellectual property rights)과 같은 무형자산(intangible assets)의 비중이 늘어나게 된다. 지적재산권에 대한 보호가 취약한 경우 새로운 아이디어나 기술을 개발하려는 인센티브가 약해지기 때문에 이를 막기 위해서는 지적재산권의 철저한 보호가 필수적이다. 또한 지적재산권이 철저히 보호되지 않는다면 외국기업이 우리나라에서 회사설립을 기피하는 걸림돌로 작용할 수 있다. 영국의 『이코노미스트』지[28]는 최근 중국에 대한 일본 기업의 직접투자 증가속도가 현저히 둔화되고, 그 내용면에서도 단순조립 등 노동집약적인 분야에만 국한되고 있는 현상이 발생하고 있다고 지적하고 있다. 이는 중국에서 고기술분야의 생산을 하면 지적재산권이 도난당할 가

[28] *The Economist*(2007a).

능성이 크다는 일본 기업들의 우려를 반영하고 있다고 설명하고 있다.

그러나 지적재산권은 물적 재산권과는 달리 명확하게 정의하기가 어렵다는 점 때문에 법적으로 완벽하게 보호하기가 어렵다는 문제점이 있다. 이는 지적 재산이 본질적으로 물적 자산(physical assets)과는 차이점이 있기 때문이다. 첫 번째로 소유자 이외에는 사용이 불가능한 물적 자산과는 달리 지적 재산의 경우 한 개인이 새로운 아이디어를 개발하여 이용하게 되면 다른 개인들이 그 아이디어를 이용하는 것을 막기가 어렵다는 점이다. 또한 새로운 아이디어는 언제나 정확하게 파악하여 설명하기 어려울 정도로 복잡하게 기존의 아이디어를 토대로 만들어지기 때문에 발명과 모방을 명확하게 구분하기 어렵다는 점이다. 이러한 이유 때문에 법적으로 지적 재산의 보호와 관련해서 지적 재산을 물적 재산과 동일하게 보호하여야 하는지에 대해서 논란의 소지가 클 수밖에 없게 된다.

따라서 어느 정도까지 지적재산권을 보호해야 하는가는 매우 중요한 과제이다. 지적재산권의 보호가 지나치게 엄격하게 되는 경우 지적 재산을 개발하여 혁신을 이끌어 가는 사람들을 보호할 수는 있지만, 다른 사람들이 이를 활용하여 또 다른 혁신을 창출할 수 있는 동기를 약화시킨다는 문제점이 있다. 반면에 지적 재산에 대한 법적인 보호가 모호하면 이러한 지적재산권을 핵심으로 기업활동을 하는 기업들의 법적 위험을 커지게 하여 영업위험을 높이는 결과를 초래할 수 있다. 특히, 물적 자산의 경우에는 소유권이 명확한 반면 아이디어와 같은 지적 재산의 경우에는 그 아이디어를 최초로 고안한 사람을 추적하여 특허에 대한 사용료를 지불하는 것은 매우 복잡한 과정이기 때문에 사회적 비용도 증가하고 혼란을 초래할 가능성이 커지는 등 법을 엄격하게 집행하기가 거의 불가능하다.

그러나 현실적으로 어느 정도의 지적재산권 보호가 적당한가에 대해서는 명확한 해답을 찾기 어렵고 상황에 따라 달라질 수밖에 없다. 따라서 지적재산권을 과다하게 보호되는 데 따른 문제점과 경제적 비용 그리고 지나치게 모호하게 보호되는 데 따른 문제점과 경제적 비용 사이의 균형점을 찾아가기 위해서 시행착오를 거치면서 지속적인 노력을 기울여 나가야 한다고 생각된다.

4. 노동시장의 신축성을 어떻게 높여야 하나?

세계화가 진전되면서 노동시장의 여건이 달라지고 있다. 첫째로 세계화의 진전에 따라 기업들 간의 경쟁이 격화되는 가운데 투자자본의 국가 간 이동이 쉬워짐에 따라 경영진이 생산비용 절감을 위해서 값싼 노동력이 존재하는 국가로 공장을 이전할 가능성이 더욱 커지고 있다. 이에 따라 노사관계에서도 경영진의 협상력(bargaining power)은 커진 반면, 노동자들의 협상력은 축소되고 있다는 점을 들 수 있다. 두 번째로 제품의 개발과 생산 등에 필요한 기술이 급속도로 변화하고 제품의 수명주기(life cycle)도 단축되면서, 고용주들은 생산 시설과 노동량의 투입 등에 신축적인 것을 선호하게 되었다. 따라서 고용에서도 정규직보다는 노동시간·채용 그리고 해고 등에 신축성이 높은 임시직 또는 비정규직 노동자에 대한 선호도가 높아진다. 세 번째로는 노동시장이 신축적이지 못한 국가들에 대해서는 외국기업들이 직접투자를 기피한다는 점이다.

노동시장 관련제도와 정책이 고용에 미치는 영향

이와 같은 세계화의 진전에 따른 노동시장의 여건변화는 한 국가가 새로운 고용을 지속적으로 창출하기 위해서는 노동시장의 신축성을 높이고 노사관계를 안정화시키는 것이 필수적인 과제로 대두되었다. 이를 위해서는 외국의 사례 등을 통해서 어떠한 제도와 정책들이 고용을 증대시킬 수 있는지 살펴볼 필요가 있다.

OECD[29]는 회원국 20개국[30]의 1982~2003년까지의 자료를 이용하여 노동시장과 관련된 구조조정 정책과 제도가 고용에 미치는 영향을 실증분석하였는데 그 결과는 다음과 같다. 첫 번째로는 평균적으로 노동시장과 관련된 정책과 제도의 변화가 경기순환적인 요소를 제거한 실업(non-cyclical unemployment)의 변화 가운데 2/3 정도를 설명하는 것으로 나타났다. 실업수당 지급금액이 크고 수혜기간이 길어질수록, 노동자들의 임금에서 세전과 세후의 격차인 이른바 '세금쐐기(tax wedge)'가 높을수록, 그리고 생산물시장에 반경쟁적 요소가 많은 점과 같이 경직적인 규제가 많은 국가들일수록 실업률이 높은 것으로 나타났다. 보다 구체적으로 세금쐐기와 실업수당 지급금액이 각각 평균적으로 10%씩 감소하면 실업률이 각각 2.8% 포인트와 1.2% 포인트씩 낮아지는 효과가 있으며, 생산물시장에 대한 규제의 수가 2 표준편차만큼 줄어들면 실업률은 0.7% 포인트 하락하는 효과가 있다고 추정되었다. 또한 임금협상체제가 집중화되어 있거나 노동자에 대한 교육지원 등과 같은 능동적인 노동시장 프로그램(active labor market program)을 가진 국가들은 실업률이 낮게 나타났다. 이 밖에 장년층 남자 노동자, 여자 노동자, 노년층 노동자, 청년층 노동자 등 노동인구의 집단별로 구분하여 실증적으로 분석한 결과도 집단과 관계없이 실업수당과 세금쐐기가 높을수록 고용률이 낮아진다고 분석되었다.

두 번째로는 노동시장에 대한 정책개선이 고용을 증대시키는 효과의 크기는 해당 국가의 제도적 측면에 따라서 달라질 수 있다. 해당 국가의 전반적인 정책과 제도의 기본 골격이 고용친화적(employment-

29 Andrea Bassanini and Duval Romain(2005).

30 호주·오스트리아·벨기에·캐나다·덴마크·핀란드·프랑스·독일·아일랜드·이탈리아·일본·네덜란드·노르웨이·뉴질랜드·포르투갈·스페인·스웨덴·스위스·영국·미국 등.

friendly)일수록 정책개선의 효과가 커지는 것으로 나타났다. 즉, 실업을 줄이기 위한 어떤 개혁조치도 다른 모든 개혁조치가 실업을 줄이는 방향과 일관성이 있어야만 효과를 거둘 수 있다는 점이다. 따라서 실업을 줄이기 위한 단편적인 조치보다는 잘 계획된 개혁조치들을 종합한 일괄조치가 고용을 증대시키는 효과가 훨씬 크다는 점을 시사해준다고 볼 수 있다.

세 번째로는 고용자 보호를 강화하는 입법조치가 전체 실업률에 미치는 영향은 통계적으로 유의성이 없는 것으로 나타났다. 그러나 노동인구의 집단별로 보면 고용보호를 강화하는 입법이 실업률에 미치는 영향은 통계적 유의성이 있는 것으로 나타났다. 청년노동자집단의 경우에는 고용자 보호를 강화하는 법이 청년층의 노동시장 진입을 저해하게 되면서 청년층 집단의 고용을 낮추는 요인으로 작용한 반면, 노년층 집단의 경우에는 고용을 높이는 효과가 있다고 분석되었다. 또한 여성집단의 경우 고용보호에 대한 법률이 엄격할수록 비정규직이 정규직을 대체하는 효과가 큰 것으로 나타났다.

마지막으로 고용에 가장 중요한 영향을 미치는 요소는 노동정책과 노동시장과 관련된 제도이지만 노동생산성, 교역조건, 장기실질금리 추이 등 거시경제여건도 고용에 상당한 영향을 준다고 분석되었다. 노동생산성의 하락, 교역조건의 악화, 장기실질금리의 상승 등은 고용을 악화시키는 요인으로 작용하고 있는 것으로 나타났다. 또한 거시경제의 충격이 경제에 미치는 영향은 실업수당이 높을수록 커지는 반면 임금협상체제가 집중화될수록 작아지는 것으로 나타났다.

경제유연성 확보의 아킬레스건

한편, 세계화 시대에 발생할 수 있는 여러 가지 하방위험(downside risk)에 신속하게 대응하기 위한 경제의 유연성을 높여야 하는데, 이 경우 '아킬레스건(Achilles' heel)'은 노동시장의 경직성이다. 노동시장이 경직적이면 경기상황이나 기업의 경영상태 등에 맞추어 고용조정이 원활하게 이루어지지 못하고 임금도 신축적으로 조절되지 않아 경제에 여러 가지 하방위험이 발생할 때 신속하게 대응할 수 없게 된다. 반면 신축성이 높은 이상적인 노동시장에서는 노동의 수요와 공급에 맞추어 고용과 임금이 신축적으로 조절되어 산업 간·기업 간 노동이동이 효율적으로 이루어지면서 생산활동을 원활히 지원하게 된다.

우리나라는 1997년의 외환위기 이후 노동시장의 신축성을 높이기 위해 많은 노력을 기울여 왔다. 그러나 노동시장이 아직 경직적이라는 지적이 대내외적으로 많은 가운데 노동시장의 신축성을 더욱 높여야 할 것인지에 대해서 경영계와 노동계 간에 현격한 시각차가 존재하고 있는 상황이다. 경영계는 노사관계에 대한 각종 규제와 노조의 강경한 입장 등으로 정리해고는 물론 직장 내에서의 인력운용까지 제약받고 있어 경영환경 변화에 대응한 신축적인 고용조정이 어려워 국내기업의 경쟁력을 저하시키고 있다고 주장하고 있다. 반면 노동계는 사회보장이 아직 미흡한 상황에서 추가적으로 노동시장의 신축성을 높이는 경우 고용불안, 비정규직 근로자의 증가 등 부작용이 크다는 점을 들어 부정적인 입장을 보이고 있다. 이와 같은 첨예한 시각차이는 양자 모두가 직접적인 이해당사자이기 때문에 발생될 수도 있다는 점을 고려할 때 대외기관의 평가가 보다 객관적이라고 보아야 한다.

세계은행, IMD(International Institute for Management Development), OECD 등 주요 국제기관들의 분석에 따르면, 우리나라 노동시장은 주요 선진국뿐만 아니라 대만 등 개발도상국들에 비해서도 경직적이라고 평가되고 있다. 이는 정규직 근로자에 대한 고용보호수준이 지나치게 높아 경영여건 변화에 대응한 인력조정이 어려운 점과 임금 등 고용조건의 신축적인 조절이 쉽지 않다는 점 등을 반영하고 있다고 생각된다. 예를 들면, 세계은행의 기업하기 좋은 환경조사 중에서 노

표 5-4 주요국의 채용관련 세부사항에 대한 순위 비교

구분	미국	영국	일본	독일	프랑스	이탈리아	중국	대만	싱가포르	9개국 평균	한국
채용난도 지수	0	11	28	33	67	61	11	78	0	32.11	11
조업시간 경직지수	0	20	60	60	60	60	20	60	0	37.78	60
해고난도 지수	0	10	0	40	40	40	40	30	0	22.22	30
고용경직 성지수	0	14	29	44	56	54	24	56	0	30.78	34
비임금 비용(%)	8	11	13	19	47	42	44	11	13	23.11	18
해고비용 (주)	0	22	9	69	32	2	91	91	4	35.56	91

자료: World Bank(2005/2006).

동시장과 관련된 사항은 채용관련 항목에 대한 순위인데, 앞서 언급한 대로 우리나라는 조사대상 175개 국가들 중에서 110위를 차지하고 있다.

세계은행의 채용과 관련된 세부사항에 대한 국가별 비교는 〈표 5-4〉와 같다. 우리나라는 6개 세부항목 중에서 비교대상국 평균에 비해서 채용난이도지수(difficulty of hiring index)와 비임금성 비용(non-wage labor cost)면에서 우위를 보이고 있으나 나머지 4개 항목은 열위에 있는 것으로 나타났다. 조업시간에 대한 경직성 지수(rigidity of hours index)는 비교대상 9개국의 평균은 37.8인 데 비해서 우리나라는 60이며, 해고난도지수(difficulty of firing index)는 비교대상국의 평균이 22.2인 데 비해서 우리나라는 30인 것으로 나타났다. 또한 고용경직성 지수(rigidity of employment index)는 우리나라가 34인 데 비해서 비교대상국의 평균은 22.2이고, 해고비용은 비교대상국 평균이 35.6주의 급여인 데 비해서 우리나라는 91주의 급여인 것으로 조사되었다.

한국은행이 노동시장의 신축성을 양적인 측면, 임금 측면 그리고 기능적 측면으로 나누어 분석한 자료[31]에 따르면, 외환위기 이후 기능적 신축성 면에는 어느 정도 진전이 있었으나 양적 측면과 임금 측면에서의 신축성은 그다지 개선되지 못하였다고 평가되었다. 여기서 양적인 신축성(numerical flexibility)이란 근로자수와 근로시간 등 노동력의 투입량이 신축적으로 조절되는 정도를 의미하는데, 정리해고 및 명예퇴직, 신규 채용, 임시·일용직 또는 시간제 근로자 채용 등을 통한 근로자수의 조절과 초과근로 조정, 탄력적 근무시간제 실시 등에 의한 근무시간의 조절이 쉬울수록 노동시장은 신축적이라고 평가할 수 있다. 임금의 신축적인 조절과 임금제도의 합리화 정도를 의미하는 임금의 신축성(wage flexibility) 면에서는 임금의 조절이나 연봉제와 성과급제의 도입, 퇴직금제도 개편 등 임금제도의 개선이 원활할수록 노동시장이 신축적이라고 보고 있다. 기능적 신축성(functional flexibility)은 팀제의 도입과 부서 통·폐합 등 기업조직의 개편, 근로자 재배치 등을 통한 기업 내부에서의 인력운용의 신축성(internal labor market flexibility)이 높은 것을 의미한다. 여기서 기업 내부에서의 인력운용의 신축성이라는 것은 인력수요의 변동에 대하여 해고와 채용 등을 통하여 고용을 조정하는 방식 대신에 인력을 재배치하는 방법 등을 의미한다.

이와 함께 한국은행은 협조적인 노사관계가 정착되지 못한 점, 임금체계가 성과보다는 연공서열을 중시하여 편성되어 있는 점, 사회안전망이 미흡하다는 점 등도 노동시장의 경직성을 높이게 한 요인으로 지적하고 있다. 우리나라는 오랫동안의 대립적 노사관계가 지속되

---

[31] 전광명(2004).

면서 상호 불신이 누적되어 온데다 협상시스템과 관행도 성숙되지 못해 노사 간의 이견조정과 합의가 원활히 이루어지지 못하고 있다. 또한 연공서열에 바탕을 둔 임금제도는 노동시장의 신축성을 높이는데 필수적인 장년층과 고령층의 전직과 재취업을 제약하고 있을 뿐만 아니라 기업의 인건비 부담을 가중시켜 인력에 대한 수요가 발생하더라도 신규 고용을 억제하게 만드는 요인으로 작용하고 있다. 이 밖에 전반적인 사회안전망의 발달이 미흡하여 고용조정에 대한 근로자의 저항이 클 수밖에 없다는 점도 노동시장의 신축성을 높이는 데 장애요인으로 작용하고 있다.

왜 청년실업과 비정규직이 증가하나?

우리나라의 노동시장이 주요 선진국보다 더 경직적인 원인은 무엇보다도 고용관련 제반 법제면에서의 제약요인 때문이라고 생각된다. 정규직 근로자에 대한 높은 고용보호수준, 근로자 파견에 관한 제약, 불법파업에 대한 경영자의 대항권 제한 등이 노동시장의 신축성을 제약하는 법규로 지적되고 있다. 특히, 정규직에 대한 높은 고용보호수준은 기업들이 정규직 채용을 줄이는 대신 비정규직을 선호하게 되는 요인으로 작용하고 있다. 또한 이는 프랑스의 경우와 마찬가지로 노동시장을 정규직 근무자들이 중심이 되는 내부자 시장과 비정규직과 청년층 등 신규 노동시장 참여자들이 중심이 되는 외부자 시장으로 분할하여 비정규직 노동자와 청년층의 고용안정성을 저해하고 이들의 고용사정을 악화시키는 요인으로 작용하고 있다고 생각된다.

또한 기업의 영업환경에 불확실성이 커질수록 기업들이 장기적인 채용을 기피하는 대신 비정규직 노동자에 대한 수요를 늘리게 되는 경향이 강해진다. 이러한 경향은 고용보호가 강한 가운데 세계화가 진전되고 기술발전이 빨라지거나 경기가 전반적으로 안 좋을 때 더욱 심해진다. 실제로 일본의 경우를 보면 평생고용보호제도가 정착되어 있는 가운데 1990년대 10년간의 불황을 겪으면서 비정규직의 비중이 크게 늘어난 것으로 나타나고 있다. 일본 노동인구 중에서 비정규직이 차지하는 비중은 1994년에는 19%이었으나 2007년 현재 35%로 증가한 것으로 나타났다.[32] 이는 일본의 많은 기업들이 장기불황을 겪는 과정에서 평생고용보호제도를 보존하기 위해서 정규직의 신규 채용을 최대한 억제하고 비정규직으로 대체하였기 때문이라고 분석되고 있다. 이러한 경향이 심화되면서 학교졸업 후에도 정규직 일자리를 얻지 못하고 비정규직으로 옮겨 다니는 이른바 '잃어버린 세대(Lost Generation)'를 대량으로 배출하게 되었다. 예를 들면, 캐논(Canon)사의 경우 1995년에는 공장근무자의 10%이었던 비정규직 비중이 2007년에는 70%까지 증가하였다고 한다. 이와 같이 비정규직 노동자의 비중이 늘어난 것과 함께 비정규직과 정규직 노동자들 간의 임금격차가 확대되면서 소비의 증가가 둔화되어 경기회복의 걸림돌로 작용하고 있다.

우리나라의 경우도 청년실업과 비정규직 노동자가 증가하는 것은 기존 정규직에 대한 고용보호가 강한 가운데 기업의 경영환경에 있어서 불확실성이 커졌기 때문에 발생한 것으로 보인다. 특히, 이러한 현상은 1997년의 외환위기 이후에 더욱 두드러지게 나타났다. 이는 기업들의 경영합리화와 미래 수익원에 대한 불확실성 증대 등을 반영하였다고 볼 수 있다. 또한 노사관계의 악화도 이러한 현상을 부추기게 한 요인 중의 하나인 것으로 보인다.

우리나라 노동시장의 신축성을 어떻게 높여야 하나?

우리나라 노동시장의 신축성을 높이기 위해서는 노동시장의 소득분배기능보다 노동시장의 자원배분 효율화 기능이 보다 강조될 필요

---

[32] *The Economist*(2007k).

가 있다. 즉, 노동시장이 경직적이면 여건변화에 따른 기업의 신속한 대응을 저해하여 기업실적을 악화시키고 노동자의 직업선택폭을 제약하는 등 자원배분을 왜곡시킨다. 이는 궁극적으로 세계화에 따른 범세계적 무한경쟁의 소용돌이 속에서 생존하기 위해 필수적인 국가경쟁력을 저하시키는 요인으로 작용할 수밖에 없다.

먼저 우리나라 노동시장의 경직성이 정규직 근로자에 대한 과도한 보호 등 제도적 요인에 큰 영향을 받고 있는 만큼 노동시장의 경직성을 완화하기 위해서는 노동시장의 신축성을 제약하는 노동시장 관련제도를 개선하는 것이 시급한 과제이다. 이를 위해서 먼저 노동시장 신축성을 제약하고 있는 각종 고용보호에 관련된 법규를 합리적으로 개선하는 것이 긴요하다. 이와 관련하여 유럽 국가들의 경우를 보면 고용보호가 강한 국가들일수록 고용률이 낮아지는 것으로 나타났다. 따라서 우리나라도 고용보호가 비정규직의 비중과 청년실업을 높이는 요인으로 작용할 수 있다는 점까지를 고려한다면 고용보호에 대한 과다한 보호를 합리적으로 개선할 필요성이 크다.

이를 위해서는 정리해고를 현재보다 폭넓게 인정하고 현행 60일인 노조와의 사전협의기간을 선진국 수준으로 단축하는 등 정리해고의 요건과 절차를 완화할 필요가 있다. 또한 근로자파견제도도 기업의 효율적 인력운용을 실질적으로 지원할 수 있는 방향으로 개선되어야 한다. 이를 위해 현행 26개 업종만을 허용하는 방식에서 원칙허용 예외금지방식(negative system)으로 전환하여 대상 직종을 대폭 확대하고 파견근로기간의 연장방안을 도입하는 것도 고려해 볼 만하다.

두 번째로 경기상황이나 경영성과에 따라 임금이 신축적으로 조절될 수 있도록 임금인상을 생산성 향상과 연계하는 방향으로 임금체계가 개선될 수 있도록 유도하여야 한다. 특히, 임금제도를 연공서열 위주에서 연봉제와 성과급 등과 같은 성과를 보다 중시하는 보상체계로 이행하도록 유도하는 한편 우리 실정에 맞는 다양한 임금제도를 개발·홍보할 필요가 있다. 또한 임금피크제, 임금조정 옵션제 등 기업의 실정에 맞는 탄력적 임금제도를 채택할 수 있는 여건을 조성하여야 한다. 임금피크제는 정년까지의 고용보장을 전제로 근로자의 임금을 삭감하는 제도로 정년고용보장형이라고 볼 수 있으며, 임금조정 옵션제는 정년 이후에도 고용을 보장하는 대신 임금을 삭감하는 제도로 고용을 연장하는 형태라는 점에서 차이가 있다.

세 번째로 세계화의 진전과 기술발달 등으로 기업의 경영환경에 불확실성이 커지면 채용에서 비정규직의 선호도가 높아질 수밖에 없다는 점을 감안하여 정규직과 비정규직 간의 임금격차를 축소하는 노력을 강화해 나가야 한다. 비정규직의 비중이 증가하는 현상에 대응하여 비정규직을 없애거나 줄이는 방안을 마련하는 것이 가장 이상적인 것으로 볼 수 있다. 그러나 일본 등 주요 선진국의 사례에서 보면 비정규직을 인위적으로 줄이려는 노력은 기업들의 채용 자체를 위축시키고 공장을 해외로 이전시키는 동기를 유발하는 등 부작용이 커질 수 있다는 점에 유의할 필요가 있다. 따라서 정규직과 비정규직 간의 임금 등 급여와 복지혜택의 격차를 줄여 나가기 위한 노력을 지속적으로 강화해 나가는 정책이 보다 현실적인 대안이라고 생각된다.

네 번째로 노사관계의 갈등을 해결하는 데 인위적으로 단기적인 안정을 도모하는 것보다는 노사 양측이 충분히 시간을 가지고 대화를 할 수 있는 분위기를 조성해 나갈 필요가 있다. 노사관계를 인위적으로 신속하게 안정시키는 경우 문제의 근본적인 해결을 지연시키는 한편, 노사관계 담당직원들이 임기응변적으로 대응함으로써 노사관계 정립에 일관성을 상실하는 등 부작용이 크다. 이와 관련해서 슐츠(George Shultz) 전 미국 국무장관이 한·미관계에 대한 세미나에서 행한 기조강연 내용을 참고할 필요가 있다. 그는 1950년대 초반 매사추세츠공과대학(Massachusetts Institute of Technology: MIT)에서 경제학 박사학위를 받자마자 산업경제학을 가르치면서 당시 미국 경제의 최대

현안문제이었던 노사관계에 대한 사례연구를 하였다고 한다. 그 가운데 노사관계가 안정된 기업들과 노사문제가 심각한 기업들을 분류하여 두 집단을 대상으로 비교·분석하였다고 한다. 그러나 이 연구가 끝난 지 10년 후 그가 시카고대학 경영대학원에 재직하면서 두 개의 집단에 속하였던 기업들을 다시 점검해 보았더니 노사관계가 안정된 집단의 기업들은 노사분규가 심한 기업들로 바뀐 반면, 노사분규가 심하였던 기업들은 노사관계가 안정된 기업으로 변하였다는 놀라운 사실을 알게 되었다고 한다. 그는 이러한 사실은 노사관계의 문제해결을 위해서 서로간의 타협안을 도출하는 과정이 길고 고통스러울수록 서로 상대방을 더 잘 이해하고 노사관계의 안정을 위해서 협력을 강화할 수 있는 계기가 될 수 있기 때문에 노사관계가 보다 장기적으로 안정될 수 있다는 점을 보여 주는 것이라고 주장하였다.

따라서 노사관계를 장기적으로 안정시키기 위해서는 노사 양측이 시간을 가지고 현안문제들에 대해서 충분히 토론하여 스스로 해결할 수 있는 분위기를 조성하는 것이 중요하다. 이를 위해서는 노사분규가 발생하더라도 최고경영층이나 정책당국이 서둘러 노사갈등을 봉합시키기보다는 시간이 걸리더라도 양자가 스스로 근본적인 해결방안을 찾을 수 있도록 인내를 가지고 관망해 주는 자세를 보이는 것이 바람직하다. 특히, 최고경영층이 노사갈등을 조속히 해결하는 데 치중하면 노사관계 담당부서에서는 여러 가지 편법수단으로 갈등을 봉합하려는 유인이 발생하여 근본적인 문제를 해결하지 못하고 장기적으로는 노사관계를 악화시킬 수 있다는 점에 유의할 필요가 있다. 이와 함께 장기파업 등이 불가피한 경우 사외 인력을 활용한 대체근로가 가능하도록 부분적인 신규 채용이나 하도급 등을 허용하고, 불법파업이 장기화될 경우 기업손실이 가중되지 않도록 사용자가 직장을 폐쇄하는 조치가 가능하도록 할 필요가 있다.

다섯 번째로 노동시장의 신축성을 높이는 데 직장의 연금이나 의료보험 등과 같은 비임금성 혜택 등이 직장을 옮기더라도 손해를 보지 않고 이동될 수 있는 체제를 갖추는 것도 중요하다. 현재 국민연금이나 의료보험의 경우에는 직장을 옮기더라도 자동적으로 이동이 가능하지만 직장에서 제공하는 퇴직금은 이직을 하면 손해를 볼 가능성이 크다. 특히, 세계화와 기술발전과정에서 필연적으로 늘어날 수밖에 없는 비정규직 노동자들이 퇴직관련 보상금 등을 크게 손해보지 않고 이동할 수 있도록 퇴직금 관련제도를 개편하는 것도 중요한 과제이다. 이와 관련하여 노동자들이 다른 직장으로 직장을 옮기더라도 이동시킬 수 있는 미국의 401K[33]와 같은 연금제도를 변형하여 회사와 노동자가 일정 비율로 적립하여 최종 퇴직시에 지급될 수 있도록 하는 제도를 도입하는 것도 검토할 필요가 있다. 이러한 이동이 가능한 퇴직금에 대해서 세제상으로 기존의 퇴직금과 동일한 세율이 적용되어야 할 것이다.

여섯 번째로 노동시장에 대한 정보제공의 효율성을 높이기 위해서 정부는 고용자들이 원하는 세부직종에 대한 정보가 신속하게 수집되어 고용자와 취업희망자에게 실시각(real time)으로 제공해 줄 수 있는 고용정보 시스템을 구축하고 노동자 교육체제의 신축성과 유효성을 높이는 노력을 강화할 필요가 있다. 노동시장의 수요자와 공급자간의 정보 비대칭성을 축소하기 위해서는 대기업에서 소규모 기업까지를 포함하는 국가 내의 모든 고용자들이 찾고 있는 세부직종에 대한 정보를 실시각으로 고용자와 취업희망자들에게 공급하는 고용정보 시스템을 구축하는 것도 중요하다. 또한 기술발전 등으로 경제 내에서 필요한 기술변화 등에 신축적으로 대응하여 필요한 기술을 습득하게 하는 한편 취업희망자들이나 해고노동자들에게 고용자들이 원하는

33 401K는 미국의 근로자 소득보장법의 제401조 K항에 규정되어 있는 미국의 개인연금제도로서 노동자가 급여의 일정 부분을 적립해 직접 금융상품을 선택할 수 있게 하여 노후에 대비할 수 있는 연금이다.

기술을 습득할 수 있도록 노동자들에 대한 교육체제의 신축성과 유효성을 확보하는 것도 중요한 정책과제이다.

한편, 노동시장의 신축성을 높이는 과정에서 비정규직 등 사회적 약자의 어려움이 가중되지 않도록 사회안전망 확충을 포함한 보완대책을 병행하는 것이 중요하다. 우선 고용보험 등 사회보험 혜택에서 소외되어 있는 임시직·일용직 등 비정규직 근로자의 사회보험 적용을 점진적으로 확대하여야 한다. 고용보험의 경우 2004년 1월 1일부터 적용대상이 일용근로자까지 확대됨으로써 사회안전망으로서의 역할이 제고된 측면이 있으나 실제 고용보험 가입률이 아직까지 저조한 만큼 사업장에 대한 홍보와 감독을 더욱 강화해 나갈 필요가 있다.

또한 비정규직 근로자들에 대한 비합리적인 차별대우를 해소하고 노동관련 법에서 근로자로 인정되지 않는 독자적인 작업장 등을 보유하지 않으면서 개인적으로 근로하는 보험모집인, 학습지교사 등과 같은 특수형태 근로[34] 등 다양한 형태의 취업자가 보호될 수 있도록 법체계를 정비하는 것도 긴요하다. 다만 이러한 사회안전망을 구축하는데 과도한 지원은 정부 재정상의 어려움을 가중시킬 가능성이 큰데다 실업자의 적극적인 구직의지를 약화시키는 동기를 유발시킴으로써 고용을 줄일 수 있다는 점에 유념하여야 한다. 특히, OECD의 분석결과에서 알 수 있듯이 고용보호법에 의존한 사회안전망은 급변하는 경제상황에 유연하게 대응하기 어렵게 하는 가운데 노동시장에 신규로 참여하는 청년층 등의 취업을 어렵게 하고 비정규직 노동자의 비중을 높이는 등 부작용을 초래할 가능성이 크다.

이와 함께 40세 이상의 정리해고자들의 경우 해고된 이후 일자리를 찾더라도 소득이 크게 줄어들 수 있다는 점을 감안하여 이들의 소

[34] 특수형태 근로자는 법률적 신분상 자영업자와 근로자의 중간적 속성을 지닌 노무제공자로 볼 수 있으며, 이들의 구체적인 신분에 대해서는 법원의 개별적인 판단에 의존하고 있는 실정이다.

득감소문제를 해결해 주는 방안을 모색해야 한다. 이러한 문제를 해결해 주는 방식으로는 민간금융기관이 급여보험 상품을 개발·도입하도록 하여 노동자들의 자발적인 가입을 유도해 나가는 방안도 검토해 볼 필요가 있다.

5. 금융시장을 어떻게 선진화해야 하나?

우리 정부는 2003년부터 우리나라를 국제금융의 중심지로 육성한다는 목표로 여러 가지 정책을 추진해 왔다. 이러한 정책의 추진은 비단 우리나라뿐만 아니라 일본도 1980년대부터 도쿄를 국제금융의 중심지로 육성하려는 노력을 보여 왔으며, 최근에는 중국이 상하이를, 아랍에미리트는 두바이를, 그리고 인도는 뭄바이를 각각 국제금융의 중심지로 발전시키기 위해 여러 가지 정책을 추진하고 있다.

두 도시 이야기

이러한 현상은 각국 정부들이 국제금융의 중심지를 자국 내에 발전시키면 고임금 일자리, 세수증대 그리고 국제적인 교류확대 등과 같은 이득을 얻을 수 있다는 점을 인식하고 있기 때문이라고 생각된다. 예를 들면, 뉴욕과 홍콩의 경우 금융관련 산업에서 걷어들이는 세금이 전체의 세수에서 차지하는 비중이 1/3 가량을 차지하고 있으며, 뉴욕시의 경우 금융업에 종사하는 노동자가 전체 노동인구의 15%에 이르고 있다고 한다.

그러나 객관적으로 볼 때 자국 내에 새로운 국제금융의 중심지를 발전시키겠다는 우리나라와 일부 국가들의 노력은 아직 가시적인 성과를 거두지 못하고 있다고 평가된다. 현재 모든 종류의 금융서비스를 한 군데에서 해결해 줄 수 있는 진정한 의미에서의 국제금융 중심지는 뉴욕과 런던이라고 보는 것이 지배적인 견해이다. 한편, 일본의 도쿄와 호주의 시드니는 경제규모가 큰 자국의 금융중심지로, 홍콩·싱가포르·두바이는 신흥국 지역의 관문역할을 하는 등 이들 금융센터는 나름대로의 역할을 하고 있지만 모든 종류의 금융서비스를 제공하는 명실상부한 국제금융의 중심지로 발전하지는 못하고 있다.

이와 같이 런던과 뉴욕이 지배적인 위치를 차지하고 있는 것은 다음과 같은 요인 때문인 것으로 보인다. 첫 번째로 국제항공노선이 다양하게 잘 갖추어진데다 전화와 통신시설이 잘 구축되어 있다는 점을 들 수 있다. 두 번째로는 모든 사람들이 영어를 사용하고 있으며 건전한 법체제가 확립되어 있다는 점이다. 세 번째로는 이들이 각종 증권, 파생금융상품 등이 거래되는 활발한 금융상품거래소를 가지고 있는데다 거주하고 있는 금융전문가들 그룹이 매우 크고 다양한 국적을 가지고 있다는 점을 들 수 있다. 네 번째로 런던과 뉴욕 두 도시는 거주하는 다양한 금융전문가들의 삶의 질을 높여 줄 수 있는 주거환경, 음식문화, 오락 및 쇼핑시설 그리고 다채로운 문화행사 등을 골고루 갖추고 있다는 점이다. 마지막으로 이들 두 도시가 세계 금융의 중심지로 지배적인 위치를 갖게 됨에 따라 최고의 금융전문가들을 확보하고 있기 때문에 이들과의 긴밀한 유대관계를 구축하기 위해 다른 금융전문가들을 두 도시로 유인하는 '네트워크효과(network effects)'가 있다는 점을 들 수 있다.

반면, 일본의 경우 경제강국이라는 이점과 풍부한 자금력을 바탕으로 1980년대부터 도쿄를 국제금융의 중심지로 육성하기 위해서 노력해 왔음에도 불구하고 큰 성과를 거두지 못한 것은 다음과 같은 요인들 때문이라고 생각된다. 첫 번째로 일본의 경우 자본시장보다 은행대출에 대한 의존도가 높고 세율이 높다는 점을 들 수 있다. 두 번째로는 금융규제가 비효율적이고 지나치게 많다는 점이다. 세 번째로 회계제도가 국제적인 기준과 다르고 영어를 자유롭게 구사하는 인구가 매우 제한적이라는 점을 들고 있다. 마지막으로 주거환경, 음식문화의 다양성, 오락 및 쇼핑시설 그리고 문화행사의 다양성 면에서 런던이나 뉴욕에 비해서 훨씬 열위에 있다는 점을 지적할 수 있다.

이러한 점들을 감안하여 영국의 『이코노미스트』지[35]는 일반적으로 국제금융센터가 되기 위해서는 다음과 같은 조건이 충족되어야 한다고 주장하고 있다. 우선 영어를 잘 구사할 수 있는 금융분야의 전문가들이 풍부하고 자본을 언제든지 쉽게 조달할 수 있어야 한다고 주장하고 있다. 두 번째로는 국제항공 연결과 통신시설이 편리한 가운데 회계·법률서비스 등을 원활히 지원해 줄 수 있는 등 편리한 하부구조가 잘 구축되어 있어야 한다. 세 번째로는 금융업을 수행하는데 장애가 되지 않는 우호적인 법체제와 규제환경 그리고 조세제도가 필요하다. 마지막으로 금융산업의 경쟁력 핵심은 우수한 인재들을 확보하는 것이라는 점에서 다양한 국적의 금융관련 종사자들의 삶의 질을 높여 줄 수 있는 주거환경과 교육 및 문화환경이 조성되어야 한다. 이러한 조건 등을 기준으로 컨설팅회사인 Z/Yen은 세계의 모든 금융센터 중에서 런던·뉴욕·홍콩이 가장 우월하다고 평가하고 있다.

금융시장 선진화가 왜 필요한가?

우리나라는 위에 열거한 조건을 갖추고 있지 못할 뿐만 아니라 가까운 시일에 이를 충족시킬 수도 없다. 따라서 국제적인 금융센터로 육성시킨다는 비현실적인 목표를 계속 추진해 나가기보다는 국내산업과 우리나라에 소재하는 외국기업에 보다 효율적인 금융서비스를 제공하는 한편, 금융업과 관련된 지식기반 서비스업의 발달에 촉매제 역할을 할 수 있도록 우선 금융시장을 선진화시키는 것이 보다 현실적인 대안이라고 판단된다. 특히, 아시아 인근지역에는 홍콩·싱가포

35 *The Economist*(2007d).

르·동경 등 기존의 국제금융센터들이 형성되어 있어 중국·일본 등의 기업들이 우리나라에서 자금을 조달하거나 주요 국제투자은행들이 우리나라로 지역본부를 옮길 유인은 당분간 크지 않을 것으로 보인다. 또한 지금과 같이 정보통신기술이 잘 발달되어 있는 가운데 금융서비스를 지원해 주는 법률·회계 등과 같은 우리나라 사업서비스의 국제경쟁력이 취약한 상황에서는 주요 국제투자은행들이 우리나라로 지역본부를 이전하더라도 국내고용을 증대시키는 효과는 그다지 크지 않다고 생각된다.

한편, 세계화의 진전에 대응한 경제의 유연성을 확보할 때 기업이 창업 또는 영업활동을 하는 데 필요한 자금을 쉽게 조달할 수 있고 금리변동·환율변동 등 각종 재무위험을 효율적으로 회피할 수 있기 위해서 선진화된 금융시장의 역할이 중요하다. 또한 금융시장의 선진화는 금융산업의 경쟁력을 강화할 수 있는데다 다양한 고부가가치를 창출하는 금융업무에 수반되는 법률·회계업무 등 사업서비스산업을 발달시킬 수 있는 등 지식기반 서비스업의 발전계기를 마련할 수도 있게 된다. 이와 함께 새로운 아이디어를 개발하여 상업화하는 등 지식기반 서비스업을 발전시키기 위해서는 고수익·고위험 신생기업들(start-ups)에 대해서 지분참여 등을 통해 자금을 공급해 주는 벤처캐피털(venture capital)산업의 발달이 필수적이다.

우리나라의 자본공급체계를 보면, 아직까지 은행대출 의존도가 높은 가운데 증권사의 장기자금 중개기능 수행이 미흡하고 벤처캐피털산업도 정부의 지원에 과도하게 의존하고 있어 자생력이 취약한 실정이다. 우리나라 증권사들은 규모가 영세하고 유가증권 인수·매출을 통해 자신이 위험을 부담하여 장기금융자산을 공급하는 본연의 기능은 취약한 반면 위탁매매에 대한 의존도가 높은 실정이다. 이는 증권사의 수익에서 차지하는 위탁매매 수수료의 비중을 보면 알 수 있다. 2006 회계연도 기준으로 우리나라 증권사의 영업이익 중에서 평균 57.5%가 위탁매매에서 발생하는 것으로 나타났다.[36] 미국 증권사의 영업이익에서 차지하는 위탁매매 비중이 평균 12%라는 점과 비교해 볼 때, 우리나라 증권사의 위탁매매에 대한 의존도가 월등히 높은 수준을 보이고 있음을 알 수 있다.

또한 우리나라 벤처캐피털산업의 현황을 보면 정부의 주도하에 외형적으로는 급성장을 하였으나 2002년 이후 신규 투자가 정체되는 등 시장이 위축되고 있다. OECD는 명목국내총생산 대비 우리나라 벤처캐피털시장의 규모는 미국·캐나다에 이어 세계 3위에 이를 정도로 외형적으로는 빠르게 성장하였다고 지적하고 있다. 그러나 이러한 급성장의 배경으로는 창업투자조합에 대한 정부의 출자 비중이 1997년 말의 5.7%에서 2003~2006년까지의 기간중에는 30%로 높아지는 등 정부의 직접적인 자금지원에 크게 의존하고 있다는 점이 지적되고 있다.[37]

정부가 벤처캐피털산업을 주도하는 상황에서는 자금이 과잉공급되면서 벤처캐피털 투자단계별로 도덕적 해이가 발생하여 경제 전체적으로 비효율을 초래할 가능성이 크다는 문제점이 있다. 또한 〈표 5-5〉에서 알 수 있듯이 2001년 이후 신규 투자가 정체되고 잔액이 감소하는 등 벤처캐피털시장이 위축되고 있다.[38] 특히, 창업된 지 3년 이내의 신생기업에 대한 투자비중이 2001년의 47.1%에서 2005년에는 9.4%로 하락하는 등 새로운 투자대상 기업을 발굴하여 육성하는 기능이 약화되고 있다. 또한 2001년부터 수익성이 급격히 저하된 정보통신기술산업에 주로 투자함에 따라 창업투자사의 자본이익률이 2001년 이후 1.0%에도 미치지 못하고 있어 민간자본의 자발적인 참여를 기대하기 어려운 상황이다.

---

[36] 서정의·신현열·김보성·강정미(2007).
[37] 서정의·신현열·김보성·강정미(2007).
[38] 서정의·김좌겸(2005).

표 5-5 최근의 벤처캐피털 투자실적

단위: 개, 억 원

구 분		2000	2001	2002	2003	2004	2005	2006
신규 지원	금 액	20,075	8,893	6,167	6,118	5,639	6,651	6,274
	기업수	1,901	1,117	767	615	510	524	574
잔 액	금 액	28,691	30,358	30,322	27,371	25,631	21,412	20,057
	기업수	1,973	3,076	3,082	2,861	2,618	2,272	2,030

주: 창업투자사 및 창업투자조합의 투자실적 합계.
자료: 서정의·신현열·김보성·강정미(2007).

한편, 기업들이 영업활동을 하는 과정에서 직면하게 되는 각종 위험 중에서 가장 대표적인 것으로는 영업위험(operating risk)과 재무위험(financial risk)을 들 수 있다. 영업위험은 경쟁기업의 새로운 기술개발, 원자재가격의 급등 기업이 생산한 제품의 판매에서 발생하는 수익을 변동시키는 위험을 지칭하는 반면, 재무위험은 환율·금리 등의 변화에 따라 기업의 수익을 변동시키는 위험을 말한다.

세계화가 진전됨에 따라 기업 간의 경쟁이 치열해지고 기술이 급속도로 발달되면서 새로운 기술의 개발과 활용주기가 짧아짐에 따라 기업들의 영업위험은 필연적으로 증가한다. 기업들이 영업위험 증가를 상쇄시키려면 재무위험을 축소하는 것이 필수적이다. 이를 위해서는 각종 재무위험을 헤지하는 데 효과적인 수단인 파생금융상품(financial derivatives)이 원활하게 거래될 수 있는 금융시장의 선진화가 이루어져야 한다.

우리나라 파생금융상품시장의 경우 1997년 외환위기 발생 이후 거래규모는 비교적 빠른 속도로 성장하고 있다. 그러나 내용면에서는 거래가 일부 상품에만 편중되는 경향을 보이는데다 거래상품도 다양하지 못한 실정이다. 따라서 많은 파생금융상품 거래가 외국은행 지점 등을 통하여 싱가포르 등 해외금융시장에서 거래되고 있다. 이는 기업들이 앞으로 재무위험을 효율적으로 관리하는 데 장애요인으로 작용할 가능성이 크다고 판단된다.

우리나라의 파생금융상품 거래가 활발하지 못한 중요한 요인들 중의 하나는 파생금융상품시장에 유동성을 지속적으로 제공해 주는 시장조성자(market maker)의 역할을 수행해 주는 투자은행(investment bank: IB)의 기능이 취약하다는 점을 들 수 있다. 미국 등 선진국 파생금융상품시장에서는 대형 투자은행 등이 높은 신용도와 풍부한 자금력을 바탕으로 유동성을 지속적으로 제공해 주는 등 시장조성자의 역할을 잘 수행해 주고 있기 때문에 시장이 활성화되고 있다.

한편, 세계화의 진전에 따른 기업 간의 경쟁심화는 기업의 구조조정을 촉진시킨다. 기업들이 원활하게 구조조정을 하는 데 기업 인수·합병시장의 발달은 중요한 역할을 담당한다. 범세계적으로 기업들 간의 경쟁이 치열해지면 기업들은 인수·합병을 통해서 대형화를 추구하거나 비핵심사업부문을 분할하여 매각할 필요성이 커진다. 모기업이 일부 사업부문을 분리하여 별도의 기업을 설립하고 모기업의 주주들에게 지분을 넘겨 주는 형태로는 매각(divestiture), 분리설립(spin-off), 분할설립(split-off), 분리공개(carve-off), 분리매각(sell-off) 등 다양한 형태가 있을 수 있다.

아직까지 우리나라의 기업 인수·합병시장은 활성화되고 있지 않다. 이는 우리나라의 기업문화가 기업을 매각하거나 매수할 때 공개적인 시장을 이용하기를 꺼린다는 점 등과 같이 여러 가지 관행적인 요인들이 있을 수 있다. 그러나 이러한 관행상의 문제점과 함께 우리나라 금융기관들이 기업 인수·합병에 대한 노하우와 경험이 축적되지 못하고 미국 등 선진국 금융시장에서와 같이 공개적인 시장에서 적극적으로 브로커 역할을 해 주고 있는 투자은행들의 기능이 취약하다는 점도 기업 인수·합병시장이 활성화되지 못하는 주요 요인들 중의 하나라고 생각된다.

피터 팬 증후군과 자본시장통합법

이러한 점 등을 인식하여 정부는 대형 투자은행을 육성시킨다는 목적으로 자본시장통합법[39]을 제정하게 되었다. 이 법안의 도입취지는 시의적절하고 타당하다고 보고 있지만, 많은 전문가들은 이 법만으로는 미국의 골드만삭스 등과 같은 대형 투자은행이 육성되기는 어렵다는 견해를 밝히고 있다. 오히려 이 법안의 시행을 계기로 세계수준의 대형 투자은행다운 국내금융기관이 전무한 우리나라 금융시장에서 외국의 대형 투자은행들만 이 법안의 수혜를 독차지할 것이라는 비관적인 견해까지 제기되고 있다. 따라서 법안 시행과 함께 투자은행이 대형화될 수 있는 분위기를 조성하는 것도 시급한 과제이다.

이러한 투자금융업무를 원활하게 영위하는 데 가장 장애가 되고 있는 요인으로 우리나라 증권사들의 규모가 영세하다는 점과 증권사들도 대형화를 추구하는 데 소극적이라는 점 등에서 일종의 '피터 팬 증후군(Peter Pan syndrome)'에 빠져 있다는 것을 들 수 있다. 〈표 5-6〉에서 알 수 있듯이 2006년 말 현재 국내 5대 증권사의 총자산과 자기자본 규모는 각각 미국 5대 투자은행의 1.3%와 6.7%에 불과할 정도로 극히 영세한 실정이다. 또한 이러한 규모의 영세성 때문에 영업범위 측면에서도 우리나라 증권사들은 위탁매매에 대한 의존도가 높은 반면 다양한 파생금융상품의 시장조성자, 기업 인수·합병의 브로커 역할 등 투자금융업무에 수반되는 각종 위험을 부담할 수 있는 능력이 취약한 상황이다. 이는 수익원을 다변화하고 있을 뿐 아니라 높은 리스크 관리능력을 바탕으로 자기매매와 투자은행분야의 수익기여

---

39 자본시장통합법은 금융에 대한 현재의 기관별 규율에서 기능별 규율체제로의 전환, 금융투자상품의 포괄주의 도입, 금융투자업 상호간의 겸영 허용을 통한 업무범위 확대, 설명의무 도입 등 투자자 보호제도의 선진화를 주요 내용으로 담고 있으며 자본시장에서 영위하거나 취급할 수 있는 금융업 금융상품의 규제를 철폐함으로써 금융혁신과 경쟁을 촉진하자는 취지의 법안이다. 이 법안은 2007년 상반기에 국회에서 통과되면서 2009년부터 본격적으로 시행될 예정이다.

표 5-6 한국과 미국의 5대 증권사 규모 비교

단위: 10억 달러, %

구 분	총 자 산		자기자본	
	2005년	2006년	2005년	2006년
미국(A)	596.7	730.8	24.1	28.3
한국(B)	7.1	9.6	1.6	1.9
B/A	1.2	1.3	6.6	6.7

주: 미국은 Goldman Sachs, Morgan Stanley, Merrill Lynch, Lehman Brothers, Bear Stern, 한국은 우리투자·삼성·대우·한국투자·현대증권 등 5개사의 평균.
자료: 서정의·신현열·김보성·강정미(2007).

도가 매우 높은 수준을 유지하고 있는 주요 선진국 투자은행들과 대조적이라고 볼 수 있다.

따라서 대형 투자은행을 육성하기 위해서는 증권사의 대형화가 긴요한 과제인데, 투자금융업무에 대한 노하우와 경험이 축적되어 있는 한국산업은행을 대형화하는 등 투자금융업무에서 시장을 선도할 수 있는 금융기관을 시급히 육성하여 여타 민간증권회사들도 대형화할 수 있는 분위기를 조성할 필요가 있다. 우리나라의 경우 상대적으로 투자금융업무의 경험이 가장 풍부한 기관은 한국산업은행이기 때문에 한국산업은행의 정책사업부문을 분리한 후 이 은행이 관리하고 있는 대우증권과 합병하여 투자금융회사로 독립시키면 시장선도자의 역할을 수행할 수 있을 것으로 보인다.

이러한 대형 투자금융회사가 출현하면 여타 증권회사들도 자발적인 인수·합병 등을 통해서 대형화를 추구할 가능성이 크다고 생각된다. 또한 일부 증권사들이 인수·합병을 통해서 대형화를 추구하면 나머지 증권사들은 특정 업무에 전문화하는 부수적인 효과도 기대할 수 있을 것으로 보인다. 만약 기존 증권회사들이 자본력 부족으로 대형 투자금융회사의 설립이 어렵게 되는 경우 금산분리법[40] 적용을 제한적으로 배제하는 방안도 고려해 볼 수 있다. 이러한 대형 투자은행의 육성 등이 본격적으로 추진되면 새로운 노동력에 대한 수요를 창출하게 되어 노동시장의 신축성 제고과정에서 개혁을 추진할 때 발생할 수 있는 일자리 감소를 상쇄시키는 부수적인 효과도 기대할 수 있다.

이와 함께 투자금융회사의 업무수행에 있어 어떠한 제도적 장애요인이 있는지를 검토한 후 문제점들을 지속적으로 개선해 나가야 한다. 학계·업계·관계부처의 실무진으로 투자금융업무 활성화 실무위원회를 구성하여 투자금융회사가 파생금융상품에서의 시장조성업무, 기업 인수·합병 중개업무 등을 수행하는 데 실무적으로 어떤 어려움이 있는지를 면밀히 조사하여 금융규제 등 애로요인들을 개선해 나갈 수 있는 방안을 시행해 나가야 하겠다.

한편, 금융시장 선진화와 관련해서 검토되어야 할 과제는 금융규제에서 영국식·미국식 방식 중 어느 방식을 채택하는 것이 바람직한가에 관한 사항이다. 적용범위가 넓은 원칙에 입각하여 위험을 중심으로 규제하는 특징을 가진 영국식 규제방식이 기존의 국제금융센터인 홍콩뿐만 아니라 현재 국제금융센터를 육성하고자 하는 두바이 등에서 채택하고 있다. 일부 전문가들은 영국식 방식이 미국식 규제방식에 비해서 내부자거래와 다른 화이트칼라 범죄(white-collar crime)에 대해서 지나치게 관대하고 개인투자가의 이익과 관련된 소매금융서비스보다는 금융기관 간의 거래인 도매금융서비스에 초점을 맞추고 있다는 점 등을 들어 바람직하지 않다고 주장하고 있다. 반면, 다수의 전문가들은 국제적인 금융기관을 유치하는 데 제재보다는 대화를 중시하고 도매금융서비스에 초점을 맞추는 것이 불가피하다고 주장하고 있다. 특히, 세계화에 따라 주요 도시들이 국제금융센터가 되기 위해서 치열한 경쟁을 벌이고 있는 상황에서는 보다 많은 금융기관을 유

40 산업자본이 금융자본을 잠식할 경우 불공정한 일들이 발생하는 것을 방지하기 위해서 금융자본과 산업자본을 분리시키는 법이다.

치할 수 있는 영국식 규제방식이 우월하다고 평가되고 있다.

민간주도 벤처캐피털산업의 체계적인 육성

이와 함께 지식기반 서비스업의 발전 등 우리나라의 새로운 성장 원동력을 찾기 위해서는 벤처캐피털이 지속적으로 공급될 수 있도록 벤처캐피털의 공급체제를 선진화하는 것이 핵심적인 과제이다. 앞서 언급한 대로 우리나라의 벤처캐피털산업이 비교적 단기간 내에 성장한 것은 정부의 직접적인 자금지원에 힘입은 바가 컸다. 그러나 우리나라의 벤처캐피털산업을 지속적으로 발달시키기 위해서는 정부의 역할을 축소하고 민간부문의 자발적인 참여를 유도해 나가기 위한 동기를 부여할 필요가 있다.

벤처캐피털을 민간주도로 발달시키기 위해서는 먼저 정부의 역할을 재정립하는 것이 필요하다. 우리나라의 경우 「벤처기업 육성에 관한 특별조치법」 등에 의하여 벤처기업의 범위를 명시적으로 규정하여 벤처캐피털 업무를 수행하고 있는 금융기관의 업무재량권을 지나치게 제약하고 있을 뿐만 아니라 자금의 지원에서도 정부가 창업투자조합 등에 대해서 직접 출자하는 형식에 의존하고 있는 등 정부의 역할이 지나치게 크다. 이는 벤처캐피털산업의 자생력을 키우는 데 장애요인으로 작용할 가능성이 크다는 문제점이 있다.

이러한 문제점을 해결하기 위해서 먼저 미국 등 선진국과 같이 벤처기업에 대한 정의를 명시하지 않고 벤처캐피털 업무를 취급하는 금융기관의 재량권을 높이는 방향으로 관련 법체계를 통합하여 단순화할 필요가 있다. 또한 정부의 창업투자조합에 대한 직접출자를 점차적으로 축소·폐지하는 대신 미국의 소기업투자회사(Small Business Investment Company)의 경우와 같이 창업투자사가 공모를 통해서 발행하는 사채에 대하여 정부가 지급을 보증하는 방안으로 대체해 나가는 것이 바람직하다.

또한 벤처캐피털이 민간주도로 지속적으로 공급될 수 있기 위해서는 벤처기업에 투자하는 펀드들이 다양하게 등장할 수 있도록 펀드들을 조성하여 홍보·판매할 수 있는 금융기관의 중개기능을 향상시키는 것이 필수적인 과제이다. 우리나라의 경우 아직까지도 금융기관별로 간접금융상품의 취급범위에 대한 규제가 있어 벤처기업에 대한 투자를 전담하는 간접투자상품을 취급하는 금융기관이 제한적이다. 이에 반해 미국의 경우 이러한 규제가 없기 때문에 연기금은 벤처기업 투자펀드에 대한 투자 중의 절반 정도를, 은행·보험사 등 금융기관을 포함할 경우 투자자금의 70% 정도를 차지하고 있는 것으로 알려지고 있다. 금융권별 간접투자상품 취급을 제약하는 규제를 대폭적으로 개선하면 여러 가지 금융상품을 조합하여 보다 다양한 형태의 수익과 위험을 가진 금융상품을 개발함으로써 수익과 위험에 대한 투자자들의 다양한 선호도를 충족시킬 수 있는 부수적인 효과도 기대할 수 있게 된다. 또한 정부에서 벤처기업 투자관련 간접금융상품에 대해서 세금우대를 해 주는 조치 등을 도입하는 방안도 검토해 볼 필요가 있다.

투자자보호의 강화

이와 함께 외국인들의 참여확대가 국내금융시장의 부문 간 연계성을 높이고 국내투자자들도 이들의 노하우를 전수받을 수 있다는 점을 감안하여 투자자보호 등을 강화해 나가는 것이 바람직하다. 외국인 투자자들은 파생금융상품시장과 현물시장 간의 재정거래(arbitrage) 활성화 등을 통해 여러 금융시장 간의 연계성을 높이는 한편, 이들의 투자기법을 국내투자자들에게 전수해 준다는 장점이 있다. 외국인 투자자들이 투자를 하는 데 가장 중요한 관심사 중 하나는 해당 국가가 투자자를 얼마나 잘 보호하고 있는가에 관한 사항이다.

우리나라는 1997년 외환위기 이후 사외이사제도의 도입, 공시제

표 5-7 주요국의 투자자보호 관련 세부사항에 대한 순위 비교

구분	미국	영국	일본	독일	프랑스	이탈리아	중국	대만	싱가포르	9개국 평균	한국
공시정도지수	7	10	7	5	10	7	10	8	10	8.22	7
이사책무지수	9	7	6	5	1	2	1	4	9	4.89	2
주주소송지수	9	7	8	5	5	6	4	4	9	6.33	7
투자자보호지수	8.3	8.0	7.0	5.0	5.3	5.0	5.0	5.3	9.3	6.47	5.3

자료: World Bank(2005/2006).

도의 개선 등 투자자 보호제도를 강화하는 데 많은 노력을 기울여 왔다. 그러나 세계은행 등 대외기관의 평가는 아직까지 만족할 만한 수준은 아니다. 앞서 언급한 바와 같이 세계은행의 평가에 따르면 투자자보호 등 전반적인 재산권 보호에 대해서 우리나라는 조사대상 175개국 중에서 60위를 차지하고 있다.

〈표 5-7〉은 투자자보호에 대한 세부사항인데, 모든 지수들은 최저가 '0' 최고가 '10'이다. 이러한 지수들은 10에 가까울수록 해당 항목이 투자자를 완벽하게 보호하고 있음을 나타내 주고 있다. 공시정도지수(extent of disclosure index)의 경우 우리나라가 7로서 비교대상국 평균 8.2보다 약간 낮은 것으로 나타났다. 이사가 이사회에서 주주에게 손실을 미치는 상황이 발생하였을 때 이사가 책무를 부담하게 되는 정도를 나타내는 이사책무지수(director liability index)는 비교대상 9개국 평균은 4.9인 데 비해 우리나라는 2로 크게 열위에 있다고 판단된다. 주주들이 소송하기 쉬운 정도를 나타내 주는 주주소송지수(ease of shareholder suits index)의 경우 우리나라가 7로 비교대상국 평균인 6.3보다 약간 우위에 있으나, 투자자보호의 강도를 나타내 주는 투자자보호지수(strength of investor protection index)에서는 비교대상국의 평균이 6.5인 데 반해 우리나라가 5.3으로 열위에 있다고 평가되었다.

따라서 투자자보호를 강화하기 위해서는 사외이사 등을 포함한 이사회의 권한과 책임을 보다 강화해야 한다. 1997년 외환위기 이후 이사회의 책임과 권한을 강화하려는 정책당국의 여러 가지 노력에도 불구하고 대외기관의 평가는 미국·영국·일본 등 주요 선진국보다 열위에 있으며, 싱가포르와 대만보다도 낮은 평가를 받고 있다. 이와 함께 전반적인 투자자보호의 강도를 높이고 공시제도도 계속 개선해 나갈 필요가 있다.

금융전문인력 등의 양성

이 밖에 금융산업의 경쟁력을 높이는 데 최고의 무기는 우수한 인적자원의 확보라고 볼 수 있다. 특히, 자산운용, 파생상품거래, 리스크 평가·관리, 투자은행업무 등을 취급하는 전문인력의 확보는 금융시장 선진화의 핵심 요소가 되고 있으나 우리나라는 이러한 전문인력이 크게 부족한 상황이다. 2005년 말 현재 우리나라의 금융업 종사자 중에서 전문인력 비중은 7%이고, 공인재무분석사(Chartered Financial Analyst: CFA) 등 전문자격 소지비율은 1.2%에 불과하다. 이는 미국 20%에 비하면 매우 낮은 수준이다.[41]

따라서 금융시장을 선진화하기 위해서는 개별 금융회사뿐만 아니라 유관기관 등을 중심으로 금융전문인력을 체계적으로 육성할 필요가 있다. 정부는 최근 발족한 금융전문대학원과 금융인력 네트워크를 활용하여 금융전문인력을 체계적으로 양성하고 수급상황에 관한 정보를 확충하는 데 주력하고 있으나 이러한 노력을 더한층 강화해 나가야 한다. 또한 금융기관 스스로도 비용통제로 순이익을 늘리는 성장구조가 한계에 봉착하고 있는 점을 인식하여 인력투자를 과감하게 늘릴 필요가 있다. 이와 함께 금융기관들이 기업 인수·합병업무, 파생

[41] 서정의·신현열·김보성·강정미(2007).

금융상품 관련업무 등 부가가치가 높은 업무를 취급하는 데 필수적인 법률·회계 등과 같은 금융산업과 연관된 사업서비스부문에서도 핵심적인 전문인력이 확충될 수 있는 노력도 강화해 나가야 한다.

6. 금융시스템의 안정성은 어떻게 확보하나?

세계화의 진전으로 범세계적으로 금융·자본시장이 통합화되면 금융위기 등 경제위기가 다른 국가들로부터 전염될 가능성이 증대할 뿐만 아니라 자산가격의 급등락을 통해 국내금융위기의 발생가능성도 커진다. 금융시장의 범세계적 통합화는 실물경제 연결고리, 금융 연결고리, 자본시장의 불완전성으로 인한 연결고리 등 세 가지 경로를 통해서 국가들 간에 경제위기가 전염시킬 가능성이 증대된다. 또한 세계화의 진전으로 국내물가에 대한 해외로부터의 영향이 증가함에 따라 중앙은행이 통화정책기조를 판단하는 데 오류를 범하여 과잉유동성이 공급되거나 대규모 외국인 투자자금의 유출입으로 금융위기가 발생할 가능성도 커질 수 있다.

모든 금융위기의 중심에는 자산을 적당한 가격으로 매각할 수 없는 상황인 유동성 부족현상(illiquidity)이 항상 발생한다. 유동성 부족현상은 자산을 보유하고 있는 금융기관들의 자금부족현상이 초래되어 이들이 자금을 확보하기 위해 보유자산을 대량 매각하거나 보유자산을 담보로 차입을 할 수밖에 없는 상황으로 진전되면서 발생한다. 이러한 유동성 부족현상이 심화되면 보다 많은 거래자들이 보유자산을 매각하여 현금을 확보하고자 하는 과정에서 자산가격은 더욱 하락하게 된다. 이에 따라 자금공급자들도 보다 많은 담보를 요구하거나 대출을 줄이면서 차입금융기관들의 지급불능이 발생하여 금융위기로 발전하게 된다. 1998년 미국의 대형 헤지펀드인 LTCM(Long-Term Capital Management)사가 파산하면서 발생한 금융위기가 가장 대표적인 사례이다.

또한 유동성 부족현상은 거래자들이 결과에 대한 확률분포를 어느 정도 계량화하는 것이 전혀 불가능한 위험인 이른바 '나이트의 불확실성(Knightian uncertainty)'에 직면하게 되면서 발생하는 경우가 많다는 주장도 있다. '나이트의 불확실성'이라는 것은 1920년대부터 1940년대 후반까지 미국 시카고 경제학파를 주도하였던 나이트(Frank Hyneman Knight) 교수가 1921년 『위험, 불확실성과 이윤(*Risk, Uncertainty and Profit*)』이라는 저서에서 위험(risk)과 불확실성(uncertainty)은 다음과 같이 구분해야 한다고 주장하였다. 먼저 위험은 결과가 불확실하지만 결과에 대한 확률분포는 사전적으로 어느 정도 알 수 있기 때문에 경제주체들이 기대효용(expected utility)을 극대화함으로써 합리적인 의사결정을 할 수 있는 반면, 불확실성은 결과도 불확실하고 결과의 확률분포도 사전에 전혀 알 수 없기 때문에 합리적인 의사결정이 불가능하게 된다는 차이점이 있다고 설명하였다. 이와 같이 확률분포를 사전에 전혀 알 수 없는 불확실성인 후자의 경우를 '나이트의 불확실성'이라고 지칭하고 있다.

시장의 유동성이 부족하면 이러한 '나이트의 불확실성'에 직면한 거래자들이 보유자산을 대규모로 매각하면서 유동성 위기가 금융위기로 발전된다고 한다. 특히, 최근 서브프라임 모기지 부실화 이후 발생한 유동성 위기에서와 같이 파생금융상품의 거래 등을 통해서 각종 위험들이 분할되어 어떤 거래자들이 어떤 위험에 얼마만큼 노출되어 있는지가 매우 불투명한 상황에서는 거래자들이 이러한 '나이트의 불확실성'에 직면하면서 상대방과의 자금거래를 기피할 가능성이 더욱 커진다.

파생금융상품은 금융안정제인가, 금융 대량학살무기인가?

이와 함께 파생금융상품시장의 발달과 자산증권화(securitization)[42] 진전 등 금융시장이 선진화되면 시장참가자들이 레버리지(leverage)[43]를 전반적으로 증대시켜 금융위기의 발생가능성이 커진다는 견해도 있다. 이러한 견해는 실무에 능통한 금융전문가들의 견해로서 이들은 파생금융상품 거래의 증가로 인한 금융시스템 전체의 레버리지가 증대된 상황에서 금융위기가 발생하면 금융위기의 규모나 정도가 크게 증폭될 수 있다는 점[44]을 우려하고 있다. 예를 들면, 세계적으로 투자의 귀재라고 칭송받는 미국의 버핏(Warren Buffet)은 파생금융상품을 '금융 대량학살무기(financial weapons of mass destruction)'라고 지칭하면서 파생금융상품 계약에는 파생금융상품 소유자에게 장래에 막대한 손실을 끼칠 수 있는 위험이 잠복되어 있으며, 기업의 재무담당자들이 주주의 돈으로 도박을 할 수 있게 한다고 주장[45]하고 있다. 이러한 파생금융상품의 발달과 자산증권화의 진전은 각종 위험을 분리하여 각각의 위험을 이를 선호하는 투자자들에게 팔기 때문에 거미줄처럼 얽혀 있는 위험을 누가 어느 정도 가지고 있는지 파악하기가 매우 어려워진다. 이러한 상황에서 유동성 위기가 발생하면 정보의 비대칭성 증폭을 통해서 시장참가자들이 거래상대방의 안전성을 판별하기가 어려워져 금융시스템 위험(systemic risk)으로 발전되기 쉽다는 것이다.

---

[42] 자산증권화라는 것은 기업이나 금융기관이 보유고 있는 외상매출권, 대출 등 자산을 특수목적회사에 매각하여 특수목적회사가 그 자산에서 발생하는 현금흐름을 기초로 새로운 증권을 만들어 매각하는 방식을 의미한다.

[43] 타인으로부터 빌린 차입금을 늘리는 것을 의미하는데, 차입금 증가를 지렛대(leverage)로 삼아 자기자본이익률을 높일 수 있다.

[44] *The Economist*지도 이러한 견해에 동의하고 있는데, 최근 Subprime Mortgage, Yen Carry Trading과 관련된 범세계적인 금융시장 혼란이 일어나고 있는 데에 있어 파생금융상품 거래로 인한 레버리지 증대의 역할에 크게 우려하고 있다. 보다 자세한 내용은 *The Economist*(2007b) 참조.

[45] *The Economist*(2004).

그러나 이러한 견해에 대한 반론도 만만치 않다. 다수의 학자들은 적어도 이론적으로는 파생금융상품시장의 발달이나 자산증권화의 진전이 경제주체들이 금융관련 위험을 위험부담을 기피하는 주체에서 위험부담을 즐기는 주체로 이전시킴으로써 경제 전체적으로는 위험배분의 효율성을 높일 수 있다고 주장하고 있다. 예를 들어, 그린스펀 전 미국 연준 의장은 신용관련 파생금융상품(credit derivatives) 등과 같은 파생금융상품시장의 발달과 부채담보부증권(CDO) 등과 같은 증권화는 은행과 같이 레버리지가 큰 금융기관에서 금융관련 위험을 보험회사, 연기금과 같은 레버리지가 작은 금융기관으로 이동시킬 수 있게 하여 금융시스템의 효율성을 높일 수 있다고 주장하였다. 그는 실제로 새로운 사업의 인가 등을 위해 거액을 차입하였던 미국이나 유럽의 전화회사들의 사업이 예상보다 악화되어 주식가격이 폭락하고 다수의 첨단 정보통신관련 업체들의 부도를 내는 사태가 발생하였는데도 불구하고 이러한 파생금융상품의 발달 덕분에 심한 금융위기까지로 진전되는 것을 방지하였다고 평가[46]하기도 하였다. 또한 이들은 자산증권화의 경우도 대출 등을 기초자산으로 새로운 증권을 만들어 보다 많은 투자자들에게 손실을 분산시킴으로써 금융시장의 급성장에 따른 불안정한 요소를 흡수시켜 금융시스템의 안정성을 높이는 데 기여하였다고 보고 있다.

이와 같이 상반된 견해가 대립하고 있지만 한 가지 분명한 사실은 파생금융상품시장의 발전과 자산증권화의 진전은 금융시스템 전체적으로 레버리지를 증가시킨다는 점이며, 이는 양날의 칼(two-edged sword)과 같이 금융시스템의 안정화를 도모하는 측면과 불안을 초래하는 측면이 공존한다고 볼 수 있다. 어떤 면에서는 최근 발생한 미국의 서브프라임 모기지 부실화와 관련된 범세계적인 금융불안(finan-

[46] Alan Greenspan(2004).

cial strain)의 향후 전개방향에 따라 파생금융상품시장의 발달과 자산증권화의 진전이 금융시스템 안정에 어떠한 영향을 미치는지에 대한 평가가 달라질 수 있다. 그러나 현재까지의 전개과정을 보면 이러한 금융상품들의 발달이 기대하였던 것보다는 금융시장을 안정시키는 효과가 크지 않다고 볼 수 있다. 또 한 가지 분명한 사실은 파생금융상품의 발달과 자산증권화의 진전을 바탕으로 다양한 금융상품들이 범세계적으로 확산되면서 세계 전체적으로 금융시장의 효율성은 획기적으로 개선되었지만, 이에 따라 한 국가의 금융위기가 신속하게 범세계적 금융시스템으로 전파되었다는 점이다.

최선의 방어수단은 무엇인가?

세계화 시대에는 개별 금융기관들의 내부 위험통제 시스템을 잘 발전시켜 스스로 위험관리를 철저하게 하는 것이 금융시스템 안정을 위한 최선의 방법이다. 개별 금융기관은 자신이 어떠한 위험에 노출되어 있는지에 대한 정보를 가장 많이 보유하고 있기 때문에 위험관리를 가장 잘할 수 있다. 일반적으로 파생금융상품과 관련해서 큰 사고가 난 경우들을 살펴보면 자산운용을 담당하는 부서나 담당자가 손실이 났을 때 남에게 알리지 않고 은밀히 손실을 만회하려다가 더 큰 손실을 입게 되는 경우가 많다. 따라서 제3자가 일상적으로 기관 전체의 위험을 잘 통제할 수 있으면 작은 손실이 눈덩이처럼 늘어나 큰 손실이 발생하는 것은 방지할 수 있으며, 개별 금융기관의 파산이 금융시스템 전체의 불안을 초래하는 것을 방지할 수 있다.

그러나 개별 금융기관들이 위험통제 시스템을 활용하는 데 개별 금융기관에서 사용하고 있는 계량화된 위험관리모형들은 정상적인 상황에서는 효과적인 수단이 될 수 있지만 자산가격의 거품발생과 붕괴 등과 같은 이례적인 상황에서는 무용지물이 될 가능성이 크다. 계량화된 위험관리모형은 일반적으로 정규분포와 같이 '종모양의 곡선

(bell curve)' 형태의 확률분포를 가정하게 되는데, 이러한 확률분포에 따르면 금융위기의 발생은 그 확률이 거의 '0'에 가까운 이른바 "평균에서 9 표준편차 벗어난 확률로 일어나는 사건(nine standard deviation event)"이라고 볼 수 있다. 그러나 역사적으로 금융불안의 경우 발생확률이 정규분포(normal distribution) 등에서 추정되는 것보다 훨씬 높다는 이른바 '두터운 꼬리위험(fat-tail risk)'에 노출되어 있다는 것이 지배적인 의견이다.[47] 따라서 금융기관들이 스스로 계량화된 위험관리모형에서는 거의 발생가능성이 없는 이러한 상황을 가정하여 스트레스 테스트(stress test)[48] 등으로 취약점을 발견하여 대비책을 마련해 나가는 것이 중요하다.

두 번째로 금융위기 발생의 주요인 중의 하나가 정보의 비대칭성에 기인한다는 점을 감안하여 각종 거시경제 통계나 해당 기업 또는 금융기관 등 개별 기업 및 금융기관의 실적이나 재무상태 등에 대한 세밀한 통계의 정확도를 높이고 대외에 지체 없이 정기적으로 발표하는 관행을 확립함으로써 정보의 비대칭성 여지를 축소해 나갈 필요가 있다. 금융위기는 해당 국가의 경제상황이나 해당 기업의 경영 및 재무상태에 대한 정보부족으로 인한 신뢰도의 위기(crisis of confidence)에 의해 촉발될 가능성이 크다. 예를 들면, 1994년의 멕시코 외채위기와 1997년 태국의 외환위기는 정부가 적시에 정확한 통계를 제공하지 않았다는 점도 중요 요인 중의 하나라고 지적되고 있다.

폭풍의 언덕

세 번째로 재무당국, 중앙은행, 금융감독당국의 책임과 권한을 보다 세부적으로 명시하여 금융위기가 발생할 조짐을 보이는 경우 이

47 *The Economist*(2007h).

48 금융시스템이나 위험통제 시스템 등에 여러 가지의 상황변화를 가할 때에도 안정적으로 작동하는지를 확인하는 시험을 지칭한다.

와 관련된 권한과 책임을 가진 기관들이 신속하게 필요한 대응조치들을 시행할 수 있도록 제도적 장치를 마련해 놓는 것이 중요하다. 이와 관련하여 2007년 9월에 영국에서 발생한 대규모 예금인출사태(Bank Run)는 좋은 사례가 될 수 있다.

에밀리 브론테(Emily Bronte)의 소설『폭풍의 언덕(*Wuthering Heights*)』의 무대인 요크셔가 위치한 영국 북동부지역을 중심으로 영업활동을 하고 있는 주택담보대출업체인 노던록(Northern Rock)은 영국에서 다섯 번째로 큰 주택담보대출업체로 급성장하게 되었다. 노던록이 급성장하게 된 것은 대출에 소요되는 자금을 예금보다는 단기금융시장에서 단기차입으로 조달하는 전략을 이용하였기 때문이었다. 노던록은 자금소요액의 3/4 정도를 단기금융시장에서 조달하였다고 한다. 이러한 전략은 단기금융시장에서 자금을 언제든지 조달할 수 있다는 전제하에서만 가능하다. 그러나 미국의 서브프라임 모기지 부실화 문제가 발생한 이후 미국은 물론 영국 등 유럽의 단기금융시장에서 신용경색(credit crunch)이 발생하면서 금융기관들이 자금조달에 어려움을 겪게 되었다. 대규모 예금인출사태의 발단은 공교롭게도 영란은행이 자금조달의 어려움을 겪고 있던 노던록에 자금을 지원하겠다고 발표한 이후에 촉발되었다. 영국의 달링(Alistair Darling) 재무장관이 노던록이 안전하다는 여러 차례의 구두개입에도 불구하고 사태가 계속 악화되자 급기야는 영국의 재무장관이 노던록의 모든 예금을 국가가 보증한다는 발표로 사태가 진정되었다. 영국에서는 1866년 이후 처음으로 이러한 대규모 예금인출사태가 발생하였다고 한다.

이와 같이 노던록에서 발생한 대규모 예금인출사태의 배경으로 영국이 1997년의 통화금융제도 개편 이후 금융시스템에 이상 징후가 발생되었을 때 영란은행과 금융감독청(Financial Services Agency)이 취해야 할 구체적인 조치가 불분명하는 등 구조적인 공백이 존재하였다는 점과 예금자보호제도가 취약하다는 점 등이 지적되고 있다. 1997

년 통화금융제도 개편으로 영란은행에서 은행감독기능을 떼어 내어 금융감독청에 이관한 후 금융감독청은 개별 금융기관을 감독하는 반면 영란은행은 금융시스템의 안정성에 대해 책임을 지고 있다. 실제로 영란은행은 대규모 예금인출사태가 발생하기 5개월 전인 2007년 4월 대출의 증권화와 파생금융상품의 이용이 급격하게 확산되자 이러한 상품에 대한 투자자들의 위험인식이 급격히 상승하는 경우 금융기관·기업·가계 등의 차입비용이 크게 상승하여 금융경색을 초래할 가능성이 있다고 경고한 바도 있었다. 그러나 영란은행은 금융감독당국이 아니기 때문에 아무런 조치를 취하지 않고 있다가 노던록의 자금부족이 심화되기 시작한 후에 노던록에 대한 자금지원 계획을 발표하였다. 그 결과 노던록에 영란은행이 250억 파운드를 대출해 주고 영국 정부가 300억 파운드를 지급보증을 해 주는 등 대규모의 공적 자금이 투입되었다.

또한 영국의 예금자보호제도는 미국에 비해서 보장되는 금액이 적을 뿐만 아니라 예금자가 보험금을 지불받는 데까지 많은 기일이 소요되기 때문에 대규모 예금인출사태를 방지하기가 어렵다는 지적[49]도 있다. 현재 영국의 예금자보호제도는 1개 은행예금에 대해서 처음 2,000파운드에 대해서 100% 보장되고, 그 다음의 3만 3,000파운드까지는 90%에 대해서 보장되고 있으며, 보험금이 예금자에게 지급되는데 6개월이나 소요된다고 한다. 반면 미국의 경우는 10만 달러까지는 전액 보상되며, 보상에 소요되는 기간도 며칠밖에 안 걸린다고 한다.

유동성 관리가 왜 중요한가?

네 번째로 금융감독 당국은 금융기관들의 지급불능위험을 줄이기 위한 자기자본 규제뿐만 아니라 유동성 관리에 대해서 각별한 관심을

[49] 보다 자세한 내용은 *The Economist*(2007e) 참조.

기울여야 할 것이다. 특히, 미국 서브프라임 모기지의 부실화에 따라 발생한 단기금융시장의 신용경색은 본질적으로 은행들의 지급불능의 문제라기보다는 유동성 문제라는 점을 부각시켜 주는 계기가 되고 있다. 은행들에 대한 적정 자기자본(capital adequacy)에 대한 규제는 기본적으로 은행들을 지급불능(insolvency)사태로부터 보호해 주기 위한 규제로서 은행들을 유동성 위기로부터 보호해 줄 수는 없다. 실제로 서브프라임 모기지의 부실화 문제가 제기되기 시작한 후 서브프라임 모기지를 기초자산으로 한 자산유동화 증권의 신용위험에 대한 우려가 증폭되면서 이러한 자산유동화 증권시장의 유동성이 급속도로 고갈되었다. 이에 따라 금융기관들의 단기차입 수요가 크게 늘어나는 가운데 거래상대방이 부실자산 보유규모에 대한 불확실성이 고조되면서 신용경색이 심화되었다. 이에 따라 자금조달을 자산유동화 증권시장과 단기금융시장에 의존하던 금융기관들이 유동성 위기에 봉착하였다.

이러한 사태가 발생되면서 2007년 10월 영란은행의 킹 총재는 각국의 금융감독당국은 은행들의 유동성에 대해서는 상대적으로 큰 관심을 가지지 않았던 반면 자기자본 규제에 치중해 왔다는 문제점을 지적하기도 하였다. 즉, 은행의 자기자본 규제에 대해서는 바젤1(Basel I), 바젤2(Basel II)[50] 등 국제적인 표준이 있어 왔으나 아직까지 유동성 관리에 대해서는 비공식적인 지침만 있고 국제적인 표준은 없는 상황이다. 따라서 금융감독 당국은 자기자본 규제 이외에 금융기관의 유동성 관리에 대한 감시기능을 강화할 필요가 있다.

이와 함께 이번 서브프라임 모기지 부실화에 따른 금융불안이 발생된 과정에서 국제결제은행(BIS)의 자본금에 기초한 새로운 방식의

50 국제결제은행의 바젤 은행감독위원회가 권고한 은행의 자기자본에 관한 협약인데, 기존에 사용하고 있는 바젤1에 의한 자기자본비율 산정방식으로는 은행의 신용위험 및 안정성을 정확히 측정할 수 없다고 판단하여 새롭게 추진하는 규약이다.

규제인 바젤2 협약(Basel II Accord)의 문제점이 제기되었다. 바젤2 협약 또는 국제결제은행의 신자기자본 협약은 자산의 위험도를 평가하는 데 신용평가기관의 신용등급에 의존하고 있다는 문제점이 있다. 이번 서브프라임 모기지를 기초자산으로 부채담보부증권(CDO) 등으로 증권화하는 과정에서 신용평가기관이 지나치게 관대한 신용등급을 부여하여 신용평가의 객관성과 신뢰성이 크게 훼손됨에 따라 이들 신용평가기관의 신용평가에 의존하고 있는 바젤2 방식이 유용한 것인지에 대해서 의문이 제기되고 있다. 특히, 신용평가에 대한 수수료를 발행자가 부담하기 때문에 신용평가기관들이 수입을 늘리기 위해서는 발행자들에게 보다 관대하게 신용등급을 부여하는 동기를 유발할 가능성이 크다는 본질적인 문제점도 지적되고 있다.

이러한 문제점에 대해서는 국제결제은행의 바젤 은행감독위원회(Basel Committee on Bank Supervision)에서 이번 사태를 계기로 해결방식을 모색할 것으로 보이지만 우리나라도 바젤2의 본격적인 시행에 있어서 신용평가의 신뢰성을 높일 수 있는 방안 등 여러 가지 보완책을 마련하는 것이 바람직하다고 생각된다. 특히, 바젤 2방식에 따르면 자체의 위험관리 시스템이 잘 발달되어 있는 대형은행 등은 자체방식을 활용할 수 있기 때문에 별다른 문제점은 없겠으나 자체의 위험관리 시스템이 잘 발달되지 못한 소규모 은행들은 신용평가기관의 신용평가에 의존한 표준화된 방식을 활용하게 되기 때문에 표준화된 방식을 얼마나 엄격하게 적용할 것인가에 대해서 면밀한 검토가 필요하다고 판단된다.

다섯 번째로는 은행들의 유동성 위기가 발생하지 않도록 하기 위해서는 은행에 대한 유동성 공급에서 최종대부자(lender of last resort)의 역할을 하는 중앙은행의 금융안정에 대한 책임과 권한이 강화되는 것이 중요하다. 이는 유동성 위기가 발생하였을 때 최종적으로 유동성을 공급해 줄 수 있는 유일한 기관은 중앙은행이기 때문이다. 또한 앞에서 지적한 바와 같이 영국에서 발생한 노던록의 예금인출사태가 악화된 사례에서도 중앙은행의 최종대부자 기능이 금융시스템의 안정성을 확보하는 데 중요한 역할을 하고 있다는 점을 시사해 주고 있기 때문이다.[51]

물론 중앙은행에서 금융감독기능을 떼어 내면 중앙은행이 취약한 은행들을 지원하기 위해서 금리를 낮추는 것과 같이 중앙은행의 물가안정을 위한 본연의 통화정책 수행에 전념할 수 없게 되는 소지를 제거한다는 장점이 있는 것은 사실이다. 그러나 미국 연준의 경우에서와 같이 최종대부자의 역할을 담당할 수밖에 없는 중앙은행이 금융감독기능을 보유하는 것이 금융시스템의 안정성 유지에 기여하고 있다고 평가되고 있다. 따라서 이러한 문제의 발생을 예방하기 위해서는 위기발생시 최종대부자의 역할을 할 수밖에 없는 중앙은행에 대해 금융안정에 대한 권한과 책임을 법적으로 명시해 주는 것이 바람직하다고 생각된다.

제1종 오류와 제2종 오류

과잉유동성 공급으로 인한 금융불안문제를 사전에 예방하기 위해서는 중앙은행에 대해 물가안정 이외에 금융안정에 대한 책임과 권한을 법에 명시해야 한다. 그리고 앞에서 언급한 대로 물가목표제의 목표구간을 현재의 3년보다 하나의 경기순환 전 과정이 포함될 만큼 장기화하고 경기상승기에도 경기하강기에 못지않게 거시경제의 건전성을 보다 세밀히 관찰하여 금융불균형이 발생되지 않도록 해야 할 것이다. 이와 같은 중앙은행에 대한 금융안정에 대한 책임과 권한의 부여는 중앙은행 입장에서 금융불균형에 대해 사전적으로 판단하는 데 제1종 오류와 제2종 오류를 범할 가능성이 증대되어 정치적인 부담

[51] *The Economist*(2007g).

이 커진다. 이러한 점을 고려해서 사후적 기준으로 정책오류에 대한 책임추궁 등을 하지 못하도록 하는 제도적 장치가 마련되어야 한다.

이 경우 금융불균형이 발생한다는 것이 귀무가설이라면 제1종 오류는 실제로 금융불균형인데도 금융불균형이 아니라고 판단할 오류이고, 제2종 오류는 금융불균형이 아닌데 금융불균형이라고 판단할 오류를 의미한다. 앞서 언급한 대로 국제결제은행의 보리오 등은 금융불균형의 경우 제1종 오류의 기회비용이 크다는 점을 강조하고 있다. 금융불균형에 대한 사전적인 판단이나 대응과 관련하여 좋은 사례가 될 수 있는 것은 1997년에 발생한 우리나라의 외환위기라고 생각된다. 그 당시 위기는 금융위기와 외환위기가 동시에 발생되는 쌍둥이 위기(twin crisis)라고 볼 수 있다. 이러한 상황에서 가령 정책당국이 사전적으로 외환위기가 발생된다고 판단하여 이를 방지하기 위해 금리를 대폭 인상하였더라면 외환위기는 방지하였을 가능성이 있으나 금융위기를 증폭시키는 결과를 초래하였을 것이다. 이 경우 일반국민들 입장에서 중앙은행이 실제로 발생하지도 않았던 외환위기를 방지하였다는 공로를 인정하기보다는 오히려 통화정책이 금융위기를 부추겼다고 비난할 가능성이 커지는 등 중앙은행의 통화정책에 대한 정치적인 책임문제가 발생될 수 있었다.

또한 중앙은행은 일반적으로 정책의 결과에 대해서 불확실성이 큰 상황에서는 가급적 정책수단의 조절폭을 축소하여 정책실패의 위험을 줄이려는 경향이 있게 된다. 이른바 '브레이나드의 축소화 원칙(Brainard's Principle of Attenuation)'이라고 지칭되는 이러한 성향은 경제학자인 브레이나드(William Brainard)가 1967년에 주장하였다. 이 이론은 중앙은행 정책수단의 변화가 지출에 미치는 영향에 관해서 불확실성이 큰 경우 중앙은행은 이러한 불확실성이 작은 경우에 비해 정책수단을 가급적 적게 변화시키려 한다는 것이다. 이러한 원칙을 원용하면 중앙은행은 앞으로 금융불균형의 발생 여부를 판단하는 데 불확실성이 크고, 그 결과에 대한 정치적인 부담이 커지면 이를 자체적으로 판단하여 적극적으로 대응하기보다는 대다수 의견을 따라 가거나 이러한 판단을 유보하고 가급적 정책조절을 축소하려는 동기가 발생하게 된다고 볼 수 있다.

이러한 문제점들을 해결하기 위해서는 중앙은행의 정책수행상 오류가 발생하더라도 사후적인 관점으로 평가하기보다도 사전적인 관점에서 평가해 주는 관행이 정착되는 것이 중요하다. 보다 구체적으로 중앙은행의 정책결정은 앞으로의 경제전망 등에 근거한 것이다. 이러한 전망은 전망 당시에 가용할 수 있는 모든 정보를 이용하여 최선을 다한 것이지만, 사후적으로 보면 정확할 가능성보다 틀릴 가능성이 큰 경우가 자주 발생되기도 한다. 특히, 전망기간이 장기화될수록 전망의 정확성은 저하될 수밖에 없다. 사전적으로 최선을 다한 전망이지만 사후적으로 틀리게 된 전망을 근거로 하여 정책을 결정할 경우, 그 정책은 사전적으로 볼 때는 최선의 선택이지만 사후적으로는 오류가 될 수 있다. 중앙은행이 정책수행상 오류를 범하더라도 사전적인 관점에서 평가해 주어야만 중앙은행이 문제의 발생조짐이 보이는 경우 적극적으로 대응정책을 수행할 수 있는 동기를 유발하여 문제발생을 사전에 방지할 수 있게 된다.

다섯 번째로 수시로 정보를 교환하고 문제가 발생할 때 공동으로 대응할 수 있는 중앙은행과 금융감독당국 간의 긴밀한 협조체제를 구축하는 것이 필요하다. 일반적으로 중앙은행은 거시경제, 금융시스템, 시장행태 등에 대해 우월한 정보력과 분석력을 가지고 있는 반면, 금융감독당국은 개별 금융기관의 행태와 위험관리 관행에 대해 우월한 정보력을 가지고 있다. 이들이 서로 모든 정보를 교환하여 분석한 후 정기적으로 만나 금융안정 현황에 대해 의견을 교환하는 관행을 확립할 필요가 있다.

베지홋의 원칙과 그린스펀 풋

금융불균형 등 금융시장에 문제가 발생한 경우 그 문제가 특정 부문에 한정된 경우에는 금융감독당국의 미시적 수단을 이용하는 것이 효과적이지만, 이러한 문제가 보다 일반적이거나 시장 전체로 확산되는 경우에는 중앙은행이 금융시스템의 위기로 확산되는 것을 방지하기 위해서 유동성 조절이나 금리조절로 대응하는 것이 불가피하다. 여기서 유동성 조절은 시장참가자들이 일시적으로 겪을 수 있는 유동성 부족을 해결해 주는 수단인 반면 금리조절은 위험자산에 대한 선호도를 변화시키는 것을 통해 투자자들의 위험선호도에 영향을 주는 정책수단이라는 점에서 차이가 있다.

일반적으로 금융위기의 발생 초기 단계에서는 신용경색이 발생하게 되는데, 이 경우 금융시스템과 결제시스템이 원활하게 작동되기 위해서는 은행들에 대해 중앙은행이 유동성을 충분하게 공급해 주는 것이 필수적이다. 한편, 금융불안이 지속되면 시장참가자들 사이에 운용하는 자산의 만기를 가급적 단기화하는 가운데 안전자산 선호현상(flight to quality)이 확산[52]되면서 우량자산인 국채 등에 투자를 집중하고 비우량자산을 외면하게 된다. 이 경우 중앙은행의 금리인하는 단기금리와 장기금리 간의 격차와 우량자산의 수익률과 비우량자산의 수익률 간의 격차확대를 통하여 시장참가자들의 장기자산과 위험자산에 대한 선호도를 높일 수 있게 된다.

금융위기 발생에 대한 대응책으로서 가장 고전적인 대응방식은 1873년에 발간된 영국의 『이코노미스트』지 창간자인 윌슨(James Wilson)의 사위이면서 초대 편집인을 역임한 베지홋(Walter Bagehot)이 쓴 『롬바르드 스트리트(*Lombard Street: A Description of the Money Market*)』에 서술한 이른바 '베지홋의 원칙'이라고 볼 수 있다. 베지홋은 금융위기가

52 이에 대한 보다 구체적인 내용은 Sungmin Kim(1999) 참조.

발생하여 금융기관들의 유동성이 부족하게 되면 영란은행이 일시적으로 유동성이 부족하지만 지불능력이 있는 금융기관에 대해서 우량한 담보를 바탕으로 원하는 만큼의 자금을 빌려 주되 금리는 벌칙성 금리를 적용해야 한다고 주장하고 있다.

베지홋의 대응방식은 과거에 금융시장이 상대적으로 덜 발전되었을 때 제안되었지만 현대에서도 매우 유용한 방식이라고 평가되고 있다. 특히, 지불능력이 있는 은행에 한정하여 우량한 담보를 바탕으로 벌칙성 금리를 적용하는 원칙은 지불능력이 없는 은행은 퇴출시키는 한편 은행들이 자금운용을 잘못한 것에 대해 벌칙을 가하고 앞으로도 지나친 위험선호 행태를 조장하는 등 도덕적 해이가 발생하는 것을 방지하는 데 매우 효과적인 방식이라고 판단된다.

반면 중앙은행이 자산가격의 거품이 붕괴되는 등 금융위기의 조짐이 보일 때 금리를 인하하여 자산가격의 추가적인 하락을 방지함으로써 금융기관들의 유동성 부족을 완화시켜 주는 방식도 있다. 이른바 '그린스펀 풋(Greenspan Put)'이라고 지칭되는 이러한 방식은 그린스펀 전 미국 연준 의장이 재임하던 18년 동안 주식가격이 급락하거나 LTCM과 같은 헤지펀드의 파산 등으로 금융불안이 심화되는 경우 미국 연준이 금리를 인하하여 투자자들에게 미국 연준이 자산가격에 풋옵션을 제공해 주는 것과 동일한 효과를 통해서 투자자들의 손실을 줄여 준다는 것이다. 이러한 '그린스펀 풋'은 결과적으로 투자자들의 지나친 위험선호 행태를 조장하였다는 비판을 많이 받고 있다.

실제로 많은 전문가들은 LTCM의 파산으로 금융시장에 불안이 발생하였을 때 그린스펀의 미국 연준이 단기간 내에 3차례에 걸쳐서 금리를 인하한 것이 결과적으로 기술주의 거품(Dotcom Bubble)을 증폭시키는 데 상당히 기여하였다고 지적하고 있다. 또한 최근 미국의 서브프라임 모기지의 부실화로 인해 발생되어 전 세계적으로 번지고 있는 금융불안의 근본원인은 2001년 초 기술주들을 중심으로 주가가 급락하였을 때 미국 연준이 금리를 대폭 인하하였던 것이 화근이 되었다는 비판도 제기되고 있다. 그 당시 미국 연준은 2001년 1월 3일 긴급 연방공개시장위원회(FOMC) 개최를 통해서 6.5%이었던 페더럴 펀드 금리를 0.5% 포인트 인하하였던 조치를 시작으로 그 후 2003년 6월까지 12차례에 걸쳐 페더럴 펀드 금리를 1.0%까지 인하하였다. 이러한 강력한 금융완화정책의 결과로 주택건설이 늘어나고 주택가격이 상승하게 되었다. 주택건설의 활황은 새로운 주택의 구입 등에 따라 소요되는 내구소비재 구입증가와 주택가격 상승으로 인한 자산효과로 소비증가 등을 통해서 경기를 부양하게 되어 2001년 초 미국 경제가 단기적인 경기하강 국면으로부터 회복되는 과정에서 저금리정책이 중추적인 역할을 담당하였다고 평가할 수도 있다.

그러나 이러한 정책의 단기적인 성공에도 불구하고 미국 연준은 정보통신기술산업 등에 대한 과잉투자, 주식가격의 거품붕괴 등으로 기업설비투자의 급격한 감소, 마이너스의 자산효과로 인한 민간소비 위축 등으로 발생한 경기침체를 주택가격 거품으로 대체하여 주택건설 활황과 주택가격 거품에 의한 자산효과로 상쇄시켜 현재의 고통이 미래의 더욱 커진 고통을 초래하게 되었다는 지적이 대두되었다. 이와 함께 기업과 가계 등 경제주체들이 주식가격 급락과 과잉설비투자로 인해 입게 된 손실을 금리인하를 통해서 축소시켜 줌에 따라 그 이후에도 경제주체들의 지나친 위험선호 행태를 조장하는 등 도덕적 해이를 불러일으켜 결과적으로 주택가격의 거품붕괴로 인하여 금융위기를 초래하였다는 비난을 피하기는 어려울 것으로 보인다.

따라서 금융불안에 대응하여 유동성 조절이나 금리조절을 고려할 때 정책당국자들이 유념하여야 할 것은 정책당국의 개입은 시장의 실패(market failure)나 외부효과(externalities)가 극심하여 은행의 유동성 위기가 금융시스템의 위기로 번질 가능성이 크다고 판단되는 상황에서만 정당화될 수 있다는 점이다. 이는 금융불균형에 대응하여 정부가 너무 빈번하게 시장에 개입하면 문제가 발생할 때마다 정부가 과다하게 위험을 노출한 투자자들을 구제해 준다는 시장참가자들의 도덕적 해이를 불러일으켜 자기 자신들의 위험관리를 소홀히 하여 동일한 문제가 계속 반복하여 발생될 수 있다는 점 때문이다.

그러나 은행은 본질적으로 단기수신으로 장기대출을 하게 되므로 자산과 부채의 만기 불일치가 심한 기관이어서 예금인출 등과 같은 상황변화에 매우 취약한 금융기관이고 은행의 도산은 결제시스템을 마비시킬 수 있다. 이러한 점 때문에 은행은 엄격히 규제되고 있는 대신 은행들이 위기에 봉착하면 정책당국이 즉각적으로 개입할 수밖에 없게 된다. 이와 같이 중앙은행이 유동성 조절 등으로 시장에 개입하는 것이 불가피하였던 상황의 대표적인 사례로 금융시스템에 대한 신뢰성이 훼손되면서 시장의 실패와 외부효과가 발생하게 되어 정상적인 통화정책의 수행이 어려워지고 수시로 지급결제제도의 정상적인 작동이 어려웠던 1997년 12월 우리나라의 외환위기가 발생하였을 때를 들 수 있다.[53] 금융시스템의 안정을 위해서 유동성 조절이 불가피한 상황이 발생하더라도 가급적 베지홋의 원칙에 따라서 우량한 담보를 바탕으로 벌칙성 금리를 적용하여 자금을 공급해 주는 것이 바람직하다고 생각된다. 이와 관련하여 1997년 우리나라 외환위기과정에서 경험한 바와 같이, 중앙은행이 개별 금융기관에 대해 자금을 지원한다는 사실이 금융시장에 알려지면 해당 금융기관의 평판과 신뢰도가 손상되어 오히려 예금인출이 가속될 수 있다는 점에 유의해야 한다. 또한 금융감독당국의 미시적 수단을 통한 대응에서도 규제를 지나치게 강화하는 것이 금융시장 발전과 금융혁신을 저해할 수 있다는 점을 감안하여 신중하게 접근할 필요가 있다.

마지막으로 금융의 안정성 유지를 위해서는 IMF와 세계은행 등

53 이에 대한 보다 구체적인 내용은 Sungmin Kim(1999) 참조.

국제금융기구와의 협력을 강화하는 한편 주요국의 정책당국과의 공조체제를 구축하여 국가들 간에 금융위기가 전파되는 경우에 공동으로 대처할 수 있는 기반을 마련할 필요가 있다. 이를 위해서 먼저 IMF와 세계은행에서 공동으로 주관하여 각국의 금융안정성을 평가하는 '금융부문 평가 프로그램(Financial Sector Assessment Program: FSAP)' 등을 활용하여 객관적인 제3자가 지적한 금융시스템상의 문제점을 발견하여 지속적으로 개선해 나가도록 노력해야 한다. 또한 세계화의 진전으로 국가들 간에 금융위기가 전염되기 쉽다는 점에 유념하여 주요국의 정책당국과 정보를 수시로 교환하고 위기가 발생할 징후가 보이거나 실제로 발생할 때 신속하게 공동으로 대처할 수 있는 협조체제를 구축해 나가는 것도 중요하다.

7. 교육개혁은 어떻게 추진해야 하나?

세계화가 진전되는 과정에서 두 가지 핵심요소는 정보와 혁신인데, 이 두 가지 요소는 모두 지식집약적인(knowledge intensive) 성격이 강하다고 볼 수 있다. 이는 세계화의 진전에 지식의 파급은 핵심적인 요소로 작용하는 동시에 세계화는 지식을 보급하는 교육에 대해서도 중대한 영향을 미친다는 사실을 의미한다. 따라서 세계화의 진전은 지식을 가장 가치가 높은 상품으로 만들기 때문에 교육투자의 중요성이 높아지게 된다.

7.1. 왜 교육개혁이 필요한가?

스탠퍼드대학의 카노이(Martin Carnoy) 교수는 세계화의 진전은 교육에 대해서 다음과 같은 영향을 미치고 있다고 주장하였다.[54] 첫 번째로 세계화의 진전은 고급기술을 보유하고 있는 노동의 수요가 커지는 한편 노동자들이 수행하는 직무가 계속 변화하고 다양한 직무를 동시에 수행할 수 있는 능력을 요구하게 된다는 점이다. 이는 노동력에 대한 평균적인 교육수준을 높여야 된다는 점과 직장인에 대한 새로운 기술이나 지식을 보급할 수 있는 교육수요가 늘어나게 된다는 점을 의미한다. 특히, 고학력 노동자의 임금이 상대적으로 높아지면서 대학 이상의 고등교육에 대한 투자수익률이 고등학교 이하의 교육에 비해 상대적으로 높아지기 때문에 대학 이상의 고등교육에 대한 수요가 늘어난다는 것이다.

두 번째로 세계화의 진전은 우수한 교육제도를 가지고 좋은 교육을 받은 노동인구를 보유하고 있는 국가들에 자본이 집중되면서 경제발전을 가속화시킨다는 점이다. 이에 따라 모든 국가는 고급교육을 받은 노동인구를 배출하기 위해 교육의 질을 높이기 위한 지출을 증가시킬 수밖에 없게 된다는 것이다.

세 번째로는 국가별로 교육제도의 우월성이 비교되면서 평가를 받게 된다는 점을 들 수 있다. 세계화의 진전은 세계 전체적으로 투자와 자본이 자유롭게 이동하면서 영어 구사능력, 수학적인 추리능력, 과학적인 사고능력을 보유한 고학력 노동력에 대한 수요가 크게 늘어난다. 따라서 이러한 국가별 교육제도의 평가에서 수학, 과학 그리고 국제표준어로서의 영어 구사능력 등에 대한 교육의 중요성이 증대된다는 것이다.

마지막으로 교육제도에서 정보통신기술의 활용이 높아진다는 점을 들 수 있다. 정보통신의 활용은 원거리 교육의 비용을 획기적으로 낮출 뿐만 아니라 인터넷의 활용으로 질이 높은 교육을 제공할 수 있게 한다는 것이다.

---

54 Martin Carnoy(1999).

요약하면 세계화의 진전과 기술발달로 저숙련 노동자의 일자리는 감소하는 반면 고급인력에 대한 수요는 지속적으로 증가하고 있다. 이는 다양한 고부가가치를 생산하는 능력을 가진 고학력 노동력을 배출할 수 있는 교육제도를 구축하는 것이 중요한 과제라는 점을 보여주고 있다. 이러한 점 때문에 주요 선진국에서는 고급인력을 양성할 수 있도록 교육제도를 개선하는 한편 범세계적으로 우수한 두뇌의 영입을 위해서 치열한 경쟁을 벌이고 있다. 이는 지식기반 서비스업 등 새로운 첨단산업을 발달시키기 위해서는 우수한 인재를 확보하는 것이 핵심이라는 점을 시사해 준다.

여기서 우수한 두뇌란 창조적이고 혁신적인 능력을 가진 사람이라고 볼 수 있다. 새로운 아이디어나 기술을 개발하거나 이를 이용하여 상품을 개발할 수 있는 능력을 가진 사람을 창조적이고 혁신적인 능력을 가졌다고 볼 수 있다. 예를 들어, 자신이 수행하고 있는 업무의 상세한 과정까지 직무기술서에 기록될 수 있는 업무는 전산 프로그램의 개발 등을 통해서 임금이 낮은 노동력으로 대체할 수 있어 오프쇼링의 대상이 될 가능성이 매우 크기 때문에 창조적이거나 혁신적인 능력을 필요로 하는 직종은 아니라고 볼 수 있다.

이와 같은 사람을 확보할 수 있는 최선의 방법은 교육제도를 획기적으로 개선해 나가는 것이다. 특히, 지식기반 서비스업 발전의 핵심적인 성공요소는 새로운 아이디어를 개발하고 이를 상품화할 수 있는 기업가정신(entrepreneurship)인데, 이를 위해서는 창조적이고 혁신적인 능력을 배양시킬 수 있는 교육제도가 뒷받침되어야 한다. 그러나 창조적이고 혁신적인 능력을 배양시켜 주는 자유토론 중심의 유연한 교육으로 바꾸어 나가는 것은 많은 시간과 노력이 소요되는 쉽지 않은 과제이다. 싱가포르의 경우 1997년부터 창조적이고 혁신적인 능력을 가진 인재를 양성하기 위해서 이른바 '생각하는 학교 배우는 나라(Thinking Schools, Learning Nation)'라는 프로그램을 추진해 왔으나 중앙집권적인 성격이 강하고 유교전통에 따른 위계질서 등 문화적 배경 때문에 아직까지 큰 성과를 거두지 못한 것으로 평가[55]되고 있다. 우리나라의 경우도 유교전통에 따른 위계질서가 뿌리깊이 자리를 잡고 있어 자유토론 중심의 교육이 당장 이루어지는 것은 쉬운 과제는 아니라고 판단된다.

또한 창의적이고 혁신적인 능력을 배양하는 공교육으로 전환하는 것은 교육을 통하여 가난이 대물림되는 악순환을 방지할 수 있는 사회계층 변화가능성(social mobility)을 높이는 데 가장 효과적인 방법이 될 수 있다. 미국 등 주요 선진국의 경우 교육의 사회계층 변화기능을 강조하여 가난한 학생들에 대한 고등교육 기회와 장학금 확대 등을 꾸준히 추진해 오고 있다는 것은 잘 알려진 사실이다.

7.2. 교육개혁은 어떤 기본 원칙으로 추진해야 하나?

따라서 창의적이고 혁신적인 인재를 양성하기 위한 교육개혁의 종합계획(master plan)을 작성하여 꾸준히 실천해 나가는 것이 중요하다. 이러한 계획은 다음과 같은 원칙에 의해서 수립되는 것이 바람직하다.

평준화 원칙의 전면 재검토

먼저 기존의 평준화 원칙에 대해서 전면적으로 재검토해야 할 필요가 있다. 세계화 시대가 요구하는 인재는 평균적으로 무난한 능력을 가진 다수보다 비범한 능력을 소유한 소수가 될 수밖에 없다. 이러한 우수한 인재의 양성을 위해서는 평준화 원칙에 바탕을 둔 교육제도는 장애요인으로 작용한다.

---

[55] Jason Tan and S. Gopinathan(2000).

또한 현재의 평준화 교육이 당초 의도하였던 것과는 정반대로 공교육의 기능을 저하시키고 사교육을 조장시키는 결과를 초래하였다는 지적도 많다. 상식적으로도 평준화 교육은 다양한 수준을 가진 학생들이 같이 수업을 한다는 것을 의미하기 때문에 과목을 담당하는 교사 입장에서는 어느 수준에 맞추어 학생들을 가르쳐야 하는지 결정하기가 매우 어렵게 된다. 반면 학생들의 경우도 담당교사가 가르치는 수준보다 낮거나 높은 수준을 가진 학생들의 경우 이러한 교육으로부터 별다른 성과를 얻을 수 없어 사교육에 의존할 수밖에 없다는 사실은 너무나 자명한 이치이다.

이러한 평준화 교육이 학생들의 학력을 하향평준화시키고 있다는 연구결과가 계속 나오고 있다. 최근 연세대학교의 한순구·성태윤의 연구결과에서도 평준화 정책이 학생들의 학력을 저하시킨 것으로 나타났다.[56] 이들은 2000년대 들어 새로 고등학교 평준화 지역으로 바뀌게 된 울산·분당·고양 등 10개 지역 115개 고등학교들이 평준화 이후 학생들의 학력이 개선되었는지를 서울대·연세대·고려대에 진학하는 학생들의 수를 학력수준의 평가기준으로 삼아 분석하였다. 이들의 분석결과는 이들 학교에서 3개 유수대학에 진학한 학생수가 평준화 이후 학교당 6.5명 줄어드는 것으로 나타나 평준화 이후 학생들의 학력이 저하되었다는 점을 시사해 주고 있다고 볼 수 있다.

또한 OECD가 2007년 12월 4일 공개한 OECD 회원국 30개국 등을 포함한 57개국을 대상으로 한 2006년도 학업성취도 국제비교(Program for International Student Assessment: PISA)에서 우리나라 고등학교 학생들의 과학부문 학업성취도가 2003년에는 4위에서 2006년에는 11위로 하락한 것으로 나타났다. 특히, 최상위권이라고 볼 수 있는 상위 5%의 과학성적은 2003년의 2위에서 2006년에는 17위로 하

[56] 이지훈(2007).

락하였으며, 이번 평가에서 처음 실시된 과학과목 최상수준에 도달한 학생의 비율에서도 우리나라는 1.1%로 세계 18위에 머물렀다고 발표되었다. 이러한 과학의 학업성취도와는 대조적으로 읽기와 수학부문의 학업성취도는 각각 2003년의 2위와 3위에서 2006년에는 1위와 4위를 차지하여 비교적 양호한 것으로 나타났다.

이러한 결과에 대해서 많은 교육전문가들은 과학과목을 선택과목으로 선정함에 따라 과학교육이 소홀하게 되어 학력이 저하되었다는 점과 평준화를 바탕으로 한 공교육이 학력의 하향평준화를 초래하였다는 점을 지적하고 있다.[57] 이번에 평가를 받은 2006년 당시 고등학교 1학년에 재학중인 학생들은 2001년부터 시행된 7차 교육과정의 적용을 받은 학생들이다. 이들은 중학교와 고등학교 1학년 과학수업 시간수가 주당 4시간에서 3시간으로 줄어든 교육을 받았다. 또한 이들은 고등학교 2~3학년에는 수학·과학·기술·가정 과목 중에서 필요한 과목 1~2개를 선택할 수 있기 때문에 과학을 선택과목으로 선택하지 않는 학생들이 기초를 충실히 다질 유인이 없어졌다는 지적이다. 또한 읽기와 수학의 경우 대학에 입학하기 위해서는 필수적인 과목이기 때문에 사교육을 통해서 학생들의 학력이 계속 향상될 수 있었지만 과학과목의 경우 필수적인 과목이 아니기 때문에 PISA에서 나타난 결과는 공교육의 성과라고 볼 수 있어 평준화를 토대로 한 공교육의 문제점을 보여 준 것이라고 지적되고 있다.

따라서 평준화 정책은 좋은 영향보다는 나쁜 영향이 더 크기 때문에 가급적 빠른 시일 내에 수정하는 것이 바람직한 것으로 보인다. 평준화 원칙을 주장하는 논거 중의 하나로 자주 지적되는 것이 차등화가 사교육을 부추기고 부의 세습을 가능하게 한다는 주장이다. 평준화 교육의 수정에 대한 국민적 공감을 얻기 위해서는 실제로 평준

57 배노필·박수련(2007).

화 이전과 이후 세대 간의 어느 세대가 사회계층 변화가능성이 높은지를 심도 있게 연구·검토해 그 결과를 국민들에게 공개할 필요가 있다. 또한 평등화 교육원칙을 포기하는 것에 대한 국민적인 합의도출이 어려운 경우 과목별 차등화를 점진적으로 확대해 나가는 방식을 도입하는 것도 고려해 볼 수 있다. 미국의 경우 모든 학생의 과목은 능력에 따라 차등화되어 우리나라의 몇 학년 몇 반이라는 개념은 사라져버린 지 오래되었다.

학교선택권의 점진적 확대

두 번째로는 교육도 하나의 지식기반 서비스업으로 인식하여 시장경정원리를 도입하는 한편 자율성을 높이겠다는 원칙이 필요하다. 미국 경제의 강점 가운데 하나로 철저한 경쟁원리에 입각한 교육제도를 꼽고 있다. 또한 주요 선진국들이 교육제도의 개혁을 통하여 우수한 인재를 영입하는 데 치열하게 경쟁하고 있다는 점도 이미 언급한 바 있다. 이와 함께 싱가포르는 교육을 하나의 산업으로 보고 교육산업을 육성하는 정책을 추구해 온 좋은 사례가 될 수 있다. 싱가포르 정부는 '세계의 학교 교사(Global Schoolhouse)'의 건설이라는 구호를 바탕으로, 이른바 아시아의 교육허브를 구축하고자 외국의 유명 교육기관을 적극적으로 유치하는 등 교육산업을 육성하고 있다.[58] 우리나라 서비스수지의 가장 큰 적자의 원천이 유학과 관련되어 있다는 점은 잘 알려진 사실이다. 이는 우리의 교육이 주요 선진국에 비해서 경쟁력이 없다는 점을 시사해 주는 것으로 볼 수 있다.

교육부문에 시장경쟁원리를 도입하기 위해 영국과 미국 등 주요 선진국에서 핵심적인 수단으로 사용하고 있는 방식은 학부모들에게 공립학교에 대한 선택권을 부여하는 것이다. 단위학교에 자율성과 책

---

58 보다 자세한 내용은 정재완(2006) 참조.

임을 부과하여 교육프로그램의 다양화를 유도하는 한편 학부모들에게 자녀가 다닐 학교를 선택할 수 있도록 하여 학교 간의 경쟁을 촉발시킴으로써 교육을 질을 높인다는 것이다. 주요 선진국에서는 공교육의 질을 높이기 위해서 학교경영의 자율성을 보장하는 한편 학부모의 학교선택권을 부여하는 노력을 강화해 왔다. 영국은 1980년과 1988년 교육법 개정을 통해서 학부모의 학교선택권을 제도적으로 보장하고 강화시켜 나가고 있으며, 미국은 1983년 "위기에 처한 국가(A Nation at Risk)"를 발표한 후 다양한 학교선택 프로그램을 확대시키고 있다.[59] 또한 스웨덴의 경우는 1992년부터 교육개혁을 추진하면서 학교선택과 관련하여 학부모에게 교육지불보증서(voucher)제도를 도입하는 법안을 의회에서 통과시켰다.

학교개혁과 관련해서 좋은 참고가 될 수 있는 사례로서는 최근 미국 뉴욕시에서 블룸버그(Michael Bloomberg) 시장의 주도하에서 실시되고 있는 학교개혁을 들 수 있다.[60] 뉴욕시는 학교와 교육당국 사이에 협약을 체결하여 학교측에서는 학생들의 학업성취수준을 개선하는 책임을 맡는 대신 교육과정·재정·인사 등 학교운영에 관한 자율성을 보장받는 공립학교인 이른바 '협약학교(charter school)'를 실험적으로 운영해 본 후 이를 토대로 뉴욕시 전체의 공교육기관에 개혁안을 실행하기로 발표한 바 있다. 블룸버그 시장 취임 이후 뉴욕시는 졸업률이 낮은 대형 학교는 문을 닫고 소규모 학교로 대체하는 등 여러 가지 학교개혁을 수행해 왔다. 블룸버그 시장과 뉴욕시 클라인(Joel Klein) 교육감은 뉴욕시의 전 공교육시스템을 협약학교로 만드는 등 교육개혁 최종단계의 안을 2007년 11월 5일에 발표하였다.

뉴욕시 학교개혁의 핵심은 학생들의 졸업률, 언어능력, 수리능력, 학생들과 부모들의 설문조사 등을 토대로 학교들을 평가하여 우수한

[59] 김영화·이정희(2003).
[60] 보다 자세한 내용은 *The Economist*(2007k) 참조.

학교에 대해서는 예산지원을 늘리는 방안이다. 또한 교장은 11만 5,000~14만 5,000달러의 연봉 이외에 최고 25만 달러까지의 보너스를 지급받게 된다. 학교평가에서 'D' 또는 'F'를 받은 학교에 대해서는 학교 자체에서 개선안을 작성하여 교육청에 제출하고, 교육청의 지원으로 개선안을 집행하여 2년 내에 'D' 또는 'F'수준에서 벗어나지 못하는 경우 교장은 파면된다. 또한 해당 학교가 4년 동안 개선되지 못하면 문을 닫는다. 뉴욕시의 학교개혁에서 한 가지 특이한 사항은 학교개혁에 소요되는 주요 자금을 빌 게이츠 등 자선단체의 도움을 받고 있다는 점이다. 이에 대해 클라인 교육감은 교육개혁의 초기 단계는 일종의 실험적인 성격이 강하다는 점을 강조하고 있다. 이러한 실험적인 성격을 가진 교육개혁 초기 단계에 소요되는 자금을 공적 자금으로 사용하는 것은 정치적으로 쟁점이 될 수 있기 때문에 민간자선단체의 자금을 사용하는 것이 바람직하다고 주장하고 있다.

우리나라의 경우 학교선택권에 대한 연구에 의하면 대체로 대다수의 학부모들은 학교선택권의 확대를 원하고 있는 것으로 나타나고 있다. 김영화 · 이정희[61]에 따르면 학교선택에 대한 조사결과들이 대체로 학교선택을 허용하는 고등학교제도를 긍정적인 것으로 생각하는 부모가 많으며, 이러한 경향은 최근에 가까워질수록 더욱 두드러졌다고 주장하고 있다.

이들이 2002년에 중학교 3학년에 재학중이던 학생들의 학부모 500명을 대상으로 한 설문조사 결과에서도 고교평준화에 대해서는 지지하지만 학교선택권을 부여하는 것에 찬성하는 부모들이 다수인 것으로 나타났다. 이들의 설문조사 결과에 따르면 고등학교 평준화에 대해서는 현상유지나 확대하자는 의견이 66.9%로 축소 또는 폐지해야 한다는 의견 33.1%보다 훨씬 많은 것으로 나타났다. 원하는 학교

[61] 김영화 · 이정희(2003).

를 자유롭게 지원·선택할 수 있는 고등학교 선발방식을 원하는지에 대한 질문에 대해서는 희망하는 응답자가 76.1%에 달하고 있어 대다수가 긍정적으로 생각하고 있음을 알 수 있다. 평준화 제도는 계속 유지해야 한다고 생각하면서 학교선택권은 부여해야 한다는 것은 서로 모순이 된다고도 볼 수 있다. 이에 대해 김영화·이정희는 이러한 결과는 고등학교 평준화 정책을 지지하는 학부모들도 내심으로는 학교선택을 희망하고 있다는 점을 시사해 준다고 해석하고 있다.

따라서 우리나라도 학교선택권의 점진적인 확대를 통해서 교육에도 시장경쟁원리가 도입될 수 있도록 하는 한편 학교의 자율성도 높여 줄 필요가 있다. 고등학교까지의 교육에서 학부모의 학교선택권을 확대하는 방식에는 모범답안이 없기 때문에 여러 가지 형태의 학교제도를 도입하여 실험적으로 운영해 보고 우리나라 실정에 맞는 제도를 찾아가는 노력이 필요하다. 또한 교육에 경쟁원리를 도입할 때 학교들 간의 학생, 우수한 교사 또는 교수 유치경쟁, 학교 내에서의 학생들 간의 그리고 학교 내부에서의 교수 내지는 교사 간의 경쟁 등이 포함되어야 한다.

학교들 간의 경쟁이 심화되는 경우 학부모들과 학생들이 기존 학교를 기피하는 상황이 발생하면 어떻게 처리해야 하는가 하는 문제가 발생한다. 이에 대해 네덜란드·스웨덴 등 일부 선진국의 경험에 의하면 학부모의 선택권을 존중하는 방향으로 해결하는 것이 가장 성공적인 해결방식인 것으로 평가되고 있다. 보다 구체적으로 학부모의 선택권을 강화하기 위해서는 대다수 학부모들이 새로운 학교를 원하고 새로운 학교를 설립할 의사가 있는 개인이나 단체가 있다면, 교육당국은 새로운 학교에 대해 기존의 학교와 동등한 재정지원을 제공해 주고 기피하는 학교는 폐쇄하는 것이 바람직하다는 주장이다. 이와 함께 학교에서 무엇을 어떻게 가르칠 것인가에 관한 규제를 완화하여 교육혁신을 촉진하는 한편 새로운 교육기관의 새로운 아이디어를 수용할 수 있는 분위기를 조성해 주는 것이 중요하다. 이러한 방식이 상당히 급진적인 것으로 볼 수 있겠지만, 학부모들에게 새로운 학교를 요구할 수 있는 권리를 1917년부터 부여하였던 네덜란드와 1992년부터 부여하였던 스웨덴의 경우 매우 성공적이었다고 평가되고 있다. 현재 네덜란드의 경우 70%의 학생들이 국가재정 지원으로 사립학교에서 교육을 받고 있고, 스웨덴의 경우 이미 10%의 학생들이 사립학교에서 교육을 받고 있는 상황이다.

교과과목의 축소와 이공계 우대

서 번째로는 세계화의 진전과 기술발달에 따라 요구되는 수학·과학 그리고 영어 등 핵심 과목의 교육의 질을 높이는 한편, 학생들에게 창조적이고 혁신적인 사고방식을 길러 주기 위해서는 현재의 초등·중등·고등학교 교육에서 이수해야 하는 과목을 최대한 축소해 나가야 한다는 원칙이 필요하다. 미국 등 주요 선진국의 경우 국어와 수학, 그리고 자연과학·사회과학·외국어 중에서 각각 한 과목씩 등 필수과목과 예·체능에서 각각 한 과목씩 선택하게 하는 등 학생들이 이수할 과목을 대폭 축소하였다. 이는 고등학교 교육까지 학생들이 이수해야 할 과목의 부담을 줄여 줌으로써 대학 등 고등교육을 받는데 필요한 기본 지식을 철저히 습득할 수 있도록 배려하려는 목적이다. 또한 이는 창조적이고 혁신적인 사고를 할 수 있도록 다양한 교양을 쌓는 데 시간적 여유를 주기 위한 것으로 보인다. 우리나라도 기존 교사들의 재교육을 통해 전공과목을 전환하도록 하는 것 등을 통해서 학생들이 이수해야 할 과목을 점진적으로 대폭 축소해 나갈 필요가 있다.

물론 지금까지도 교육당국이 이러한 점 등을 고려하여 학생들의 과목에 대한 선택권을 부여하여 왔으나 그 선택범위의 설정이 잘못되었다고 지적되고 있다. 특히, 2001년부터 시행된 7차 교육과정에 따르면 학생들은 수학·과학·가정·기술 중에서 선택할 수 있기 때문에 학생들이 대학 입학에 필수적이지 않은 반면, 어려운 과학과목을 선택할 동기유발이 약하게 될 수밖에 없기 때문에 21세기에 모든 분야에서 필수적인 과학지식을 함양시키는 것을 저해할 수 있다. 따라서 세계화가 급속도로 진전되는 한편 우리나라와 세계의 경제는 과학과 첨단기술을 바탕으로 한 지식기반산업이 이끌어 갈 수밖에 없기 때문에 모든 분야에서 과학·수학에 대한 정확한 이해력과 영어구사능력을 갖추지 않으면 경쟁력을 가지기 어렵다는 점을 고려해야 한다. 따라서 교육당국은 학생들이 수학·자연과학·국어·영어·사회과학 등의 기본 과목은 충실하게 이수할 수 있도록 선택권의 범위를 조정해야 한다.

네 번째로 우수한 학생들이 이공계 진학을 선호하는 환경을 조성할 수 있는 원칙이 필요하다. 앞으로의 세계는 경제성장의 주요 동력에서 신기술의 개발이나 응용의 역할이 계속 증대되는 것이 불가피하다고 생각된다. 이러한 지식·기술집약적인 경제구조에서 생존하기 위해서는 모든 분야에서 복잡한 과학기술에 대한 정확한 이해가 필수적이다. 따라서 우수한 인재들이 이공계로 많이 진학할 수 있는 환경을 조성하는 것이 중요하다. 이를 위해서 새로 설립되는 법률·경영컨설팅·의료분야의 전문대학원에서 신입생을 선정할 때 이공계 졸업자가 상대적으로 유리한 위치에 있도록 하는 등 이공계 출신에 대한 우대정책을 도입하는 것도 고려해 볼 만하다.

교사의 자질 향상

다섯 번째로는 교사의 자질을 높일 수 있도록 교사들이 학생들의 학업성취도를 높이고 자발적으로 새로운 지식을 습득하여 교육시킬 수 있는 동기를 부여해야 한다는 원칙이다. 교육의 질을 향상시키기 위해서는 무엇보다도 교사의 자질을 높이는 것이 필수적이다. 특히,

지식기반경제에서 필수적인 이른바 '지식노동자(knowledge worker)'를 양성하기 위해서는 교사가 스스로 재교육을 통해서 새로운 지식을 습득하는 노력을 강화하도록 동기를 부여하는 것이 중요한 과제이다. 이를 위해서는 좋은 자질을 가진 사람들이 교사가 되기를 원하는 동기가 유발될 수 있도록 교사에 대한 급여 등 처우를 개선하는 동시에 교사를 양성하는 교육기관의 질을 높일 수 있어야 한다. 또한 학생들의 학업성취도를 높인 교사들이 우대될 수 있도록 급여체계를 개선해 나갈 필요가 있다.

이와 함께 교사가 된 이후에도 새로운 지식이나 아이디어를 이해하여 학생들에게 전파할 수 있도록 교사들에 대한 재교육이 강화되어야 한다는 것이다. 선진국의 교육당국들은 교사들의 새로운 지식의 습득을 통하여 교육의 질을 높일 수 있도록 많은 노력을 기울이고 있다. 이러한 노력의 하나로 교사자격증을 유지하기 위한 교사들의 재교육 의무를 계속 강화하고 있다. 우리나라의 경우도 교사자격증 유지에 필요한 재교육 의무를 강화해 나가는 한편, 자질이 우수한 교사들은 금전적 보상을 받을 수 있는 체제를 구축하여 교사들이 재교육에 대해 자발적으로 참여할 수 있는 동기를 진작시킬 필요가 있다.

대외개방 등을 통한 교육사업의 효율성 제고

여섯 번째로는 교육사업의 효율성을 높이기 위해 영리법인의 참여와 대외개방을 확대해야 한다는 원칙이다. 교육의 질적 향상을 통해 경쟁력을 확보하기 위해서는 모든 교육기관의 질적 향상을 위한 동기부여를 할 수 있는 촉매제 역할을 할 선도교육기관이 등장되어야 한다. 이러한 선도교육기관의 역할을 제대로 수행할 수 있는 기관은 영리법인이 설립한 교육기관이나 해외의 교육기관으로 보인다. 따라서 교육의 대외 개방을 보다 적극적으로 추진하는 한편, 영리법인의 학교설립을 점진적으로 허용하는 방안도 고려해 볼 필요가 있다.

대학교육 이상인 고등교육의 질을 높이려면 대학운영에 자율성을 높여 주는 한편, 대학 간 경쟁을 유도하기 위해 외국의 고등교육기관을 적극적으로 유치해야 한다는 원칙이 필요하다. 지식기반경제를 발전시키는 데 필수적인 우수한 인재를 확보하기 위해서는 대학 등 고등교육의 질을 높이는 것이 중요하다. 이를 위해서는 대학운영에서 등록금 등에 대한 관여의 폭을 점진적으로 줄여 나가고, 학생선발 등에 대해서 학교 당국의 재량권을 넓혀 주는 것이 긴요하다. 또한 싱가포르와 같이 외국의 유수한 고등교육기관들을 적극적으로 유치하여 대학들 간에 교육의 질을 높이기 위한 경쟁을 활성화시킬 필요가 있다.

이와 함께 대학 등 고등교육의 질을 높이는 데 불가피하게 수반되는 교육비 증가로 교육기회가 일부 고소득계층에 집중될 수 있는 문제점을 방지해 나가야 한다. 대학 등 고등교육의 질을 높이기 위해서는 우수한 교수 확보, 실험시설의 구축 등에 많은 비용이 소요될 수밖에 없어 등록금 인상이 불가피하다. 등록금이 인상되면 이러한 고등교육의 기회가 부유층에 집중되고 저소득계층이 소외됨에 따라 사회계층 이동가능성이 저하될 수 있는 문제가 발생한다. 이러한 문제를 방지하기 위해서 저소득층에 장학금 지급이 확대될 수 있는 방안을 지속적으로 강구해 나가는 한편, 미국과 같이 학생들이 학자금을 쉽게 융자받아 직장을 가진 다음 점진적으로 갚아 나갈 수 있는 학자금 융자제도를 개선할 필요가 있다. 이와 함께 연구시설 확충과 장학금 지급 확대를 위한 사립대학의 재원조달을 원활하게 하는 차원에서 기여입학금제도를 제한적으로 도입하되 기여금이 연구개발시설의 확충과 우수한 학생에 대한 장학금 지급 등에 한정하여 사용되도록 하고 그 내역의 공개를 의무화시킬 필요가 있다.

직장인에 대한 직업교육 강화

일곱 번째로 세계화의 진전으로 직업전환이 빈번해지고 노동자에게 요구하는 기술이 다양해진다는 점을 고려하여 직장인에 대해 새로운 기술이나 지식을 전파할 수 있는 직업교육을 강화해야 한다는 원칙이다. 산업구조가 고도화되면서 제조업을 효과적으로 지원하기 위해서는 전문지식을 갖춘 지식기반 서비스업을 이끌어 나가는 전문인력의 양성이 중요하다. 특히, 사업서비스 등 고급인력 수요가 큰 부문을 중심으로 전문대학원 설립확대 등을 통해 전문인력 양성을 지원할 수 있는 체제를 구축해야 한다. 이러한 고급 일자리가 요구하는 자격조건은 급격히 변화하기 때문에 이러한 일자리가 많이 생기더라도 자격을 갖춘 구직자를 찾기 어려워 새로운 일자리가 창출되지 않는 상황이 발생할 가능성이 크다. 따라서 장기적이고 체계적인 지식기반 서비스업 전문인력 양성 프로그램을 개발하여 현장에서 직접 활용이 가능한 전문인력을 양성할 수 있도록 해야 한다.

특히, 제조업과 연관성이 높은 법률·회계·경영컨설팅 등 사업서비스, 의료·보건, 정보통신기술 등은 전문대학원 설립 등을 비롯한 전문인력 양성 프로그램을 개발하여 고급 인적자원을 육성할 수 있도록 해야 한다. 영국의 『이코노미스트』지[62]에 의하면 법률·회계·컨설팅 등 사업서비스, 의료·보건, 고급 정보통신기술, 회사의 경영관리 분야의 경우 중국·인도를 포함한 아시아 전 지역은 이미 폭발하는 수요를 충족할 수 있는 고급인력을 찾기가 어려워진 상황이며, 앞으로 이러한 서비스를 제공해 주는 고급인력의 부족현상은 더욱 심화될 것으로 전망하고 있다.

교육관련 통계 인프라와 평가체제 구축

마지막으로는 교육의 질을 지속적으로 향상시키기 위해 교육개혁이 제대로 되고 있는지를 점검하고, 어떤 분야에 노력을 강화해야 할

[62] *The Economist*(2007c).

것인지를 파악할 수 있는 통계인프라와 평가시스템이 구축되어야 한다는 원칙이다. 이를 위해서는 먼저 교육의 질 평가에 필요한 각종 통계의 편제확대와 데이터베이스 구축 등 통계인프라를 확충하는 것이 선결과제이다. 이러한 통계에는 학생들의 학업성취도 등 학생에 관련된 정보, 부모의 학력 등 학부모에 대한 정보, 교사의 자질 등 교사에 대한 정보, 학교 졸업생의 진학 및 진로 등 개별 학교에 대한 정보 등이 포함되어야 한다.

이와 함께 교육의 질을 측정할 수 있는 다양한 지표들이 개발되어 이에 대한 시계열자료를 일관성 있게 유지할 필요가 있다. 학교를 평가하는 기준과 관련하여 싱가포르는 세 가지 기준으로 중·고등학교를 평가하고 그 순위를 공개하여 학교들 간에 경쟁을 유도하였다. 보다 구체적으로 싱가포르의 교육당국은 학생들의 시험성적, 입학하였을 때와 졸업하였을 때의 시험성적 차이, 국가체력검사 결과와 과체중 학생 비율의 가중평균 등 세 가지 지표를 기준으로 학교순위를 결정하여 공개하였다. 그 결과 학교들이 순위평가를 높이기 위해 평가기준에 해당되는 교육에만 치중하여 다양한 교육과정을 제공하는 데 실패한 것으로 평가[63]되고 있다. 이러한 점에 유의하여 학교평가에서는 다양한 지표를 활용하고 평가결과의 공개 여부에 대해서도 신중을 기할 필요가 있다.

---

[63] Jason Tan and S. Gopinathan(2000).

8. 이 밖에 어떤 정책대안이 필요한가?

8.1. 수도권집중 억제정책 폐지와 사회간접자본의 확충

최근 들어 우리나라 기업이나 해외기업이 공장을 설립하고자 할 때 자주 논란의 초점이 되고 있는 것이 수도권집중 억제정책인데, 그 정책의 효과는 매우 미미한 것으로 평가되고 있다. 우리나라의 역대 정부들은 지역균형 발전을 도모하기 위해서 여러 가지의 수도권집중 억제정책을 실시해 왔다. 그러나 이러한 정부의 노력에도 불구하고 수도권집중 억제효과는 극히 미미한 것으로 나타났다. 산업연구원에 따르면 총생산액과 총사업체수 등을 기준으로 한 수도권의 상대밀도는 1995~1997년까지 짧은 기간 동안 소폭 하락하였다가 1998년 이후에 상승세로 반전된 것으로 조사되었다.[64]

수도권의 토지가격이 상대적으로 높은데도 불구하고 이와 같이 수도권집중 억제정책이 효과를 거두지 못하는 것은 기업하는 환경면에서 수도권이 다른 지역에 비해 훨씬 우월하기 때문이다. 우리나라의 수도권은 우리나라 전체 인구의 48%, 경제력의 67%, 연구개발 투자액의 80%가 집중되어 있기 때문에 기업 입장에서는 수도권에 공장을 건설하는 것이 다른 지역에 공장을 건설하는 것보다 이윤이 훨씬 많이 남기 때문이다.[65] 이와 함께 기업의 입장에서 좋은 인력을 채용하기 위해서는 교육·문화 등 생활환경면에서 우월하여 좋은 인력들이 거주하기를 선호하는 지역과 근접한 곳에 공장이나 회사를 설립하는 것이 유리하기 때문이다.

특히, 자본이동이 자유로운 세계화 시대에는 수도권집중 억제정책은 수도권에 공장을 지을 수 없는 국내기업들이 공장을 해외로 이

[64] 김영평·최병선·신도철 편(2006).
[65] 김영평·최병선·신도철 편(2006).

전하거나 수도권에 공장을 설립하려는 외국기업이 다른 국가들에 회사를 설립할 가능성이 커지기 때문에 이러한 규제의 부작용은 더욱 커진다. 즉, 세계화의 진전으로 자본이동이 자유로워진 상황에서는 수도권집중 억제정책으로 공장설립이 허용되지 않은 국내기업이 우리나라의 다른 지역에 공장을 설립하기보다는 다른 나라에 공장을 세울 가능성이 커진다. 외국기업 역시 우리나라에 공장을 건설하는 목적이 우리나라 시장에 기반을 마련하기 위한 것인데, 수도권이 우리나라 시장의 대부분을 차지하고 있는 상황에서는 수도권에 공장을 짓는 것이 비용 측면에서 유리한데다 외국어를 구사할 수 있는 인력의 채용이나 본사에서 파견되는 외국인 근무자의 생활환경면에서도 훨씬 우월하기 때문이다. 이러한 외국기업에 대해서 수도권 공장건설을 허가하지 않으면 이들 기업이 다른 나라에 공장을 짓는 것은 당연하다고 볼 수 있다.

따라서 실질적인 효과도 미미하고 세계화 시대에 부작용이 더욱 커진 수도권집중 억제정책은 가급적 빠른 시일 내에 폐지되어야 한다. 그 대신 지역균형 발전을 위해서는 낙후지역에 대한 사회간접자본의 집중투자, 지방자치단체의 실질적인 권한부여 등을 통해 수도권 이외 지역의 기업환경을 개선하는 것이 보다 현실적이고 효과적인 정책대안이라고 판단된다. 중앙정부의 예산배정에서 낙후지역에 대해 도로건설, 공장부지 개발 등에 대한 세출을 늘리는 등 공장건설에 유리한 환경을 지속적으로 조성하는 한편, 중앙정부의 권한 일부를 지방자치단체로 이양하여 지방자치단체가 기업유치를 위해서 실질적으로 사용할 수 있는 정책수단을 다양화시켜 줄 필요가 있다. 이와 관련해서 우수한 인력을 유치하기 위해서는 자녀들의 교육환경이 중요하다는 점을 감안하여 교육에 대한 권한을 지방자치단체에 이양하여 지역별로 교육을 다양화하는 방안도 고려해 볼 만하다.

8.2. 지식기반 서비스업의 경쟁활성화와 전문화·대형화 유도[66]

규제개혁의 일반적인 사항에 대해서는 이미 언급한 바 있으나, 지식기반 서비스업을 발달시키기 위해서는 지식기반 서비스업의 경쟁을 제한하는 진입제한 등 각종 규제를 과감하게 철폐 또는 완화하여 우리나라 기업 간의 경쟁을 활성화하는 것이 절실히 필요하다. 이에 대한 좋은 사례를 제공해 주는 것은 서비스산업 중에서 유통업에 대한 규제완화 사례라고 생각된다. 우리나라 유통업의 경우 1990년대 초반 매장면적에 대한 제한철폐 등 규제완화를 실시하여 국내시장에서의 경쟁촉진, 유통업체의 구조조정 및 대형화 등을 유도함으로써 우리나라 업체의 생산성을 향상시키고 외국업체와의 경쟁능력을 배양하는 등 긍정적인 효과가 컸다고 평가되고 있다.

이와 관련하여 법률·의료 등과 같이 지식기반 서비스업의 엄격한 자격증제도 등 진입장벽은 철폐 또는 적극적으로 완화할 필요가 있다. 또한 보건·의료 등과 같이 투자재원이 많이 소요되는 산업과 법률·회계, 광고, 문화, 컴퓨터·정보 등 규모의 경제가 큰 산업에 대해서는 대기업의 진출을 유도해 나가야 한다. 이를 위해서 대기업의 투자가 필요한 지식기반 서비스업에 대해서는 출자총액제한제도의 완화 등을 검토해 볼 수도 있다.

이와 함께 우리나라 지식기반 서비스업은 기업규모가 지나치게 영세하여 산업으로서 발전되기가 어렵다는 점을 감안하여 전문화·대형화를 유도할 필요가 있다. 또한 대외개방에 따른 외국업체와의 경쟁에 효과적으로 대처하기 위해서도 법률·회계 등 사업서비스업체와 영화 등 문화산업 관련업체의 대형화·전문화를 추진해 나가는 것이 중요하다. 따라서 업계는 기업 인수·합병 등을 통해 대형화·전문화

[66] 정종인 등(2007)을 참고로 작성하였다.

를 추진하고 경쟁력이 낮은 업체는 경영합리화를 위한 다각적인 구조조정을 실시하는 한편 정부도 제도개선 등을 통해 이를 적극 지원해야 한다. 구조조정의 활성화를 위하여 국제기준에 부합하는 회사정리제도 도입 등 법규 개정 등을 통해 제도적으로 지원하고, 구조조정과정에서 발생할 수 있는 실업 등을 최소화하기 위한 종업원 전직교육과 취업알선을 강화해야 한다. 이 밖에 지식기반 서비스업의 경우 취업자수가 많다는 특성이 있다는 점을 감안하여 중소기업 범위를 보다 확대하여 상대적으로 규모가 큰 기업에 대한 지원을 강화함으로써 대형화를 유도할 필요가 있다.

8.3. 지식기반 서비스업의 대외개방을 통한 국제경쟁력 강화[67]

그 동안 지식기반 서비스업의 발전이 부진하였던 것이 외국기업 진입제한에 따라 선진국 기업과의 경쟁할 기회가 적었기 때문이라는 점에 유념하여야 한다. 따라서 자유무역협정(free trade agreement: FTA) 체결 등에 의한 시장개방을 통해 선진국 기업을 적극적으로 유치하여 경쟁을 활성화함으로써 우리나라 산업의 효율성 향상과 선진화를 촉진시켜야 한다. 다만 우리나라와 외국 기업 간의 경쟁력 격차, 우리나라 기업의 성장잠재력과 경쟁력 향상 추이 등을 감안한 종합적인 개방전략을 수립하여 가급적 이에 맞추어 개방하는 방식이 바람직하다고 판단된다.

이러한 개방에 앞서 우리나라 지식기반 서비스업의 국제경쟁력을 강화할 수 있는 조치들이 선결되어야 한다. 대외개방을 우리나라 지식기반 서비스업의 선진화 계기로 활용하기 위해서는 과거 유통업 사례를 참고할 필요가 있다. 정부는 1990년대 초반 유통시장을 개방할

[67] 정종인 등(2007)을 참고로 작성하였다.

표 5-8 우리나라 서비스산업의 외국인 직접투자 현황

단위: 억 달러, %

서비스업 전체	도소매	음식 숙박	운수 창고	통신	금융 보험	부동산	사업 서비스	문화 오락	기타
605	165	57	21	20	185	41	43	56	17
(100.0)	(27.3)	(9.4)	(3.5)	(3.3)	(30.6)	(6.8)	(7.1)	(9.3)	(2.8)

주: 2005년 말 누계 기준, ( ) 내는 업종별 비중(%).
자료: 정종인 등(2007).

때 체계적인 로드맵(road map)을 수립하여 단계적인 개방을 추진함으로써 국내유통업의 선진화를 성공적으로 추진한 바 있다.

한편, 대외개방을 통해서 우리나라 지식기반 서비스업의 질적 수준을 높이기 위해서는 기술수준이 높은 선진국 기업의 유치 등 외국인 직접투자 유입 확대가 관건이다. 그러나 〈표 5-8〉에서 볼 수 있듯이 아직까지 우리나라 서비스업에 대한 외국인 직접투자는 주로 유통업·숙박업 및 금융업을 중심으로 이루어져 왔으며, 성장잠재력이 높은 사업서비스 등에 대한 외국인 직접투자는 부진한 상황이다.

지식기반산업에 대한 외국인 직접투자를 활성화시키기 위해서는 선진 기술과 지식의 파급효과가 높은 사업서비스업을 중심으로 조세감면 등 투자 인센티브를 강화하고 투자제한과 국내진입장벽을 완화하는 것이 바람직하다. 이를 위해서 외국인투자촉진법상 연구개발, 엔지니어링 등에 적용되는 조세감면제도의 적용범위를 지식기반 서비스업 전반으로 확대할 필요가 있다.

8.4. 연구개발 인프라 구축

연구개발투자 부진이 우리나라 지식기반 서비스기업들의 낮은 생산성의 주요인이라는 점을 감안하여 생산성 향상과 이를 통하여 경제

전반의 효율성을 높일 수 있는 연구개발투자 확대가 긴요하다. 이를 위해서 정부는 지식기반 서비스업의 연구개발에 대한 예산배정을 늘리고 지식기반 서비스기업의 연구개발에 대한 지출증대를 유도하기 위해서 세금감면 등 각종 인센티브를 제공할 필요가 있다.

일반적으로 새로운 지식의 전파(knowledge spillover)나 기술개발에서 대기업은 자체 연구소를 이용할 수 있으나 중소기업은 대학교 연구소나 공공연구소 등에 의존할 수밖에 없다는 한계가 있다. 따라서 정부는 공공연구소의 지식기반 서비스업체에 대한 기술개발 지원을 강화하는 한편, 대학의 연구소들을 전문화하여 지식기반 서비스업의 연구개발에 기여할 수 있도록 산학협동 강화를 유도해야 한다. 대학 연구소에 대한 정부의 예산지원에는 한계가 있기 때문에 대학의 연구소 기능 향상을 위하여 제한적인 형태의 기여입학금제도를 도입하는 방안도 검토해 볼 필요가 있다.

8.5. 지식기반 서비스업에 대한 자금공급과 산업인프라 확충[68]

지식기반 서비스업의 육성을 위해서는 지식기반 서비스업에 대해 자금이 원활하게 공급될 수 있도록 해야 한다. 일반적으로 지식기반 서비스업은 토지·기계 등 유형자산을 적게 보유하고 있어 담보능력이 여타 산업에 비해서 취약하기 때문에 담보 위주의 대출이 성행하는 상황에서는 자금조달이 어렵다는 문제점이 있다. 이러한 문제점을 개선하려면 지식기반 서비스업에 대해서 금융기관들이 담보 위주의 대출관행에서 벗어나 기업의 기술력 성장잠재력 등을 중시하는 관계형 대출(relationship lending)이나 신용대출 등을 활성화하도록 유도할 필요가 있다. 관계형 대출은 재무제표 등 공개정보를 바탕으로 이루

[68] 정종인 등(2007)을 참고로 작성하였다.

어지는 거래형 대출(transaction lending)과 달리 금융기관이 대출심사와 모니터링을 통해 얻게 되는 기업의 성장잠재력 등 사적 정보를 바탕으로 이루어지는 대출을 말한다. 또한 정부도 기존의 재정자금 배분에서 지식기반 서비스업의 지원이 높아질 수 있도록 노력해야 한다.

이와 함께 지식기반 서비스업의 발전을 위한 산업인프라를 구축하기 위해서는 지식기반 서비스업 관련 통계편제 확대와 데이터베이스 구축 등 통계인프라를 확충하는 한편 관련부처의 지원기능을 통폐합하여 정부지원체계의 효율화와 일관성을 제고해 나갈 필요가 있다. 현재 지식기반 서비스업에 대한 기초통계가 부족하고 산업분류[69]가 통일되어 있지 않아 실태분석과 정책수립에 애로요인으로 작용하고 있다. 이러한 점을 감안하여 지식기반 서비스업 분류체계를 표준화하여 이를 바탕으로 관련통계를 확충하고 통계 데이터베이스를 구축하는 등 통계인프라를 확충해야 한다. 이를 위해서 서비스업 통계조사의 주기단축, 대상업종의 세분화, 서비스 수출입통계 확충 등을 추진할 필요가 있다. 이 밖에 현재 여러 정부 부처에 분산되어 있는 지식기반 서비스업 관련 정부지원기능을 통폐합하여 지원체계의 효율화와 일관성 제고를 도모하고 부처들 간에 조정기능을 활성화하는 한편, 서비스의 질에 대한 정부인증제도와 전문자격제도 확충 등을 통한 서비스 품질의 표준화도 시급한 과제이다.

[69] 지식기반 서비스업에 대한 표준적인 정의가 없는데다 신업종의 등장 등 서비스산업의 변화가 빠르게 진행되고 있어 현재의 통계분류가 산업변화를 따라잡기 어려운 실정이다.

6

해는 내일 또 다시 떠오른다!

우리나라 경제를 둘러싼 대내외 환경이 크게 바뀌고 있다. 대외적으로 세계화가 급속히 진전되는 가운데 중국·인도 등 후발 개발도상국 경제가 급부상하면서 세계시장에서 우리나라 제품은 이들 국가의 제품과 치열한 가격경쟁을 벌이고 있다. 대내적으로 우리나라는 출산율 저하로 인구의 고령화가 급속히 진전되고 있는 한편, 1997년 외환위기 이후 수출이 호조를 보이고 있음에도 불구하고 국내기업의 시설투자와 새로운 고용창출이 크게 둔화되는 등 국내수요의 부진이 지속되고 있다.

가속화되고 있는 세계화의 진전은 우리 경제가 이러한 상황에서 벗어나 활력을 되찾는 데 절호의 기회를 제공해 준다고 생각된다. 세계화는 이제 겨우 걸음마 단계일 뿐이며, 앞으로도 수십 년에 걸쳐서 가속화될 돌이킬 수 없는 대세이다. 세계화의 진전은 우리나라뿐만 아니라 모든 국가들에게 중대한 위협인 동시에 기회가 될 수 있다. 그러나 세계화의 진전은 국가들 간의 경쟁심화를 전제로 한 것이기 때문에 모든 국가에게 기회를 자동적으로 보장하고 동일한 혜택을 주는 것은 아니라는 점이 세계화의 냉혹한 현실이다. 즉, 경제의 유연성을 확보하고 경제주체의 경쟁력을 강화하는 등 여건변화에 민첩하게 대응하는 국가들에게는 축복이 될 수 있으나, 대응이 느리고 경직적인 경제구조를 유지하는 국가들에게는 저주가 될 수도 있다.

세계화가 진전되면서 미국과 유럽 등 주요 선진국에서는 글로벌 경쟁시대에서 살아남기 위해 여러 가지 대응책들을 마련하여 추진하고 있는데, 주요 시사점은 다음과 같다.

먼저 세계화의 진전에 가장 잘 대응하기 위해서는 경제의 유연성을 높여야 한다는 점이다. 경제적 유연성은 경제에 충격이 발생할 때보다 신속하게 대응하여 그 충격을 최대한 흡수할 수 있는 능력을 의미한다. 이를 확보하기 위해서는 경제의 모든 분야에서 경쟁원리가 원활히 작동하도록 각종 규제 등 제도적 경직성을 제거해야 한다. 두 번째로는 세계화의 진전은 저숙련 일자리의 해외이전 등을 통하여 선진국들의 고용창출에 어려움이 가중되는 문제점이 발생하게 된다. 주요 선진국들 사례에서는 이러한 문제점을 해결하기 위해서는 이러한 일자리의 해외이전을 인위적으로 막는 방안보다는 노동시장의 신축성을 높이는 한편, 실직자들에 대한 재교육을 강화하고 경제주체들이 경쟁력을 확보할 수 있도록 교육제도를 개혁하는 방식이 더욱 효과적이라는 점을 시사해 주고 있다. 세 번째로 각국의 경제·사회정책은 노동시장의 신축성 등 경제적 유연성에 직접적인 영향을 미침으로써 각국이 세계화의 진전에 적응할 수 있는 능력을 결정한다는 점이다. 일반적으로 노조의 영향력이 강하고 복지제도가 엄격한 고용보호법에 의존하는 국가들은 고용률이 낮고 노동시장도 경직적인 것으로 나타났다. 마지막으로 서비스산업의 경쟁력이 높은 국가일수록 새로운 고용을 창출할 수 있는 능력이 크기 때문에 경제의 역동성이 높아 세계화 진전에 따른 여건변화에 신축적으로 대응할 수 있다는 점이다.

정책 패러다임을 바꿔야 한다

이러한 점들을 배경으로 이 책에서는 세계화 시대에 우리나라의 경제정책 패러다임을 모색해 보았다. 그 동안 우리나라는 경제성장을 최종 목표로 제조업을 중심으로 한 전략부문을 집중적으로 육성하는 수출주도형 경제성장을 추구하여 왔다. 이러한 경제성장전략의 배경에는 정부의 역할이 중시되는 가운데 한정된 자원을 대기업 등을 중심으로 한 전략부문에 집중될 수 있도록 하는 한편 국내에서의 경쟁을 제한하는 여러 가지 규제들이 존속하는 형태의 정책 패러다임이 묵시적으로 채택되고 있다고 볼 수 있다. 그러나 글로벌 경쟁시대의 경제정책은 성장보다는 일자리 창출에 초점을 맞추고 정부의 역할을 축소하는 가운데 첨단제조업과 지식기반 서비스업, 내수산업과 수출산업 그리고 대기업과 중소기업을 골고루 발전시키는 한편, 민간경제주체의 경쟁력과 자생력을 높일 수 있도록 경쟁을 제한하는 각종 제도적 경직성을 제거하는 형태로 정책 패러다임을 바꿔야 한다.

글로벌 경쟁시대의 우리나라 경제정책 패러다임에 있어서 세계화의 진전이라는 기회를 최대한 활용하고 그 위협에 효율적으로 대응할 수 있는 유연한 경제구조로 전환하여 지속적인 고용창출을 함으로써 국민의 후생을 증진시키는 것이 최종 목표라고 생각된다. 이를 달성하기 위해서는 두 가지 실행목표를 설정할 필요가 있다. 첫 번째로는 국내기업들이 공장의 해외이전을 가급적 줄이고 해외의 기업들이 국내에 공장을 많이 건설할 수 있는 기업하기 좋은 환경을 조성해 나가야 한다는 실행목표이다. 두 번째로는 양질의 일자리를 창출할 수 있는 새로운 성장동력원을 지속적으로 발굴해 나가기 위해서는 앞으로 발전가능성과 양질의 일자리 창출능력이 크다고 판단되는 지식기반 서비스업을 육성해야 한다는 실행목표이다. 특히, 지식기반 서비스업은 고임금 일자리를 많이 창출할 수 있고, 자산 중에서 차지하는 지적재산권의 비중이 높아 창업에 필요한 자금이 크지 않아 진입장벽이 낮으며, 의사결정구조가 단순한 중소기업에 적합하다는 등의 장점이 있다.

이어서 이 책에서는 이러한 두 가지의 실행목표를 달성하기 위한 주요 정책수단과 정책대안들에 대해 자세히 설명하였다. 이러한 정책대안들을 제시하는 데 두 가지 원칙에 충실하려고 노력하였다. 먼저 세계화가 진전되면 범세계적으로 모든 분야에서 경쟁이 심화될 수밖에 없다는 점을 감안하여 모든 분야에서 공정한 경쟁이 촉진될 수 있는 정책대안이 마련되어야 한다는 원칙이다. 또한 국가들 간에 세금인하 경쟁 등으로 국가재정에서 세수를 늘리는 데 제약이 크다는 점과, 정부의 재정지원에 의존한 정책대안은 단기적으로는 어느 정도 효과가 있으나 장기적으로는 민간경제주체의 경쟁력과 자생력을 훼손시키고 자원배분을 왜곡시킬 수 있다는 점을 감안하여 가급적 재정지출에 대한 의존도를 줄이는 방향에서 정책대안이 제시되어야 한다는 원칙이다.

No Pain No Gain

우리나라 경제의 유연성을 높이기 위해서는 모든 경제분야에 시장경쟁원리가 잘 작동하도록 하는 한편 경제주체들의 경쟁력을 확보하여야 한다. 경제의 모든 분야에서 시장경쟁원리가 작동되기 위해서는 경쟁을 저해하는 각종 규제와 노동시장의 경직성 등 제도적인 경직성을 제거해야 하는 동시에 교육의 질을 높이기 위한 교육개혁을 통해 모든 경제주체들의 경쟁력이 확보될 수 있도록 하는 것이 필수적이다.

우리 경제의 모든 분야에 경쟁원리가 작동하도록 하는 것은 단기적으로 기득권을 가진 계층의 반발, 소득의 양극화 등을 초래할 가능성이 크기 때문에 고통을 수반할 수밖에 없다. 경쟁은 언제나 승자와 패자를 만들고, 승자가 될 가능성보다는 패자가 될 가능성이 훨씬 크기 때문에 이 세상의 어느 누구도 경쟁하기를 좋아하지는 않을 것이다. 그러나 세계화의 진전으로 국가·기업 그리고 노동자 등 모든 경제주체들이 치열한 경쟁에 직면할 수밖에 없으며, 장기적으로 경쟁은 어느 누구도 영원한 승자와 패자로 만들지는 않으므로 단기적인 고통을 감수하면서 모든 분야에서 경쟁원리가 잘 작동될 수 있도록 개혁을 추진하여 유연한 경제구조로 바꿔나가야 한다.

이러한 경쟁원리의 작동은 교육에도 적용될 수밖에 없기 때문에 경쟁원리가 작동될 수 있도록 교육제도를 획기적으로 개혁해야 한다. 경쟁을 가급적 배제하고자 하는 생각을 기반으로 한 교육에서는 지식기반경제에서 경쟁력을 갖춘 고급전문인력을 양성하는 데 한계가 있다. 그러나 이러한 교육개혁도 학교·학생들의 경쟁을 심화시키는 것이 불가피하므로 기득권층의 반발 등 진통이 수반될 수밖에 없다.

Many Talks and More Actions

각종 정책수단과 정책대안에 대한 내용은 이미 앞에서 자세히 언급하였기 때문에 더 이상 중복하여 설명할 필요는 없다고 생각한다. 보다 중요한 문제는 이러한 정책들을 어떻게 실천해 나갈 것인가 하는 점이다. 이와 관련하여 우리나라가 1997년 외환위기를 맞게 되던 시기를 전후하여 개혁에 대해 "이야기는 많지만 실천이 없다(So many talks, but no action)"라는 외국투자자들의 지적을 상기할 필요가 있다. 따라서 이러한 계획들에 대한 토론도 중요하지만 하나라도 반드시 실천해 나가는 것이 보다 중요하다고 판단된다.

이러한 개혁들을 실천해 나가기 위해서는 우리 국민 모두가 맡고 있는 분야에서 범세계적인 경쟁이 심화될 수밖에 없다는 세계화의 냉엄한 현실을 직시하고, 이러한 개혁의 필요성에 대해서 공감대를 형성하는 것이 무엇보다도 중요하다. 이러한 공감대를 형성하는 과정에서 정치지도자 등 각계각층의 지도자들의 역할이 매우 중요하다. 각계각층의 지도자들이 우리 경제의 앞날에 대해서 가용자원이 한계가 있다는 예산상의 제약(budget constraints)을 감안하지 않고 그들이 희망하고 있는 사항(wishful thinking)을 기초로 장밋빛 전망을 제시하기보다는 우리나라를 둘러싸고 있는 냉혹한 글로벌 경쟁시대에서 살아남기 위해서는 다소의 단기적인 고통이 따르더라도 경제·사회의 전반적인 개혁이 반드시 필요하다는 점을 국민들에게 솔직하게 설득해 국민적 공감대가 빠른 시일 내에 형성될 수 있기를 기대해 본다. 또한 이러한 공감대를 형성하는 과정에서 이 책이 작은 보탬이 되기를 소망해 본다.

반드시 해는 내일 또 다시 떠오를 것이다.

참고문헌

김영평·최병선·신도철 편저, 『규제의 역설』, 삼성경제연구소, 2006.

김영화·이정희, 「학부모의 학교 선택 수요 분석」, 『교육사회연구』, 제13권 제1호, 2003.

김진수·박형수·안종석, 『주요국의 법인세제 변화 추이와 우리나라 법인세제의 개편방안—법인세율을 중심으로—』, 한국조세연구원, 2003. 12.

김현정, 『서비스 산업의 신성장동력 가능성 분석』, 한국은행 금융연구원, 2006.

대외경제정책연구원, 『미국의 서비스 무역장벽』, 2006. 4.

______, 『한·EU FTA의 경제적 효과분석과 정책적 대응방안』, 2005. 9.

배노필·박수련, 「고교생 과학성적 세계 순위 추락은 왜?」, 중앙일보, 2007. 12. 5.

서정의·신현열·김보성·강정미, 『금융산업의 경쟁력 강화방안』, 한은조사연구 2007-24, 한국은행 조사국, 2007. 8.

서정의·김좌겸, 『우리나라 모험자본의 현황과 향후 과제』, 한국은행 조사연구자료, 한국은행 조사국, 2005. 8.

이지훈, 「변덕쟁이 정책의 아이러니」, 조선일보, 2007. 11. 28.

임호열·고용수·박진호·김진홍, 「수출-내수간 연계 약화—독일·일본의 사례와 시사점—」, 한은조사연구 2007-3, 한국은행 조사국, 2007. 1.

전광명, 「우리나라의 노동시장의 경직성과 향후 과제」, 『조사통계월보』, 한국은행, 2004. 8.
정종인 · 김진용 · 황문우, 『우리나라 지식기반서비스업의 현황과 발전 방향』, 한은조사연구 2006-10, 한국은행 조사국, 2006. 9.
한국개발연구원, 『최근의 경제현황과 참여정부 후반기의 과제』, 2006. 7.
Barro, Robert J., "Rule of Law, Democracy, and Economic Performance," *2000 Index of Economic Freedom*, Washington, D.C.: The Heritage Foundation, 2000, Chapter 2.
Baumol, W. J., "Macroeconomics of Unbalanced Growth Revisited: The Anatomy of Urban Crisis," *American Economic Review*, 1967.
Bermanke, Ben, S., "Monetary Policy and Economic Outlook: 2004," *Remarks at the Meetings of the American Economic Association*, January 2004.
______, "The Great Moderation," *Remarks at the Meetings of the Eastern Economic Association*, February 2004.
Borio, Claudio E. V. and Philip W. Lowe, "Asset Prices, Financial and Monetary Stability: Exploring the Nexus," BIS Working Paper, No. 114, Bank for International Settlements, July 2002.
Carnoy, Martin, *Globalization And Educational Reform: What Planner Need To Know*, International Institute for Educational Planning, UNESCO, 1999.
Ferguson, Roger W., Jr., "Lessons from Past Productivity Booms," *Remarks at the Meetings of the American Economic Association*, January 2004.
Fisher, Richard W., "Globalization and Government Policy," *Remarks at the Fifth Annual Federal Reserve Bank of Philadelphia Policy Forum*, December 2, 2005.

Friedman, Thomas L., *The Lexus And the Olive Tree*, Newly Updated and Expanded Edition, Anchor Books, 2000.

______, *The World Is Flat: A Brief History of the Twenty-First Century*, Updated and Extended Version, Farrar, Straus and Giroux, 2006.

Greenspan, Alan, "Opening Remarks," *Rethinking Stabilization Policy*, Federal Reserve Bank of Kansas City, 2002.

______, "Economic Flexibility," *Remarks Before the Her Majesty Enterprise Conference*, London, England, January 26, 2004.

______, "Economic Flexibility," *Remarks to the National Association for Business Economics Annual Meeting*, Chicago, Illinois, September 27, 2005.

______, *The Age of Turbulence: Adventures in a New World*, New York: The Penguin Press, 2007.

Hasset, Kevin and Aparna Mathur, "Taxes and Wages," Working Paper, American Enterprise Institute, March 2006.

Herve, Karine, Isabell Koske, and Franck Serillot, "Globalization and the Macro-Economic Policy Environment," OECD Economics Department Working Papers, No. 552, Paris: OECD, 2007.

Jaumotte, Florence and Irina Tytell, "The Globalization of Labor," *World Economic Outlook*, Washington, D.C.: International Monetary Fund, April 2007, Chapter 5.

Kim, Sungmin, "Monetary Policy Implementation During a Banking and Currency Crisis: The Case of Korea," *A Paper Presented at the Seminar on Monetary Operation Sponsored by International Monetary Fund*, Joint Vienna Institute, Vienna, Austria, September 1999.

Kim, Sungmin and Jae Hwan Park, "The Structural Change of Corporate

Bond Market in Korea After the Currency Crisis," The Development of Bond Markets in Emerging Economies, BIS Policy Paper, No. 11, Basel, Switzerland: Bank for International Settlement, June 2002.

Kimakova, Alena, "Does Globalization Enhance the Role of Fiscal Policy in Economic Stabilization?," *Economics Bulletin*, Vol. 8, No. 11, 2006.

Kirkegaard, Jacob F., "Outsourcing-Stains on the White Collar?," Working Paper, Washington, D.C.: Institute of International Economics, 2004.

Lall, Subir, Florence Jaumotte, Chris Papageorgiou, and Petia Topalova, "Globalization and Inequality," *World Economic Outlook*, Washington, D.C.: International Monetary Fund, October 2007.

Liebig, T. and A. Sousa-Poza, "Taxation, Ethnic Ties and the Location Choice of Highly Skilled Immigrants," OECD Social, Employment and Migration Working Papers, No. 24, Paris: OECD, 2005.

Mann, Catherine, L., "Globalization of IT Services and White Collar Jobs: New Wave of Productivity Growth," *International Economics Policy Briefs*, Washington, D.C.: Institute of International Economics, December 2003.

OECD, *OECD REPORT ON REGULATORY REFORM: SYNTHESIS*, Paris: OECD, 1997.

______, "The Influence of Taxation on FDI Decision," Working Paper Center for Tax Policy and Administration, Committee on Fiscal Affairs, Paris: OECD, 2007a.

______, "Managing the Most of the Globalization," *OECD Economic Outlook*, Paris: OECD, 2007b.

Rodrigo, Delia, "Regulatory Impact Analysis in OECD Countries: Challenge for Developing Countries," *A Paper Presented at South Asian-Third High Level Investment Roundtable*, Dhaka, Bangladesh, June 2005.

Rogoff, K., "Impact of Globalization on Monetary Policy," *The New Economic Geography: Effects and Policy Implications*, Federal Reserve Bank of Kansas, 2006.

Sapir, Andre, "Globalization and the Reform of European Social Models," *Journal of Common Market Studies*, 2006.

Schmukler, Sergio L., Pablo Zoido, and Mariana Halac, "Financial Globalization, Crises, and Contagion," Working Paper, World Bank, October 2003.

Tan, Jason and S. Gopinathan, "Education Reform in Singapore: Towards Greater Creativity and Innovation?," *NIRA Review*, Summer 2000.

Tanzi, Vito, "Globalization, Tax System, and the Architecture of the Global Economic System," 2002.

______, "Fiscal Policy in the Future: Challenges and Opportunities," Keynote Speech Prepared for Presentation at the Conference on "Fiscal Policy Challenges in Europe," Berlin, March 22~23, 2007.

Taylor, John B., "A Comment on Housing and Monetary Policy," *Housing, Housing Finance, and Monetary Policy*, Federal Reserve Bank of Kansas City, 2007.

The Economist, "Financial WMD?," January 22nd, 2004.

______, "Questioning the Middle Kingdom," July 28th, 2007a.

______, "Surviving the Markets," August 18th, 2007b.

______, "Asia's Skill Shortage: Capturing Talent," August 18th, 2007c.

______, "Magnets for Money: A Special Report on Financial Center,"

September 15th, 2007d.

______, "The Politics of a Bank Run: Labour's Moment of Peril," September 22nd, 2007e.

______, "Something New Under the Sun: A Special Report on Innovation," October 13th, 2007f.

______, "Only Human: A Special Report on the World Economy," October 20th, 2007g.

______, "Spooking Investors," October 27th, 2007h.

______, "Buying off the Opposition," Economic Focus, November 10th, 2007i.

______, "The Great Experiment," November 10th, 2007j.

______, "Going Hybrid: A Special Report on Business in Japan," December 1st, 2007k.

______, "Cheap No More: Briefing Food Prices," December 8th, 2007l.

U. S. General Accountability Office, *Off-shoring of Services: An Overview of the Issues*, November 2005.

World Bank, *Doing Business*, 2005/2006.

찾아보기

ㄱ

ㄴ

ㄷ

ㄹ

ㅁ

ㅂ

ㅅ

ㅇ

ㅈ

ㅊ

ㅋ

ㅌ

ㅍ

ㅎ

◘ 글로벌 경쟁시대의 한국경제: 새로운 정책패러다임의 모색

2008년 3월 20일 초판인쇄
2008년 3월 25일 초판발행

저자와
협의하에
인지생략

저 자 김 성 민
발행인 노 현 철
발행처 도서출판 해남
서울특별시 서대문구 냉천동 냉천빌딩 4층
전화 739-4822 팩스 720-4823
e-mail haenam30@dreamwiz.com
homepage www.hpub.co.kr
등록 1995. 5. 10 제1-1885호
정 가 15,000원 ISBN 978-89-6238-003-3